극우 미디어의 습격

* 이 책은 방일영 문화재단의 언론인 저술·출판 지원을 받아 제작되었습니다.

극우 미디어의 습격

김환석 지음

탈진실과 선동, 그리고 민주주의의 위기

그린비

일러두기

1 인·지명과 단체명은 국립국어원 외래어 표기법을 따랐으며, 관행적으로 쓰이는 표현이 있을 경우 그를 따랐다. 주요 개념이나 한글만으로 뜻을 이해하기 어려운 용어의 경우에는 원어를 병기했다.

2 본문에서는 독자의 편의를 위해 주요 인명의 직함이나 존칭(예: 전 대통령, 교수, 기자 등)을 가급적 생략하고 이름만 표기했다.

3 단행본은 겹낫표(『 』), 보고서·통계조사자료·판결문은 낫표(「 」), 정기간행물은 겹화살괄호(《 》), TV 프로그램/뉴스는 홑화살괄호(〈 〉), 기사명과 게시글 제목은 홑따옴표(' ')로 구분했다.

4 본문의 이해를 돕기 위해 저자가 추가한 내용이나 본문에서 직접 인용한 문헌의 서지정보는 미주로 표기했다.

5 본문에 실린 표와 그림은 기존 자료를 인용한 경우 재가공해 수록했으며, 기존 자료의 출처는 〈표·그림 출처〉에서 확인할 수 있다.

들어가는 말

아래 그림은 1898년 6월 29일, 미국의 풍자 전문 주간지로 명성을 얻었던 《VIM》에 실린 만평이다. 제목은 '황색 언론의 대활자 전쟁' *The big type war of the yellow kids* 이다.[1]

그림 1. 《VIM》에 실린 만평 '황색 언론의 대 활자 전쟁'

노란 잠옷을 입은 두 남자가 큰 나무 블록을 서로에게 밀치고 있다. 블록에는 "WAR"전쟁라는 단어가 쓰여 있다. 두 사람은 전쟁을 만들어 낸 주역이 자기라고 주장하며 블록을 밀고 있다. 왼쪽 인물은 "조심하라고. 난 타이밍 그 자체야. 날 밀지 마!"라고 외친다. 급박한 사건, 선정적인 기사, 충격적인 시각 자료를 결정적 순간에 터뜨려 전쟁 분위기를 만들어 낸 공이 크다는 주장이었다. 오른쪽 인물의 옷에는 "이 전쟁은 내 거야. 내가 돈 주고 샀다고!"라는 문장이 쓰여 있다. 기자와 삽화가, 통신 기반 시설, 외신 망에 당시로서는 전례 없는 규모의 자금을 투입해 전쟁 여론을 증폭시킨 공이 크다는 것이었다.

이들은 실존 인물이다. 왼쪽이 조지프 퓰리처이고, 오른쪽이 윌리엄 랜돌프 허스트이다. '재미없는 신문은 죄악'이라는 신념을 전파한 퓰리처, 신문을 흥분과 공포를 파는 극장으로 변모시킨 허스트. 19세기 말 미국 신문업계를 양분했던 신문왕이자 황색 언론 yellow journalism 의 상징적인 인물들이다. '미디어가 만들어 낸 전쟁'이라는 평가를 받는 미국-스페인 전쟁을 만든 주역들이기도 하다.

이들은 당시 스페인의 식민지였던 쿠바의 독립운동을 미화하고 스페인을 악마로 그려 냈으며, 정의감을 자극하는 보도를 끊임없이 내보냈다. 미국은 쿠바 독립운동 과정에서 미국의 이익이 침해되는 것을 막기 위해 1898년 1월 USS 메인호를 쿠바 아바나로 파견했다. 하지만 다음 달인 1898년 2월 15일, 폭발 사고가 발생했다. 전함이 파괴되고 탑승자 260여 명이 사망했다. 폭발 원인은 밝혀지지 않았다. 하지만 폭발 사고 이틀

후인 2월 17일, 조지프 퓰리처의 《뉴욕월드》에 실린 헤드라인은 '메인호 폭발 사고는 폭탄인가 어뢰인가?'였다.[2] 같은 날 윌리엄 랜돌프 허스트의 《뉴욕저널》의 헤드라인은 '전함 메인호의 파괴는 적의 소행이었다'였다.[3] 이후 "메인호를 기억하라! 스페인에 죽음을"*Remember the Maine! To Hell with Spain!*이라는 구호가 미국 사회를 뒤덮었다.[4] 미국 정부와 의회는 당초 스페인과 전쟁을 하는 데 신중한 입장이었다. 하지만 전쟁 여론에 떠밀려 1898년 4월 20일, 스페인에 최후통첩을 했다. 스페인 역시 미국에 선전 포고를 하며, 양 국가는 결국 전쟁에 돌입했다.

　오늘날까지 자주 인용되는 허스트의 유명한 발언이 있다. 전쟁 상황을 삽화로 그려 보내라고 쿠바에 파견 보낸 프레더릭 레밍턴이 "쿠바에는 그림 그릴 것도, 전쟁도 없다"라는 내용의 전보를 보냈다. 그러자 허스트는 이렇게 답했다. "당신은 그림만 제공하게. 전쟁은 내가 준비하겠네"*You furnish the pictures, and I'll furnish the war.*[5] 이 대화가 실제로 있었는지에 대한 논란은 있다. 하지만 그 상징성은 부인할 수 없다. 미디어가 특정한 방향으로 사실을 구성하고 감정을 자극해 전쟁이라는 현실을 만들어 낼 수 있다는 사실 말이다. 황색 언론은 단순히 선정적인 보도가 아니라 전쟁까지 만들 수 있는 감정 조작 공장이었다.

　20세기 초, 언론은 과도한 선정주의와 감정 조작에 대한 비판과 내부 자정을 거치며 '객관주의 저널리즘'*Objective Journalism* 원칙을 만들어 냈다. 황색 저널리즘을 주도했던 퓰리처가 전 재산을 기부해 설립한 컬럼비아대학교 저널리즘 스쿨Columbia University Graduate School of Journalism이 핵심적인 역할을 했다. 이후 사실 검증의 원칙, 균형 잡힌 관점, 사실과 의견의 분리, 공익 중심의 보도 철학은 저널리즘의 기본 원칙으로 자리 잡았다. 기자는 의견이 아닌 사실을 쓰고, 언론사는 중립을 지키려 애썼으며, 사회는 언론을 '진실의 대리인'으로 신뢰하는 경향이 형성되었다.

1970년대 초, 《워싱턴포스트》의 워터게이트 보도는 저널리즘 역사상 또 다른 변곡점이었다. 닉슨 대통령의 하야로 이어진 보도를 통해 권력 감시와 탐사 보도는 언론의 주요 책무이자 건강한 민주주의를 운영하는 핵심 기능으로 자리 잡았다. 이후 저널리즘은 전성기를 구가하게 된다.

하지만 전성기는 짧았고, 다시 위기가 찾아왔다. 게이트키퍼로시의 저널리스트와 수동적인 수용자 구도는 저널리즘 환경이 디지털 중심으로 전환된 이후 무너지고 있다. 저널리스트의 독점적 권한은 약화되었다. 수동적인 존재로 상정되었던 수용자는 적극적인 이용자로, 그리고 이제는 적극적인 뉴스 생산자로 자리 잡았다. 네트워크로 연결된 대중은 집단 지성을 실현하고 담론 권력을 민주화해 민주주의를 더욱 풍성하게 해줄 것으로 기대되었다. 하지만 디지털은 기존 저널리즘 체계에서 목소리를 내기 힘들었던 선동가와 혐오론자에게 자신의 목소리를 증폭시킬 수단 또한 주었다. 자극적인 목소리를 낼수록 조회 수 경쟁에서 이기고 수익을 낼 수 있는 디지털 플랫폼 구조가 정착하면서 혐오와 적대가 증가하고 있다.

더 많은 독자를 확보하고 조회 수를 올리기 위해 자극적인 콘텐츠를 검증도 없이 마구 쏟아 내는 미디어부터 자신이 보고 싶은 뉴스만 보고, 듣고 싶은 주장만 듣고, 믿고 싶은 것만 믿는 수용자들의 편향적 뉴스 소비를 비롯해 허위 조작 정보와 선동적 목소리가 넘쳐 나는 소셜미디어와 이를 강화하는 알고리즘 기술까지. 미디어와 수용자 그리고 디지털 알고리즘 기술의 이러한 조합은 민주주의를 파괴하고 공동체 전체를 분열시켜 한 사회를 심리적 내전 상태로 몰아가고 있다. 사실보다는 감정에 호소하는 것이 여론 형성에 중요하다는 탈진실 현상도 나타나고 있다.

윤석열의 12.3 비상계엄 선포는 극단적으로 편향된 미디어 소비가 실제 내란으로 발전할 수 있다는 사실을 잘 보여 준 사건이었다. 홍성국 전 의원의 "알고리즘 중독이 초래한 세계 최초의 내란"이라는 평가는 많은 공감을 얻었다.[6]

『내전은 어떻게 일어나는가?』라는 책을 쓴 바버라 월터 교수는 소셜미디어는 내전을 일으키는 완벽한 촉매제라고 칭하고 있다.[7] 그는 소셜미디어 알고리즘이 분노와 공포를 자극하고, 극단주의를 증폭시키며, 공동체 내 집단 간 적대감을 증폭시키는 "급진화 송유관"이라고 결론 내린다.

하지만 모든 책임을 디지털 기술에 돌리는 것은 적절치

않다. 기술이 모든 것을 결정하는 것은 아니다. 디지털 미디어 역시 모든 사회에 같은 효과를 만들어 내지 않는다. 담론 과정의 민주화라는 측면과, 증오와 혐오의 담론 전파라는 두 가지 결과 가운데 어느 것이 더 영향력을 발휘할지는 정해져 있는 것이 아니다. 허위 조작 정보에 취약한 제도와 문화를 바꿈으로써, 탈진실 위험에서 벗어날 수 있다는 말이다. 하버드대학교 요하이 벤클러 교수 등은 기술 결정론을 비판하며 "비대칭적 급진화" 개념을 제안한다. 디지털 미디어가 진보와 보수 진영 모두를 극단화시켜 양극화를 만들어 낸 것이 아니라 허위 조작 정보에 취약한 미국 보수층만을 급진화시켜, 일반 미디어 생태계에서 분리된 '극우 미디어 생태계'를 만들었다고 주장한다.

이 책은 탈진실 현상이 디지털 기술이 만들어 내는 일반화된 미래라는 리 매킨타이어의 주장[8]과 탈진실 현상은 극우 미디어 생태계에서 극단적으로 나타난 현상이라는 벤클러의 주장 가운데 어느 것이 현실 적합성이 더 높은지 비교 검토해 보려는 시도이다.[9]

제1부에서는 한국과 미국의 극우 미디어 생태계를 집중적으로 분석한다. 왜 극우 미디어 생태계에서 부정선거 음모론 등 각종 음모론이 집중적으로 나타나고 있는지가 주된 탐구 주제이다. 우선 1장에서는 '중국인 해커 미군 기지 압송'이라는 허위 보도를 중심으로 음모론이 어떻게 만들어지고 확산되는지 그 과정을 분석한다. 또한 2020년 대통령 선거에서 패배

한 트럼프와 극우 세력이 부정선거 음모론을 만들어 내는 과정에 대한 분석을 통해 미국 극우 미디어 생태계의 특징을 알아볼 것이다. 미국 의회의사당 폭동과 서울서부지방법원 폭동에서 드러난 극우 미디어의 내전 촉매 역할 역시 주요 탐구 대상이다. 2장은 다소 이론적인 장이다. 우선 탈진실 현상의 기초로 지적되는 수용자의 인지 편향과 관련된 논의를 정리할 것이다. 그리고 디지털 미디어가 인지 편향을 증폭시켜 탈진실을 만들어 내는 과정에 대한 논의도 소개하고자 한다. 12.3 비상계엄 이후의 한국 미디어를 분석하여 탈진실 현상이 우리 사회 전체에 일반적으로 나타나는 현상인지, 아니면 극우 미디어 생태계에서 집중적으로 나타나는 현상인지를 검토할 것이다.

제2부에서는 부정선거 음모론이 한국 극우의 핵심 담론으로 자리 잡는 과정을 분석한다. 우선 3장에서는 부정선거 음모론이 처음 등장한 2002년 대선을 살펴본다. 디지털 미디어로의 전환은 네트워크로 연결된 대중의 역동성이 발휘될 공간을 마련해 주었지만, 허위 조작 정보가 전파될 통로 역시 제공했다는 점을 입증한다. 4장에서는 진보 진영에서 완성된 형태로 제기된 부정선거 음모론을 다룬다. 방송인 김어준이 완성한 'K값 음모론'이 그것인데, 그 음모론의 논리와 허구성을 지적할 것이다. 그리고 김어준의 부정선거 음모론이 진보적인 매체들에 의해 반박되고, 결국 힘을 잃어 가는 과정을 설명할 것이다. 5장에서는 진보 진영에서 완성된 부정선거 음모론이 변형

을 거쳐, 극우 미디어 생태계의 핵심 담론으로 자리 잡는 과정을 보여 줄 것이다. 극우 진영의 음모론 역시 많은 반박을 받아왔다. 법원 역시 음모론이 근거가 없다고 일관되게 판결하고 있다. 하지만 극우 진영에서 부정선거 음모론은 약해지지 않았다. 오히려 더 힘을 얻고 있다. 한국과 미국에서 각각 만들어진 부정선거 음모론이 서로 영향을 주고받으며 서로의 주장을 증폭시키고 있다는 점도 지적할 것이다.

제3부에서는 미디어 위기를 극복하기 위한 방안들을 제시한다. 우선 6장에서는 미디어의 정파성 문제를 주로 다룬다. 방송 뉴스의 이념 편향이 강할수록 선호도가 높아진다는 주장에 대한 반박을 중심으로 논의를 전개할 것이다. 7장에서는 다소 도발적인 대안을 제시해 보려 한다. 핵심은 조회 수 중심의 수익모델을 혁파하자는 것이다. 현재 미디어의 많은 문제가 조회 수 중심의 상업화된 경쟁 체제에서 발생하고 있다. 이를 그대로 두고는 그 어떤 해법도 불가능하다는 것이 필자의 관점이다. 이 책에 제시된 대안이 언뜻 불가능해 보일 수 있지만, 발상을 전환한다면 그리 어렵지 않게 달성될 수 있으리라 믿는다.

차례

들어가는 말   5

제1부 극우 미디어와 내전

1장 내전 촉매자, 극우 미디어   19

1. 오키나와로 잡혀간 중국인 해커?   19
2. 《스카이데일리》와 캡틴 아메리카   31
3. '붉은 신기루'와 '큰 거짓말'   42
4. 미국 의회의사당 폭동   50
5. 폭스뉴스와 도미니언 투표 시스템   56

2장 극우와 탈진실   71

1. 디지털 미디어와 탈진실   71
2. 극우의 비대칭적 급진화   81
3. 비상계엄과 극우 미디어 생태계   95

제2부 부정선거 음모론은 어떻게 극우 담론이 되었는가

3장
2002년 대선, 부정선거 음모론의 시작   115

1. 2002년 대선 출구조사   115
2. 네트워크로 연결된 대중의 힘과 《오마이뉴스》   120
3. 전자 개표? 국정원 출신의 고백?   126

4장
2012년 대선, 부정선거 음모론의 완성   135

1. 댓글 조작과 셀프 감금   135
2. 김어준과 K값 음모론   141
3. 대수의 법칙과 부정선거 음모론   153

5장
극우 담론이 된 부정선거 음모론   163

1. 2020년 총선과 63 대 36   163
2. 부정선거는 신의 작품? 〈더 플랜〉의 진화   170
3. 득표율 차이는 나면 안 되는가?   181
4. 한미 극우 연대   190

제3부 이 시대 저널리즘

6장 미디어의 정파성 — 203

1. 이념 불균형 심할수록 선호도 높다? — 203
2. MBC 뉴스 선호도 상승 요인이 편향성? — 213
3. 편향과 치우침 — 219
4. 전통 미디어와 유튜브의 신뢰도는? — 230

7장 조회 수 중심 수익모델 혁파 — 237

1. '책상 쾅' 치면 문제가 해결되나? — 237
2. 디지털 서비스법 — 245
3. 조회 수를 대체할 대안은 있는가? — 252
4. 투명하고 책임 있는 검증의 저널리즘 — 260

나가는 말 — 267
미주 — 277
표·그림 출처 — 293

제1부

극우 미디어와 내전

1장
내전 촉매자, 극우 미디어

1. 오키나와로 잡혀간 중국인 해커?

생경한 기사였다. 어릴 적 북한이 보낸 삐라(선전물)를 봤을 때의 느낌과 비슷했다. '선거연수원 체포 중국인 99명 주일미군기지 압송'이라는 《스카이데일리》 기사 말이다.[1] 한마디로 터무니없는 기사였다. 우선 기사 출처가 모두 익명이었다. 따라서 기사의 진위를 확인할 방법이 없다. 기사가 나오자마자 선거관리위원회(이하 선관위)는 연수원에서 체포된 사람이 한 명도 없다고 밝혔다.[2] 주한 미군은 이 기사가 완전한 거짓 $^{Entirely\ False}$이라고 밝혔고,[3] 미 국방부도 《스카이데일리》라는 매체 이름을 명시하며 해당 기사가 거짓이라는 입장을 발표했다.[4] 많은 언론사가 팩트 체크를 진행했다. 모두 해당 기사를 거짓이라고 판정했다. 12.3 비상계엄 당일 연수원 CCTV도 공개되었다. 계엄군이 연수원 바깥에 머물다 철수하는 장면만 있었다. 누군가를 체포하는 장면은 없었다. 많은 사람들이 터무니없는 기사라고 생각했다.

하지만 이런 말도 안 되는 기사를 믿는 사람들이 있었다. 그것도 무시하지 못할 정도로 많은 사람들이 믿고 있었다. 단순히 믿는 수준이 아니라 확신하고 있었다. 믿고 있는 사실에 대한 어떤 반대 증거가 나와도 약화되지 않을 그런 확신이었다. 미 국방부가 부인해도 정보기관의 활동을 국방부는 모를 수 있다며, 그 확신은 약해지지 않았다. 일반인에게는 생경하고 터무니없는 기사였지만, 극우 커뮤니티를 자주 방문하고, 극우 유튜브를 즐겨 보는 사람들에게는 너무나 익숙한 이야기였다. 그것은 그들만의 폐쇄된 극우 미디어 생태계에서 함께 만들고 확산시킨 일종의 '공동 창작물'이었으니 말이다.

소설적 상상으로 시작한 집단 창작

집단 창작의 시작은 소설적 상상이었다. "중국인 해커들이 선관위 연수원에 머무르며 선거를 조작했을 수 있다"라는 상상 말이다. 12.3 비상계엄 당시, 선관위 본청에 출동한 계엄군은 선관위 직원 휴대전화를 빼앗고 그를 감금했다. 서버 사진도 찍었다. 그런데 선관위 연수원에 출동한 계엄군은 딱히 한 일이 없어 보였다. 계엄군은 왜 수원에 있는 선관위 연수원까지 출동했을까? '48시간 좌'라는 아이디의 사람이 '디시인사이드'

에 글을 올렸다. 한국에 와서 선거 조작 활동을 해 온 중국인 해커가 선관위 연수원에 묵고 있었으며, 계엄군이 이들을 잡기 위해 출동했다는 내용의 소설을 쓰겠다는 것이었다.

(소설의 배경) 중국 해커들이 한국에 와서 숙식을 해결해야 하니까 어디를 배경으로 하면 좋을까? 옳지⋯ 숙박 시설이 있는 연수원이 좋겠구나. 식당도 있어서 밥도 주고 인터넷 연결도 잘 되니까⋯ 좋네⋯ (웃음) 실시간 투표 데이터는 어떻게 확보할까? 뭐⋯ 어딘가 여론조사가 모인 곳이 있겠지? 그곳도 넣도록 하자. 이봐 이봐⋯ 소설이야. 정말 선관위가 그랬겠어? 계엄군이 노리고 그 세 곳을 압수수색한 거라고? 에이⋯ 말도 안 돼. 계엄군이 뭘 안다고 그곳을 노리고 간 거겠어? 윤통이 우파 틀튜버 보다가, 홧김에, 정신 나가서, 계엄 선포한 거라며? 괜히 긁히지 말라구⋯ (웃음).[5]

재미있는 설정이라는 댓글은 있었지만, 실제로 그럴 것이라고 믿는 사람은 별로 없었다. 개연성이 크지 않은 소설적 상상에 불과했다. 하지만 상상에 개연성을 부여해 주는 순간이 찾아왔다. 《시사인》의 2024년 12월 23일자 기사가 계기가 되었다.[6] 《시사인》 보도는 단순했다. 계엄군이 출동했을 당시 선관위 연수원에는 90여 명이 있었으며, 계엄군이 이들을 밖으로 나오지 못하게 한 정황을 확인했다는 기사였다. 기사에는 계엄군에 의해 일시 감금되었던 90여 명은 연수를 받고 있던 선관위 직원 80여 명과 교육 지원팀 직원들이라고 명시되어 있다. 누군가가 체포되었다거나 중국인은 언급되지 않았다. 하지만 극우 미디어 생태계에 있는 사람들은 연수원에 90명이 있었다는 사실 자체에만 주목했다. 그리고 그들이 소설에서 말한 중국인 해커였을 수 있다는 의혹을 제기하는 글들이 게시되기 시작했다.[7]

누군가 수원에 있는 선관위 연수원이 코로나 때 해외 입국자가 임시로 생활하는 시설이었다는 연합뉴스 2022년 3월 26일자 기사를 링크했다. 원래 그곳은 외국인이 묵던 곳이었으니, 중국인 해커가 머물렀을 가능성이 높다는 의혹으로 발전했다. 그러나 연합뉴스 기사를 보면, 연수원에 묵었던 해외 입국자는 외국인이 아니었다. 한국 사람이 외국에 갔다가 들어올 때 제공되는 임시 생활 시설이었다.

선관위 연수원 내 제2생활관이 '외국인 공동 주거 주택'으로 등기되어 있다는 사실이 알려지며 의혹은 더욱 커졌다. 외국인 주거 시설이니 중국인 해커가 묵었을 가능성이 높다는 글까지 올라왔다.[8] 선관위 측은 제2생활관은 원래 농촌진흥청에서 관리하던 건물이었는데, 주로 외국 농어촌 후계자들을 교육했던 곳이어서 외국인 숙소로 등기된 것뿐이라고 설명했다. 지난 2019년, 건물 관리가 선관위로 이관되면서 용도 변경을 하지 않았을 뿐 외국인이 묵은 사실은 없다고 해명했다. 곧 철거할 예정이라는 사실도 밝혔다. 언론사들도 팩트 체크를 통해 "선관위 연수원 제2생활관 '외국인 공동주택' 등록은 부정선거 사전 준비와 연관되어 있다"라는 보도는 전혀 사실이 아니라고 판단했다.[9]

하지만 디시인사이드 국민의힘 마이너 갤러리 등에는 "선관위 연수원 90명 감금 이거 진짜 중국인일 수 있는 거 아냐?", "계엄 당시 선관위 연수원 90명 중국인 찌라시 떴다" 등등의 글이 줄을 이었다. 극우 유튜버들도 본격적으로 나서기 시작했다. 2024년 12월 26일, 〈누리 PD-TV〉 채널을 운영하는 유튜버는 선관위 연수원에 있던 90여 명이 중국인 해커라는 게시글이 많다며, 이 게시글들은 상당한 설득력이 있는 추론이라고 평가했다.[10] 그러면서 계엄군이 민간인을 감금했다는 기사는 계엄에 반대하는 진영에 크게 도움이 되는 내용인데, 전통 미디어들이 이를 다루고 있지 않은 것으로 보아, 숨기고 싶은 무언가가 있는 것이 틀림없다고 주장했다. 일부 유튜버는 계엄군이 연수원에 묵고 있던 선관위 직원을 나오지 못하게 통제한 것은 중국인 해커 체포 작전을 보지 못하게 하려고 그런 것이었다고 주장하기도 했다.

음모론 증폭시키는 극우 미디어

같은 날, 극우 성향의 인터넷 매체인 《스카이데일리》에 한 칼럼이 실렸다. 전 명지대학교 교수인 김태연이 쓴 칼럼이었다.

제목은 '선관위 연수원 중국인 해커부대 90명 누구인가?'였다.[11] 칼럼은 이렇게 시작한다.

> 수원 선관위 연수원의 90명의 중국인 해커부대 누구신지 밝혀야 한다. 윤석열 대통령이 밝힐 것이다. 그러면, 정의의 빛을 밝히리라, 어두운 길을 뚫으리라. 공천의 벽은 투명하게, 국민의 손에 맡기리라.

칼럼에는 아무런 사실적 근거도 제시되지 않았다. 그냥 커뮤니티에 떠도는 의혹을 사실로 단정하고, 진상을 밝히라고 요구하는 칼럼이었다. 커뮤니티에서 의혹을 제기하는 글들이 유튜버와 극우 인터넷 매체를 거치면서 개연성 높은 의혹으로 격상되어 갔다. 황교안 전 총리는 이 칼럼을 인용하면서 "공개된 CCTV 기록을 보면 대형버스 2대, 미니버스 1대 등 총 3대가 선관위 연수원 인근 농업박물관에 진입했다고 합니다. 대형버스 정원이 40여 명 정도임을 감안할 때, 90명 수송에 적합합니다. 이들 90명은 지금 어디에 있습니까?"라고 묻는 게시글을 올렸다.[12]

그리고 2025년 1월 2일에 〈똑돌 TV〉를 운영하는 유튜버는 '사라진 선관위 90명 어디로 갔는지 추정된다'라는 제목의 동영상을 올린다.[13] 자신이 알아보니 체포된 중국인 90명이 주한 미군 기지에 수감되어 있다는 주장이다. 동영상을 다 보아도 어떤 근거로 그렇게 판단했는지 확인할 수 있는 사실적 근거는 없다. 단지 추정이다. 미국 당국이 이들을 심문해 부정선거 증거를 확보하면 상황은 반전될 수 있으며, 국회 해산도 가능하다고 주장한다. 더 나쁜 것은 이 사건과 무안공항 참사 음모론을 연결한다는 점이다. 더불어민주당이 중국인 해커 체포 뉴스에 쏠리는 여론을 다른 곳으로 분산시키기 위해 무안공항 참사를 만들어 냈다는 음모론 말이다.

같은 날, '대한민국 국가 원로회'라는 단체가 성명을 발표한다. 성명에서 이들은 "12.3 계엄령 선포 시 경기도 수원 중앙선거관리위원회 연수원에서 연수를 받고 있던 중국 공산당 전산 조작 요원 90명은 체포되어 미국 정보요원에게 수사를 받고 있다고 한다"라며 "이들은 세계 여러 나라의 주요 선거 개표를 조작하는 일당들로서 4년 전에 있었던 미국 대선에서 도널드 트럼프 대통령이 가장 큰 피해를 입은 바 있다"라고 주장했다. 《스카이데일리》는 이 성명을 주요 기사로 소개했다.[14] 성명을 보면 확인된 사실은 없다. 단지 이런 이야기가 있다는데 해명하라는 내용뿐이었다.

소설적 상상에서 시작한 이야기가 "이들이 체포되어 미군 기지에서 심문을 받고 있다"로 발전했다. 사실적 근거가 아니라 다른 사람의 의혹 제기와 추론에 자신의 새로운 추론을 추가하면서 서사가 풍부해졌다. 마치 집단 창작 소설을 쓰는 것처럼 말이다. 이들이 참조한 것은 사실이 아니라 서로의 주장일 뿐이다. 서로의 주장을 참조 자료로 삼아 확신을 강화해 나가는 증폭 회로는, 결국 중국인 해커가 선관위 연수원에서 체포되어 미군 기지에 감금되었다는 허위 서사를 만들어 냈다.

거짓말로 완성된 집단 창작

극우 미디어 생태계에서 집단 창작된 이야기는 인터넷 언론사로 등록되어 있는 《스카이데일리》의 2025년 1월 16일자 기사로 완성되었다. 기사는 다음과 같이 시작한다.

> [단독] 선거연수원 체포 중국인 99명 주일 미군 기지 압송됐다.
> 지난해 12월 3일 한·미 군 당국이 경기 수원시 선거관리연수원에서 체포한 중국인 간첩들이 주일 미군 기지로 압송된 것으로 확인됐나.
> 16일 미군 정보 소식통에 따르면 12.3 비상계엄 당일 우리 계엄군은 미군과 공동작전으로 선거연수원을 급습해 중국 국적자 99명의 신병을 확보했으며 검거된 이들을 미군 측에 인계했다.
> 사안에 정통한 미군 소식통은 "체포된 중국인 간첩들$^{Chinese\ spies}$은 모두 99명이며, 평택항을 거쳐 일본 오키나와 미군 기지로 이송됐다"라고 본지에 확인했다.[15]

《스카이데일리》 기사에 추가된 서사는 두 가지이다. 첫째, 선관위에서 체포된 중국인 해커가 99명이라고 인원수를 특정한 것이다. 둘째, 이들이 평택항을 통해 오키나와로 이송되었다는 것이다.

 기사를 작성한 《스카이데일리》 기자 허겸은 자신이 7명의 복수 취재원으로부터 확인해 기사를 썼다고 주장했다. 현재 드러난 취재원은 국가정보원(이하 국정원) 출신 간부 한 명과 캡틴 아메리카 복장을 하고 중국 대사관에 난입하려다 체포된 안병희였다. 안 씨는 자신이 미국 정보국 블랙요원이라고 주장하며, 위조된 신분증을 가지고 다녔던 사람이다. 체포된 중국인이 평택항을 거쳐 오키나와로 갔다는 이야기를 처음 꺼낸 사람은 안 씨였다. KBS〈추적 60분〉팀과 만난 전 국정원 직원은 자신이 안 씨의 발언을 기초로 평택항과 오키나와를 특정했다고 설명한다.

내가 결정적으로 안병희 (신분이) 확실하다고 느낀 것은 (중국인 간첩) 90명인가 미국으로 갔다는데 오산 비행장을 통해서 갔는지, 평택 비행장으로 갔는지 떠본 거야. 그런데 안병희가 "평택항도 있습니다" 그러는 거예요. 그럼 괌으로 갔는지 사이판으로 갔는지 물어봤죠. 그랬더니 오키나와도 있습니다. 그러는 거야. 그래서 '나한테 암시를 주는구나' 했어요.[16]

나중에 확인된 바에 따르면 안 씨의 신분증은 모두 위조된 것이었다. 그는 미군 정보요원이 아니라 한국 육군 병장 출신이었다. 미국에는 가 본 적도 없었다. 안 씨는 구속되기 직전 KBS 〈추적 60분〉 팀과의 마지막 인터뷰에서 갑자기 진실을 털어놓는다. 신분증 위조 사실은 물론 미 정보국 블랙요원이라는 것도 모두 다 거짓말이었다는 것이다. 자신의 거짓말에 전 국정원 직원과 국무총리 출신 정치인, 그리고 기자들이 모두 속았으니 자기가 가장 똑똑한 사람이라며, 자랑스럽게 말하기도 했다.

제작팀 속은 사람이 누구라고 생각하세요?

안 씨 다죠. 허겸 기자도 속았지. 지금 피디님도 어떻게 보면 나한테 낚이신 거잖아. 제가 기사를 공개하면서 이야기했던 모든 사람이 다 저한테 속은 거죠. 다 속아서 이게 오히려 여론 조작까지 제가 성공했잖아요. 아니 여론 조작이 아니라 여론 형성이요.[17]

이렇게 거짓말을 한 이유에 대해서는 극우에게 희망을 주고 싶어서였다고 털어놓았다.

안 씨 흑색선전이라고 해서, 이제 소문을 퍼뜨려서 좋은 내용의 기사들을, 우파에게 희망을 주는 그런 기사들을 써서 '미국이 정말 여러 가지 감시 정찰 자료들을 활용해서 대

한민국의 부정선거를 밝히려고 하는구나' 이런 희망을 심어 주고 싶었어요.[18]

소설적 상상에서 시작해 각종 의혹이 더해지고, 희망을 주기 위한 거짓말로 완성된 중국인 해커 체포 기사. 극우 미디어 생태계의 증폭 순환 구조를 그대로 드러내는 기사였다. '커뮤니티 게시글에서 의혹 제기 → 유튜브 등에서 증폭 → 게시글 폭발적 확산, 추가 의혹 제기 → 유튜브 증폭 → 인터넷 매체 보도'라는 경로가 음모론의 생산과 전파의 주요 경로가 되었다. 서로를 참조해 가며 작은 의혹으로 시작해 거대 음모론으로 증폭해 가는 구도 말이다. 무안공항 참사, 경남 산불을 둘러싼 음모론 역시 이 구도를 따랐다.

얼핏 보면 이 과정은 저널리즘에서 추구하는 진실 추구 과정과 유사해 보인다. 저널리즘의 진실은 한 번에 완성된 형태로 제시되는 것이 아니다. 하나의 과정으로 인식된다. 어떤 사건에 대한 첫 번째 기사가 작성되면서 여정이 시작된다. 시작 지점에서는 알려진 사실이 적어 기사가 단순하며, 부정확한 사실이 있을 수도 있다. 하지만 두 번째 기사에서 새로운 사실이 추가되면서 보완된다. 처음 기사에서 잘못 알려진 사실이 수정되기도 한다. 이후 관련자들의 추가 증언이 제시되기도 하고, 반론도 제기된다. 후속 기사를 통해 계속 새로운 사실이 추가되고, 새로운 맥락이 제시된다. 사실 검증을 통과하지 못한 사실은 배제된다.

저널리즘이 추구하는 진실은 이런 여정 그 자체이다. 저널리즘이 도달하고자 하는 진실은 완벽한 진실이 아니다. 잠정적이며 조건부적인 진실이다. 새로운 사실이 확인되면 언제든지 변할 수 있는 진실이다. 칼 번스타인 기자는 이를 "믿을 수 있는 최선의 진실"*The best obtainable version of the truth*이라고 불렀다. 《워싱턴포스트》의 보도 원칙에는 "진실로 확보될 수 있는 가장 가까운 진실*the truth as nearly as the truth may be ascertained*을 전달해야 한다"라고 설명하고 있다.[19] 철학에서 말하는 완전한 진실이 아니라 그때그때 최선을 다해 구성해 낸 진실이며, 목표로서의 진실이다.

극우의 담론 구조 역시 여러 사람을 거치며 점점 더 내용이 풍성해지는 과정을 거친다는 점에서 비슷해 보일 수 있다. 하지만 저널리즘이 추구하는 진실의 여정과 극우 미디어 생태계에서 담론이 형성되는 과정은 전혀 다르게 작동한다. 우선 추가되는 것이 다르다. 저널리즘이 추구하는 진실의 여정에는 새로운 사실과 맥락이 추가된다. 하지만 극우의 담론 구조에서는 사실이 아니라 새로운 의혹과 주장이 추가된다. 저널리즘이 추구하는 진실의 여정에서는 사실 검증을 통해 잘못된 정보를 수정하고, 의도적으로 유포된 조작 정보 등을 제거하면서 진실에 다가간다. 그러나 극우의 담론 구조에서는 사실 검증이나 반론은 차단되며, 감정에 호소하거나 반복적으로 전달해서 사실로 정착시킨다.

『옥스퍼드 영어 사전』에서 "여론을 형성할 때 객관적 사실보다 개인적 신념과 감정에 호소하는 것이 더 큰 영향력을 발휘하는 현상"이라고 정의한 탈진실 $^{Post\ Truth}$ 현상이 가장 전형적으로 나타나고 있는 공간이 극우 미디어 생태계이다. 저널리즘의 여정이 진실을 향한 여정이라면, 극우의 담론 구조가 추구하는 여정은 '탈진실의 길'이다.

2. 《스카이데일리》와 캡틴 아메리카

인터넷 신문윤리위원회(이하 신문윤리위)는 2025년 2월 12일, 《스카이데일리》의 중국인 해커 체포 관련 6건의 보도에 대해 '자사 게재 경고'(공개 경고) 조치를 내렸다.[20] 신문윤리위는 "해당 기사들의 주장이 대한민국 민주주의의 근간을 흔들고, 국내적인 정치·사회 분열 확산은 물론 국제적으로도 커다란 파장을 일으킬 수 있는 중차대한 내용"이라며 "그 어느 때보다도 철저한 검증을 통해 사실 관계를 확인하고 객관적 근거를 제시해야 함에도 기사들에서 핵심 주장에 대한 객관적 근거는 찾아볼 수 없다"라고 했다. 신문윤리위는 또 "중앙선거관리위원회나 주한 미군 당국이 《스카이데일리》의 보도 내용을 공식적으로 부인하고 많은 언론들이 이를 보도했음에도 불구하고, (《스카이데일리》는) 이를 해당 기사나 후속 보도로 다루지 않았다"라며 "이는 사실의 전모를 정확하고, 객관적이고, 공정하게 보도해야 하고, 출처 및 내용을 정확히 확인해야 한다는 신문윤리강령의 원칙을 지키지 않았다는 지적을 피하기 어려우며, 이러한 보도 태도는 신문의 신뢰성을 치명적으로 훼손하는 행위"라고 징계 조치의 배경을 설명했다. 공개 경고 결정은 인터넷신문윤리위가 내릴 수 있는 가장 강한 조치이다. 하지만 《스카이데일리》는 경고받은 내용을 지면에 공개하라는 조치를 바로 이행하지 않았다. 2025년 4월 7일에서야 징계 사실을 공개하는 기사를 게재했다.[21]

서울경찰청 사이버수사대는 2025년 5월 19일, 위계에 의한 공무집행 방해, 전기통신기본법 위반(허위 통신) 혐의로 《스카이데일리》 기자 허겸에 대해 구속영장을 신청했다.[22] 선관위가 《스카이데일리》와 허 기사를 고발한 데 따른 조치였다. 《스카이데일리》 측은 언론 자유를 훼손한다며 반발했다.[23] 2025년 5월 21일 열린 구속 적부심에서 재판부는 영장을 기각했다. "범죄 혐의에 대해 법리적 다툼이 있는 점, 강제수사 등을 통해 물리적 증거 자료는 상당 부분 수집되었고, 피의자도 수사기관에 3회 출석하여 조사를 마쳤으며 관련자들의 진술도 대부분 이루어져 구속 필요성이 없다"라고 판결했다.[24] 《스카이데일리》는 법원이 언론 겁박에 제동을 걸었다며 환영했다.

《스카이데일리》는 2025년 8월 13일에 이르러서야 해당 기사가 오보라고 인정하고 사과했다.[25] 사실 관계를 확인해 본 결과, "거짓 제보에 따른 허위 보도"였다는 결론을 내렸다는 사과문을 발표했다. 12.3 비상계엄 당시 선관위 연수원에서 교육을 받았던 공무원을 만나 당시 연수원에 있던 사람이 중국 간첩이 아니었다는 사실을 확인했다는 것이다. 이런 사실 검증 작업은 기사를 내기 전에 이루어졌어야 하는 절차이다. 적어도 최초 보도 이후 문제가 제기된 상황에서라도 확인했어야 한다. 하지만 몇 달 동안 검증 없이 후속 보도만 양산했다. 그러다 정권이 교체된 이후에야 뒤늦게 오보를 인정한 것이다.

구속 적부심에 출석한 허 기자는 자신이 복수 취재원을 상대로 취재했으며, 구체적인 신원은 취재원 보호를 위해 밝힐 수 없다고 주장했다. 하지만 《스카이데일리》측 조사에서도 확인되었듯, 주요 취재원은 캡틴 아메리카 복장을 하고 다니던 안병희였다. 안 씨가 KBS〈추적 60분〉팀에 제공한 전화 녹취를 들어 보면, 기사의 아이디어도 안 씨가 제안했고, 기초 자료와 구성안도 안 씨가 제공했다. 허 기자는 완성된 기사를 안 씨에게 보내 검토하도록 했다. 안 씨는 기사에 사용된 단어 하나하나에 대해 수정 의견을 주었다. 허 기자는 대부분 안 씨의 의견을 따라 기사를 수정했다.

주요 취재원은 캡틴 아메리카

최초 보도 다음 날인 2025년 1월 17일 통화를 들어 보면, 안 씨는 허 기자에게 후속 기사를 고민할 때라고 말한다. 그러면서 중국인 해커들이 선거가 없는 시기에는 어떤 활동을 했을 것으로 생각하는지 묻는다. 허 기자가 답변하지 못하자 안 씨는 평소에 이들이 국내 댓글 여론을 조작했을 것이라며, 관련 기사를 만들어 보자고 제안한다. 극우 커뮤니티 댓글 가운데 중국인 해커가 여론 조작을 위해 게시한 글들을 특정해 보자는 것이었다. 기사의 목적은 명확했다. 극우 커뮤니티에서 활동하는 사람들이 《스카이데일리》를 가장 믿을 수 있는 매체로 인식하도록 하자는 것이었다. 허 기자는 바로 동의한다.

허 기자 근데 이 요즘 같은 때 우리 쪽은 딱 살고, 저쪽은 확 죽이는 그런 여론 만들 수 있죠. 괜찮을 거 같습니다.
안 씨 그거를 《스카이데일리》에서 해 줬다고. 역시 《스카이데일리》가 이런 그 중국 계통이나 이런 것도 알아서 우리한테 알려 준다. 이제 또 입소문이 돌면서 구독자 2만 명 한순간에 늘 거 같은데.
허 기자 네, 노력해 보겠습니다.[26]

기사를 쓰려면 기본 자료가 필요하다며 난감해하는 허 기자에게 안 씨는 기초 자료를 자신이 가지고 있다고 말한다. 그러면서 기초 구성안을 작성해 허 기자에게 전해 주겠다고 한다. 또한 기사를 내는 시점까지 조율했다. 최종 원고를 가지고 일일이 단어 하나하나까지 수정해 준다. 이렇게 작성된 것이

2025년 1월 18일자 기사 '선거연수원 체포 中 간첩단 국내 여론 조작 관여'였다. 중국인 해커들이 AI 댓글 조작 프로그램인 '목인'을 활용해 여론 조작을 하고 있다는 내용이었다.

    기사가 나간 날 밤, 이들은 곧바로 후속 기사 논의로 들어간다. 안 씨는 문재인 정권에서 세금으로 중국인 해커를 키웠다는 내용을 쓰자고 제안한다. 외국인 실업 급여 이슈를 "세금으로 중국인 간첩을 키웠다"로 연결해 보자는 것이었다.

안 씨   그거 어떨까요? 국민 세금으로 우리가 간첩을 만들었다. 대한민국 정부에서 간첩을 만들었다.

허 기자   내용은 괜찮아 보이는데 어떻게 연결고리가 되는 거죠?

안 씨   6개월 단위로 실업 급여 받고 이러면서 이 사람들 직업 훈련시킨다고 해 놓고 결국은 간첩 교육시키고.

허 기자   그거 괜찮네요. 일단 계속 포커스가 그 사람들이 뭐했냐 이거잖아요.

안 씨   그것도 그렇고 국민 혈세로 문재인 정부가 간첩들을 양성하고 만들었다 이런 식으로 프레임할 수 있고….

허 기자   그거 괜찮을 거 같습니다.

안 씨   그러면 후속 기사는 이거 보강 기사로 하면 되겠네….[27]

    이들은 최소 7건의 후속 기사에 대해 위와 같이 논의하며 기사를 작성했다. 후속 기사의 목적은 명확했다. 진실 전달이 아니라 분노 유발이었다. 거짓말이건 진실이건 그들에겐 중요하지 않았다.

허 기자 한국 사람들이 다행히 반중 정서가 있어요. 예전에 드라마에서도 한국의 역사를 왜곡했다고. 중국이. 그런 거까지 있어서, 반중 정서가 있어서 그거 자극하는 데는 아주 좋을 거 같습니다.

안 씨 불같이 일어날 거 같은데. 우리가 불을 질러 놨으니까 계속 땔감을 던져 줘야지.[28]

    이들이 의도한 대로 극우 성향 유튜버들은 연일 《스카이데일리》 기사의 내용을 확대하거나 재구성해 전파했다. 이런 주장은 유튜브 영상, 텔레그램 채널, 네이버 밴드, 디스코드 그룹 등을 통해 폭발적으로 확산했다. 이러한 과정을 통해 '중국 해커 체포설'은 극우 성향의 사람들에게 확신으로 자리 잡았다. '트럼프가 조만간 개입해 한국을 구하러 올 것'이라는 주장도 확산했다. 여러 유튜브 채널은 연일 "한국은 이미 점령당한 나라"라며 위기감을 조장했고, 구속된 대통령을 석방해 반국가 세력을 일망타진해야 한다는 목소리가 높아졌다.

서울서부지방법원 폭동으로 발전한 음모론

2025년 1월 18일, 윤석열 체포 영장 심사가 열린 서울서부지방법원(이하 서부지법) 앞에는 이런 확신으로 무장한 사람들이 몰려들었다. 사랑제일교회 전광훈 목사는 "우리는 서울구치소로 들어가서 강제로라도, 국민 저항권이 최고의 권리니까, 대통령을 구치소에서 모셔 나와야 하는 것입니다" 같은 발언으로 시위대를 자극했다.[29] 시위대는 태극기와 성조기를 흔들며 "트럼프가 곧 한국에 온다", "오늘이 역사적인 날!"이라고 외쳤다. 유튜버들은 실시간 방송을 통해 현장을 중계하며 참여를 독려했다. 고위공직자범죄수사처(이하 공수처) 차량이 도착하자, 누군가가 "저 차에 오동운(공수처장)이 탔다. 끌어내서 죽여 버리자!"라고 소리쳤다. 시위대가 달려들어 차량 2대의 유리창을 깼으며, 타이어를 펑크 냈다.[30] 오 처장은 해당 차량에 없었다고 한다. 한 공수처 관계자는 시위대의 차량 파손을 제지하기 위해 차량에서 내리다가 시위대로부터 나무 막대 등으로 구타를 당하기도 했다.

2025년 1월 19일 오전 2시 59분, 윤석열에 대한 구속영장 발부 사실이 언론에 공개되었다. 그리고 오전 3시 정각, 시위대는 폭도로 돌변했다. 이들은 경찰 방패, 경광봉 등을 빼앗아 경찰을 폭행했고, 오전 3시 7분 경찰 저지선을 뚫고 법원 경내에 침입했다. 경찰과 기자를 폭행하거나 법원 담장을 넘기도 했다. 일부 유튜버들은 "오늘 내전이다!"라고 외치며 사람들을 선동하기도 했다.

오전 3시 20분에는 현장을 취재하고 있던 방송사 기자가 폭도들에게 둘러싸여 집단 폭행을 당했다. 오전 3시 21분, 폭도들이 서부지법 셔터를 뜯어내고 유리창을 깨며 법원 내부에 진입했다. 이들은 보안시설인 판사실까지 진입했고, 영장 발부 판사의 이름을 부르며 찾아다니는 모습이 찍히기도 했다.

경찰기동대가 진입을 시도했지만, 시위대는 강력하게 저항했다. 오전 3시 55분쯤 퇴거 경고 방송을 하고 대규모 병력을 투입해 시위대를 몰아세우기도 했다. 하지만 시위대는 다시 법원에 진입했다. 이런 대치가 이어지다 오전 5시 반쯤에서야 법원에 있던 사람들을 끌어낼 수 있었다. 오전 6시 8분, 경찰이 "현 시간부로 서부지법 인근 질서를 완전히 회복"했다고 밝힐 때까지 3시간 8분, 188분 동안 서부지법은 폭도들에 의해 유린당했다.[31]

서부지법 폭동 사태로 기자를 포함한 시민 41명이 다쳤다. 경찰도 55명이나 부상을 입었다. 이 가운데 11명은 전치 3주 이상의 중상을 입었다. 법원 측은 법원 청사 외벽 마감재, 유리창, 셔터, 당직실, CCTV 저장장치, 출입 통제 시스템, 컴퓨터 등이 파손되어 6~7억 원 규모의 물적 피해가 발생한 것으로 추산했다.[32] 서부지법 폭동 사태는 사법부를 향한 대한민국 역사상 최초의 폭동이었다. 법원 판결에 대한 불만이 폭동으로 발전한 것은 정보의 구조적 왜곡과 디지털 플랫폼을 통한 선동이 실제 물리적 행동으로 이어진 대표 사례였다.

특히 유튜브 생중계는 현장 분위기를 단순히 중계하는 것을 넘어 사람들을 자극하고 강화하는 도구로 기능했다. 미디어의 '내전 유발 촉매제' 역할을 그대로 보여 주는 것이었다. 폭동이 진압된 후 폭력을 선동한 〈락 TV〉 운영자 최락 씨 등 유튜버 3명이 구속되었다.[33] 여기에는 사랑제일교회 특임 전도사로 청교도 〈혁명군 tv〉를 운영하는 윤영보 씨가 포함되었다. 윤 씨는 집회에서 "빨갱이 판사가 구속영장 때리면 (판사) 잡으러 직접 침투한다", "돌진한다" 등의 발언을 했으며, 시위대가 법원 안으로 난입할 수 있도록 철장을 들어 올리는 등 적극적으로 폭동에도 가담한 혐의를 받고 있다.[34]

내전 촉매제로서의 소셜미디어

바버라 월터는 『내전은 어떻게 일어나는가』라는 제목의 책에서 정체성에 기반한 분열 구조가 제도적 불신과 결합할 때 내전이 발생한다고 주장한다. 그리고 소셜미디어가 내전을 촉발하는 촉매제 역할을 한다고 설명한다.[35]

바버라 월터는 내전이 발생하기 쉬운 정치 체제로 '아노크라시'Anocracy를 든다. 아노Ano는 고대 그리스어 접두어로 부정 또는 결핍을 의미하며, 크라시Cracy는 지배, 통치를 뜻한다. 어원적으로 해석하면 '권력이 없는', '지배 질서가 없는' 상태를 말한다. 하지만 정치학에서 '아노크라시'는 민주주의와 독재^{Autocracy}의 중간 형태를 말한다. 제도적 안정성과 통치력, 권력의 집중 정도가 불안정하거나 혼재된 정치 체제를 지칭할 때 사용된다. 독재에서 민주주의로 발전하거나 민주주의에서 독재로 회귀하는 정치적 이행 상태를 말한다. 그런 체제는 규칙이 불확실하고 권력 분배가 불안정해서 내전에 취약하다는 것이다.

내전이 발생하기 쉬운 두 번째 경우는 '파벌주의'라고 명명한 극단적 형태의 정치적 양극화 상태이다. 종족이나 종교, 인종 정체성을 바탕으로 한 정치 세력들이 타자를 배제하고 희생시키면서 통치하려고 다투는 상태를 말한다. 이런 파벌이 종족이나 인종 정체성에 종교와 계급이나 지리적 위치까지 공유하는 경우 "초 파벌"^{Superfraction}을 형성하기도 한다. "초 파벌"은 자신들의 정체성만이 국가의 정통성을 대표한다고 여기며, 타 집단의 정치적 참여 자체를 위협으로 간주하고 다른 집단의 존재 자체를 부정하고 배제하려는 경향으로 이어진다.

세 번째 경우는 정치·경제적 권력과 자원이 특정 엘리트 집단에 집중되고, 그 외 집단은 체제 내에서 공식적인 경로를 통해 문제를 해결할 수 없게 될 때인데, 이때 분노와 불만이 고조되면서 내전이 발생한다고 분석한다.

저자는 여기에서 '내전 촉매자'로서의 소셜미디어의 역할에 주목한다. 소셜미디어는 기존 미디어 환경에서 목소리를 얻기 힘들었던 음모론자, 극단적 선전 선동가, 반민주주의를 지지하는 자들에게 발언장을 마련해 주었다. 파벌이 증가하고, 사회적 분열이 확대되고, 이민자 등 소수자에 대한 혐오가 커지고, 폭력 사태가 늘어나는 데 있어 소셜미디어는 큰 역할을 했다. 또한 행위에 나서려는 사람들의 모임을 조직해 실제 폭력 사태를 일으키기도 했다. 따라서 미디어, 특히 소셜미디어를 '내전의 촉매자'라고 불렀다.

　　21세기 대한민국에서 비상계엄에 이어 폭동까지 발생하자 한국 사회는 큰 충격에 빠졌다. 혐오와 갈등을 부추기고, 폭동을 선동하는 극우 미디어의 문제도 도드라지게 드러났다. 이전에도 대한민국이 일종의 '심리적 내전 상태'에 접어들었다는 평가는 있었다. 우리 국민 10명 가운데 4명은 정치적 성향이 다른 사람과는 식사나 술자리를 함께하는 것이 불편하다고 여기고 있고, 정치 성향이 다른 사람과 결혼하는 것이 불편하다는 사람도 43%에 달한다는 조사 결과도 있었다.[36] 하지만 대통령이 야당과 선관위를 '반국가 세력'으로 규정하고, 이들을 일거에 척결하겠다며 비상계엄을 선포할 것이라고는 아무도 생각하지 못했다. 그리고 그런 내란 행위를 한 사람을 옹호하는 세력이 폭동을 일으킬 것이라고는 더더욱 상상하지 못했다. 그런데 상상할 수 없는 일이 현실 세계에서 발생했다.

　　부정선거 음모론으로 무장해 성조기를 흔들며 "Stop the Steal"이라는 구호를 외치는 사람들과 윤석열 탄핵을 외치며 폭설 속에 담요를 뒤집어쓰고 밤새 광장을 지키는 사람들의 모습은 두 쪽 난 대한민국을 상징적으로 보여 주었다. 그리고 갈등과 혐오를 부추기고, 현실 폭동을 선동하면서 내전 촉매제 역할을 하는 미디어의 모습은 많은 이에게 큰 충격을 주었다.

특히 30여 년 동안 기자 생활을 해 온 필자가 받은 충격은 이루 말할 수 없었다. 비상계엄이 발표된 2024년 12월 3일, 필자는 「지상파 기자 수용자 간 상호 인식 차이 연구」라는 주제로 석사논문 마무리 작업을 하고 있었다. 그리고 그 논문을 기반으로 책을 쓸 계획을 하고 있었다. 그러나 서부지법 폭동을 계기로, 책 주제를 '내전 촉매자가 되어 가는 극우 미디어 생태계'로 바꾸었다. 극우 미디어의 문제는 더 이상 우리 사회가 용인할 수 있는 수준을 넘어섰다고 판단했기 때문이다. 책을 쓰기 위해 많은 자료를 찾았고, 많은 사람들과 토론했다. 특히 관심을 끈 부분은 극우 미디어 생태계가 다른 미디어 생태계와 다른 구조로 움직인다는 것이었다. 분리된 극우 미디어 생태계는 트럼프 등장 이후 미국에서 극화된 형태로 나타났다. 이제 미국 극우 문제를 함께 살펴보자.

3. '붉은 신기루'와 '큰 거짓말'

2020년 11월 4일 새벽 2시 30분 미국 대통령 선거(이하 대선) 개표가 한창이던 시각, 도널드 트럼프 당시 대통령이자 공화당 후보가 기자들과 참모들 앞에 나타났다. 선거의 승패를 결정짓는 경합 주에서 트럼프 후보가 우세를 점하며 전체적인 판세에서 앞서고 있었다. 하지만 승패를 예측하기 어려운 몇몇 주에서 아직 수백만 표가 집계되지 않은 상황이었다. 특히 우편 투표는 개표가 완료되려면 시간이 많이 남아 있었다. 그런데 트럼프가 갑자기 대선에서 자신이 승리했다고 선언했다.[37] 미국 대선에서는 패배한 후보가 먼저 결과를 수용하는 '패배 선언'을 하고, 그 이후에 승자가 '승리 선언'을 하는 것이 오랜 정치적 관행이었다. 그런데 트럼프는 개표 중반에, 그것도 상대 후보가 패배 선언을 하지도 않은 상황에서 갑자기 대선 승리를 선언했다. 그리고 자신이 승리를 선언한 이후에 개표되는 것은 모두 사기라며, 개표를 즉시 중단하라고 요구했다. 우편 투표 등은 모두 부정 투표라는 것이었다.

> 우리는 모든 개표를 멈추기 원합니다. 새벽 4시에 표를 찾아내 그것을 명단에 추가하는 것을 원치 않습니다. 알겠습니까? 이는 매우 슬픈 순간입니다. 제게 있어 이것은 매우 슬픈 순간입니다. 그리고 우리는 이길 것입니다. 내가 보기에는 우리는 이미 이겼습니다.[38]

'붉은 신기루' 와 '블루 시프트'

미국 의회의사당 폭동(이하 미 의사당 폭동)을 조사한 「미국 하원

1.6 폭동 조사특별위원회 최종 보고서」 제1장의 제목이 '큰 거짓말' The Big Lie 이다. 보고서는 트럼프의 승리 선언은 큰 거짓말의 시작이자 미 의사당 폭동의 출발점이었다고 분석하고 있다. 그리고 큰 거짓말은 개표 초반 공화당이 우세를 보이는 '붉은 신기루' Red Mirage 현상을 전략적으로 이용한 것이었다.[39] 미국 대부분의 주에서는 선거 당일 현장 투표지가 먼저 개표된다. 우편 투표지와 그 밖의 다른 투표지는 그보다 늦게 집계된다. 그런데 미국의 당일 투표에서는 공화당 지지세가 강하고, 우편 투표 등에서는 민주당 지지세가 강하다. 따라서 개표 초반에는 공화당 후보가 앞서는 붉은 신기루 현상이 나타나고, 시간이 지날수록 민주당 표가 개표되면서 결과가 역전되는 '블루 시프트' Blue Shift 현상이 나타난다. 선거법 전문가인 에드워드 폴리 교수는 이러한 경향이 2004년 대선부터 본격화되었으며, 민주낭 성향이 강한 지역일수록 그 폭이 커진다고 분석했다.[40] 그런데 트럼프는 붉은 신기루가 퍼져 있을 때, 승리를 선언하고 개표 중단을 요청한 것이다.

그런데 이 승리 선언은 즉흥적으로 이루어진 거짓말이 아니었다. 미리 계획된 것이었다. 미국 하원 보고서에는 선거 직전 트럼프 대통령의 고문인 스티브 배넌이 한 측근에게 한 발언이 담긴 오디오 녹음 녹취록이 담겼다.

트럼프가 하려는 것은 그냥 승리를 선언하는 거예요, 그럴

죠? 그는 승리를 선언할 겁니다. 하지만 그게 그가 실제 승자라는 의미는 아닙니다. 그는 단지 자신이 승자라고 말할 뿐입니다. 우리 쪽 표가 먼저 개표될 거예요. 민주당 쪽 표는 주로 우편으로 투표되니까요. 그래서 그들은 자연스럽게 불리한 상황에 처하게 될 것이고, 트럼프는 그 점을 이용할 겁니다. 그게 우리의 전략입니다. 그는 자신을 승자라고 선언할 것입니다.[41]

그리고 트럼프의 또 다른 외부 고문인 로저 스톤은 다음과 같이 말했다.

그때가 되어도 상황은 여전히 불확실할 거라고 본다. 그런 상황에서 핵심은 승리를 주장하는 것이다. "소유가 법의 90%"라는 말이 있잖아. 우리가 이긴 거야. 엿 먹어. 미안. 끝났어. 우리가 이겼다고. 네가 틀렸어. 엿 먹으라고.[42]

여기에서 "소유가 법의 90%"라는 말은, 먼저 점유하거나 주장하는 쪽이 법적으로나 정치적으로나 더 유리한 위치를 차지한다는 속담이다. 붉은 신기루 현상으로 앞서고 있을 때, 승리를 선언해 기정사실화하고 개표를 중단시키려 한 전략이었다. 비록 개표를 중단시키는 데 실패하더라도, 이를 기초로 부정선거였다고 주장할 근거를 마련할 수 있다.

트럼프의 승리 선언에도 개표는 중단되지 않았다. 그리고 우편 투표지 개표가 본격적으로 진행되자 민주당 조 바이든 후보가 역전에 성공했다. 이른바 블루 시프트 현상이 나타난 것이다. 하지만 트럼프는 개표 결과를 인정하지 않았다. 승복 선언도 하지 않았다. 대신 "도둑질을 멈춰라"*Stop the Steal*라는 구호 아래 자신이 표를 도둑맞았다는 주장을 펼치기 시작했다.

"도둑질을 멈춰라" 그리고 '어둠의 권력'

"도둑질을 멈춰라"라는 구호는 2016년 공화당 대선 경선 당시 로저 스톤이 처음 사용한 것이었다. 그는 당시 공화당 내 기득권 세력이 아웃사이더였던 트럼프 후보를 조직적으로 배제하고 있다고 주장했는데, 이를 막기 위해 고안한 구호가 "도둑질을 멈춰라"였다. 그는 이 구호를 활용한 도메인(stopthesteal. org)을 등록하고 단체도 만들었다. 이 단체는 공화당 전국위원회 *Republican National Committee, RNC* 와 전당대회를 압박하기 위한 시위와 감시 활동을 전개했다. 당시 로저 스톤은 인터뷰와 소셜 미디어를 통해 "공화당이 선거를 훔치려 한다"라며 클리블랜드에서 열린 공화당 전당대회에 수천 명을 동원하겠다고 공언하기도 했다.[43] 미 공화당 경선과 본선에서 트럼프가 승리하면서 이 단체는 활동을 중지했다.

이 구호는 2020년 대선 투표 다음 날인 11월 4일부터 다시 사용되기 시작했다. 극우 활동가인 알리 알렉산더는 2020년

11월 4일에 앞서 로저 스톤이 등록한 도메인과는 다른 도메인(stopthesteal.us)을 등록했다. 같은 날 로저 스톤의 전처와 관계가 있는 여성이 이끄는 조직이 Stop the Steal 페이스북 그룹을 시작했다. 이 페이스북 그룹은 참가자가 급증하면서 24시간 만에 팔로워 수 30만 명을 기록했다. '#stopthesteal' 해시태그도 트위터에서 널리 퍼졌다.[44] 부정선거라는 주장을 담은 다양한 음모론이 등장했다. 이 가운데 가장 대표적이고 또 극단적인 음모론이 큐어넌[QAnon] 그룹이 제기한 '어둠의 권력'[Deep State] 음모론이다.

큐어넌은 'Q'라는 익명의 인물이 4chan, 8chan 등 극우 성향 온라인 포럼에 올린 암호화된 게시물(이른바 'Q 드롭'[Q drops])을 신봉하는 사람들로 구성된 네트워크 조직이다. 지지자들은 Q의 게시물을 함께 해석하며, 미국과 세계가 어둠의 권력으로 불리는 부패한 정치 엘리트, 월가 금융권, 글로벌리스트, 연예계 및 대기업 지도자들에 의해 조종되고 있다고 믿는다. 이들은 트럼프를 이러한 세력과 싸우는 구세주적 존재로 신격화한다.[45] 이 음모론은 주로 '어둠의 권력'으로 불리는 미국 내 기득권 세력을 겨냥한 것이었다.

그러나 2020년 대선 개표 과정에서 발생한 사소한 실수를 계기로 이는 국제적인 서사를 띤 부정선거 음모론으로 발전한다. 시작은 미시간주의 소도시 앤트림 카운티[Antrim County]에서 발생한 개표 실수였다. 앤트림 카운티는 인구가 약 2만 3000

명밖에 안 되는 작은 마을이다. 전통적으로 공화당 지지 성향이 매우 강한 곳이다. 그런데 비공식 중간 개표에서 조 바이든 후보가 앞서는 것으로 나타났다. 이에 논란이 일었고, 확인 작업에 착수했다. 확인 결과, 선관위 직원이 소프트웨어를 잘못 설정한 실수였다. 실수는 곧바로 수정되었다. 이후 정상적인 개표가 이어졌다. 최종 결과, 트럼프가 해당 지역에서 승리했다.[46]

'도미니언 음모론'의 시작

트럼프는 자신의 패배가 명확해지자, 앤트림 카운티에서 발생한 개표 오류로 "6000표를 도난당했다"라고 주장하기 시작했다. 개표 중간에 발생한 일시적인 오류였고 곧바로 수정되었지만, 이런 사실들은 무시되었다. 그리고 선관위 직원의 실수가 아니라 '도미니언'이라는 회사에서 만든 투표 시스템 Dominion Voting Systems 자체가 문제였다고 주장하기 시작했다.[47] 어둠의 세력이 개표를 조작하기 위해 만든 투표 시스템이었다는 것이다. 투표 시스템 자체가 주범이라면, 한 개 카운티에서만 문제가 발생하지 않았을 것이다. 도둑맞은 표도 6000표에 그치지 않았을 것이다. 오류가 발생했던 미시간주의 경우 47개 카운티에서 도미니언 투표 시스템이 사용되었다. 1개 카운티에서 6000표를 조작했다면, 미시간주 전체로 보면 대략 30만 표 정도가 조작되었을 가능성이 있었다.[48]

트럼프는 이런 계산법을 도미니언 투표 시스템을 사용

한 미국 28개 주로 확대 적용했다. 그렇게 계산하니 750만 표라는 결과가 나왔다. 2020년 11월 12일, 트럼프는 자신이 750만 표를 도둑맞았다고 주장하는 트윗을 올렸다. 이 750만 표라는 수치는 극우 성향인 게이트웨이 펀딧 Gateway Pundit에 올라온 게시글에서 처음 등장했다. 글을 작성한 사람은 데이터 분석 회사의 분석 결과를 인용한 것이라고 주장했다. 하지만 해당 회사는 보고서의 존재 자체를 부인했다.[49] 한 작은 지역에서 발생했다가 곧바로 수정된 작은 실수가, 특정 투표 시스템을 사용하는 모든 곳에서 자행된 조직적인 부정선거 음모론으로 발전했다.

부정선거 음모론에 동의하지 않는 참모들은 줄줄이 사퇴했다. 그 자리를 부정선거 음모론을 신봉하는 줄리아니 전 뉴욕 시장과 트럼프 캠프 변호인인 시드니 파월이 차지했다. 이들은 기자회견을 열어 도미니언 투표 시스템이 베네수엘라 우고 차베스의 지시에 따라 만들어졌으며, 중국과 쿠바의 공산주의 세력이 미국 선거에 개입해 개표를 조작했다고 주장했다.[50]

파월은 폭스비즈니스의 〈루 돕스 투나잇〉 Lou Dobbs Tonight 과 〈마리아 바티로모 쇼〉 Maria Bartiromo Show 에 출연해 "도미니언이 우고 차베스 지시에 따라 개발되었고, 중국과 쿠바 등의 공산주의자들이 미국 대선에 개입했다"라고 주장했다. 우고 차베스는 2013년에 사망했다. 7년 전 사망한 그가 2020년 미국 대선을 조작했다는 허황된 주장이었다. 줄리아니 역시 〈터커 칼슨 투나잇〉 Tucker Carlson Tonight 에 출연해 "도미니언과 스마트매틱 투표 시스템이 트럼프 대통령의 표를 조작했다"라고 주장했으며, 같은 방송에서 파월도 "중국·쿠바·베네수엘라의 공산주의자들이 알고리즘을 사용해 표를 뒤집었다"라고 주장했다.[51] 폭스뉴스는 11월 중순부터 12월까지 이들을 여러 차례 출연시켜 도미니언 음모론과 중국 개입설을 반복적으로 방송했다.

 트럼프 측은 2020년 대선이 부정선거였다며, 모두 62건의 소송을 제기했다. 하지만 한 건을 제외한 모든 소송이 기각되었다. 대부분 충분한 증거를 제시하지 못했거나, 절차상 이유로 법원에 의해 각하되었다. 유일하게 트럼프 측에 유리하게 결정된 건 펜실베이니아주의 투표자 신분증 관련 규정(이른바 'cure' 절차)에 관한 것이었다. 하지만 선거 결과에 의미 있는 영향을 줄 정도는 아니었다.[52] 이후 각 주에서는 차례로 선거 결과를 공식 인준했다. 2020년 12월 14일에는 대부분의 주에서 선거인단이 모여 투표를 완료했다. 그리고 "선거인단 투표 인증서"*Certificate of Vote*를 연방의회에 보냈다. 이제 상·하원 합동회의에서 각 주가 보낸 인증서를 검토해 최종 당선자를 공식 인증하는 단계만 남겨 두고 있었다.[53]

4. 미국 의회의사당 폭동

미국 대선은 11월에 실시되며, 다음 해 1월 6일 오후 1시에 상·하원 합동회의에서 당선자를 확정한다. 마이크 펜스 부통령은 당시 상원 위원장 자격으로 합동회의를 주재하게 되어 있었다. 트럼프 대통령은 펜스 부통령에게 회의 주재를 거부하라고 요구했다. 하지만 펜스는 트럼프의 요청을 거부했다. 헌법상 그럴 권한이 없었기 때문이다. 이 소식이 알려지면서 일부 폭도들은 "펜스를 교수형에 처하라!"라고 외치기도 했다.[54]

프라우드 보이즈의 비밀행진

2021년 1월 6일 미연방 상·하원 합동회의가 소집된 날, 워싱턴 D.C.에는 아침부터 긴장감이 흘렀다. 수만 명의 트럼프 지지자들이 아침부터 의회의사당 주변으로 몰려들기 시작했다. 여러 극우 단체가 주도적으로 가담했다. 대표적인 집단이 2016년 개빈 맥인니스가 만든 '프라우드 보이즈' Proud Boys 였다. 이들은 전통적 남성성을 옹호하고, 다문화주의와 이민자를 비판하는 극우 단체이다. 이 단체 지도자 4명은 미 의사당 습격을 미리 준비했다.[55]

　　프라우드 보이즈는 오전 11시부터 의사당 주변에 집결했다. 이들을 상징하는 복장은 검정색과 노란색 옷이다. 그러나 그들은 이날 자신들의 상징 복장을 착용하지 않았다. 그리고 눈에 띄지 않으려고 노력했다. 스스로 '비밀행진'이라고 불렀다. 프라우드 보이즈의 주요 인물인 조셉 빅스는 내부 채팅방에 다음과 같은 글을 올렸다.

우리는 여러분 가운데 하나처럼 섞여 들 것입니다. 여러분은 우리를 알아보지 못할 것입니다. 우리가 바로 여러분이라고 생각하게 될 것입니다. 우리는 여러분처럼 냄새나고, 움직이고, 보일 것입니다. 단 한 가지, 우리를 드러낼 것은 '우리처럼 생각한다'라는 것입니다. 1월 6일은 전설이 될 것입니다.[56]

비밀스럽게 시위대에 섞여 있던 프라우드 보이즈 선동자 그룹은 2021년 1월 6일 오후 12시 51분경, 첫 폭력을 시작했다. 의사당 서쪽 편에 있는 '피스 서클'(평화의 원형 광장) 주변에서였다. 이들은 2분 만에 철제 펜스를 무너뜨리고 경찰 저지선을 돌파한 뒤, 곧장 의사당 건물 쪽으로 돌진했다.[57]

프라우드 보이즈와 시위대가 경찰에 대한 공격을 시작한 시각, 많은 사람들은 백악관 남쪽의 엘립스 공원 Ellipse Park에 모여 있었다. 트럼프 대통령의 연설을 듣기 위해서였다. 트럼프는 연설에서 "만약 국가를 구하고자 한다면, 죽기 살기로 싸워야 한다"라고 주장하며, 군중에게 의사당으로 행진하라고 말했다.[58] 오후 1시 10분경, 트럼프의 연설이 끝나자 군중은 의사당 앞으로 몰려갔다. 이들은 프라우드 보이즈가 점령한 피스 서클을 통과했다. 그리고 수천 명의 폭도들은 의사당 제한구역으로 몰려들기 시작했다.

폭동의 시작

2021년 1월 6일 오후 1시 51분경, 시위대는 미국 의사당 건물 계단을 올라가기 시작했다. 그리고 오후 2시 13분경, 폭도들은 경찰에게서 뺏은 방패를 이용해 상원 건물의 창문을 뚫고 안으로 들어갔다. 첫 건물 침입이었다. 1분 뒤 그들은 상원 건물 안쪽의 문을 열었고, 두 번째 방화문까지 열었다. 폭도들은 의사당에 들어가 "트럼프 파이팅!"과 "도둑질 중단"을 외쳤다. 그리고 "낸시, 낸시"를 외치며 낸시 펠로시 하원의장을 찾아다녔다.[59]

폭도들이 의사당을 점거하면서, 의회 비밀 경호국은 오후 2시 25분, 펜스 부통령을 대피시켰다. 펠로시 하원의장 등 의원들 역시 급히 의사당을 빠져나와야 했다. 오후 4시 59분, 경찰이 의사당 폭도를 모두 끌어낼 때까지 의사당은 폭도들에게 유린당했다. 의사당 점거 이후 폭행도 난무했다. 대부분이 경찰을 향한 것이었다. 대표적인 피해자가 마이클 파노네 경관이었다. 폭도들은 그를 붙잡아 목에 전기 충격을 가했다. 경찰 배지와 무전기도 빼앗았다. 일부 군중들은 총으로 쏘아 죽이라고 외치기도 했다. 그는 이 사건으로 인해 뇌진탕, 심장마비, 외상 후 스트레스 장애(PTSD) 등을 겪었다. 결국 현장 업무에서 물러났다. 다음은 마이클 파노네 경관의 진술이다.

격투 도중 어느 순간, 나는 경찰관들의 방어선에서 끌려 나와 군중 속으로 끌려갔다. 누군가가 "한 놈 잡았다!"라고 외치는 소리가 들렸다. 나는 폭력적인 군중에게 둘러싸였고, 그들은 내 경찰 배지를 뜯어냈다. 그들은 내 무전기를 잡아채고 벗겨 냈으며, 몸에 고정되어 있던 탄약도 빼앗았다. 이어서 주먹과 단단한 금속 물체로 보이는 것으로 나를 때리기 시작했다.

어느 순간에는 나를 공격하던 자들 중 한 명과 얼굴을 마주하게 되었고, 그는 반복해서 내게 달려들며 내 권총을 빼앗으려 했다. 군중 일부는 "그 자식 총을 빼앗아서 그 총으로 죽여라!"라고 구호를 외치고 있었다.[60]

아프리카계 미국인인 해리 던 경관은 노골적인 인종차별적 모욕을 받았다. 다음은 해리 던 경관의 진술이다.

분홍색 'MAGA'(미국을 다시 위대하게) 티셔츠를 입은 한 여성이 외쳤다. "얘들아 들었어? 이 깜**(n****r)는 조 바이든에게 투표했대." 그러자 약 스무 명가량의 군중이 함께 소리쳤다. "우우, 빌어먹을 깜**!" 나는 의사당 경찰관 제복을 입고 '깜**'라는 말을 들어 본 적이 단 한 번도 없었다.[61]

미 의사당 폭동으로 5명이 사망하고 150여 명의 경찰관이 다쳤다.[62] 미 의사당이 공격당한 것은 1814년 영국군이 침공한 이후 처음이었다. 게다가 이번에는 자국민의 손에 의한 공격이었다. 그것도 현직 대통령이 선동한 폭동이었다. 트럼프는 폭도들에 의해 의회가 점령당한 순간에도 대통령으로서 치안을 유지하기 위한 지시를 내리는 것을 거부했다.

트럼프는 오후 1시 21분에 의사당 공격 사실을 보고받았다. 그는 즉시 중재에 나설 수 있었지만, 그렇게 하지 않았다. 많은 의원과 참모들이 폭동을 진정시키기 위한 행동에 나서 달라고 말했지만, 아무런 대답도 하지 않았다. 행동에 나서지도 않았다. 의회 보고서는 이를 직무 유기라고 규정했다. 의사당 공격 사실을 보고받은 지 187분이 지난 오후 4시 17분에야 그는 폭도들에게 귀가를 요청하는 영상을 올렸다. 참모들에게서조차 트럼프의 선동적인 말이 폭동을 일으켰다는 자성의 목소리가 나왔다. 브래드 파스케일(트럼프 전 선거대책본부장)은 카트리나 피어슨(전 대변인)과 이날 사건을 두고 다음과 같이 문자 메시지를 주고받았다.

파스케일 지금 벌어지는 일은 트럼프가 우리나라에 불확실성을 부추긴 결과야. 현직 대통령이 내전을 부추기고 있어. 이번 주 내내 그를 당선시킨 것에 죄책감을 느껴.

피어슨 그때는 옳다고 생각한 걸 한 거잖아. 그러니까 옳았던 거야.

파스케일 그래. 하지만 한 여성이 죽었잖아.

피어슨 이런 일이 일어날 거라는 거, 당신도 알고 있었잖아.

파스케일 맞아. 만약 내가 트럼프였고, 내 발언으로 누군가가 죽었다는 걸 알았다면….

피어슨 발언 때문은 아니었어.

파스케일 카트리나. 맞어, 발언 때문이었어.[63]

폭동 진압이 완료된 오후 6시 56분, 펜스 부통령이 의사당으로 복귀했다. 그리고 저녁 8시에 "다시 일하러 가자"라고 말하며 합동회의를 열었다. 다음 날 새벽 3시 32분, 의회는 개표를 완료하고 조 바이든을 제46대 대통령 당선인으로 공식 선언했다.[64]

5. 폭스뉴스와 도미니언 투표 시스템

부정선거에 핵심적인 역할을 한 것으로 지목된 도미니언 투표 시스템은 2003년 캐나다에서 설립된 회사이다. 캐나다 사람인 존 폴로스가 시각장애인의 비밀투표를 도와주는 투표 시스템으로 개발한 것이다. 베네수엘라 중국하고는 아무런 관계가 없다. 민주당 낸시 펠로시 하원의장 등 민주당 유력 인사들이 회사 지분을 소유하고 있다는 주장도 사실이 아니었다.[65]

부정선거 음모론에 대해 해명 중심의 소극적 대응을 하던 도미니언은 의사당 폭동을 계기로 적극적 대응으로 방침을 바꾸었다. 부정선거 음모론이 단순히 한 회사의 문제가 아니라 사회 전체의 문제라는 것을 깨달았기 때문이다.

2021년 3월, 이들은 가장 많은 음모론을 방송한 폭스뉴스를 상대로 27억 달러 규모의 명예훼손 소송을 제기했다.[66] 부정선거 음모론을 앞장서서 주장한 시드니 파월에 대해서는 별도로 소송을 제기했다.

아무도 믿지 않을 거짓말, 진짜로 안 믿은 폭스뉴스

그런데 파월의 변호인들은 소송 과정에서 황당한 주장을 펼쳤다. "합리적인 사람이라면 파월의 2020년 선거 관련 발언이 진정한 사실에 대한 진술이라고 믿지 않을 것"이라고 주장했다.[67] 아무도 믿지 않을 거짓말이었기 때문에 문제없다는 것이었다. 단지 의견을 말한 것이기 때문에 특정 회사의 명예가 훼손된 것도 없다는 것이다. 자신이 한 발언으로 부정선거 음모론이 확대되었고, 이를 믿은 사람들에 의해 의사당 폭동까지 발생했는데, 정작 당사자는 자신의 말을 믿은 사람을 비합리적인 바보 수준의 사람으로 몰아간 것이다.

더 놀라운 것은 파월의 주장을 가장 많이 방송한 폭스의 고위 임원과 뉴스 프로그램 관계자들은 파월의 주장을 믿지 않았다는 것이다. 이들은 파월의 주장이 아무런 근거가 없으며, 위험한 거짓말이라는 것까지 알고 있었다. 파월이 말한 합리적인 사람이었을 것이다. 하지만 그들은 줄리아니와 파월에게 방송을 통해 거짓말을 전파하고 증폭할 기회를 주었다. 이런 선택 역시 그들에게는 합리적이었다. 폭스뉴스의 주 시청자인 극우 층이 파월의 거짓 주장을 좋아한다는 것을 알고 있었기 때문이다.

소송 과정에서 폭스뉴스 내부의 이메일과 문자, 그리고 녹취 파일 등이 공개되었다. 도미니언의 '증거 개시'^{discovery} 요청에 따른 것이었다. 여기에는 시드니 파월, 루디 줄리아니의 인터뷰 녹취, 폭스뉴스 회장인 루퍼트 머독과 진행자들 간 내부 통신, 전 직원 증언 녹취 등이 포함되어 있다.

이 자료를 살펴보면, 폭스뉴스 측 관계자들 가운데 부정선거 음모론 주장을 믿은 사람은 거의 없었다. 보수 성향의 유명 진행자 터커 칼슨은 파월에 대해 "거짓말을 하고 있다"라고 프로듀서에게 말했다. 그는 트럼프가 "악마 같은 힘"을 가진 인물이며 "보는 것을 파괴하는 데 능숙하다"라고 말했다.[68] 동료 진행자 로라 잉그럼 역시 칼슨에게 "파월은 완전 미친*이에요. 아무도 그녀와 함께 일하지 않을 거예요. 줄리아니도 마찬가지예요"라고 말했다.[69] 또 다른 유명 진행자인 션 해니티는 증언에서 "파월이 퍼뜨린 모든 이야기를 나는 한순간도 믿지 않았다"라고 말했다. 루퍼트 머독 회장도 "모두에게 피해를 주는 끔찍한 내용"이라는 메모를 수잰 스콧 폭스뉴스 CEO에게 보냈고, 스콧 역시 이에 동의했다. 폭스뉴스 기자들도 선거 사기 주장에 대해 "위험할 정도로 미쳤다", "사기라는 증거가 없다"라는 메시지를 주고받으며 의구심을 표했다. 머독 회장은 법정에

출석해서 자신은 도미니언 관련 음모론을 믿지 않았다고 증언했다.[70]

폭스뉴스 내부 팩트 체크팀인 '브레인 룸' 역시 2020년 11월 13일에 도미니언 음모론이 완전 거짓이라고 보고했다.

- 광범위한 사기의 증거는 없다.
- 도미니언이 투표를 바꾸거나 삭제했다는 주장은 100% 거짓이며, 트럼프 전 대통령에 대한 투표가 삭제되었다는 주장은 수학적으로 불가능하다.
- 도미니언은 펠로시 일가, 파인스타인 일가, 클린턴 글로벌 이니셔티브와 어떠한 회사 소유 관계도 없다.
- 선거일 전날 밤에 소프트웨어 업데이트가 이루어졌다는 주장은 100% 거짓이다.[71]

시청률 폭락과 거짓말 방송

폭스의 관계자들은 줄리아니와 파월의 주장이 거짓말이라는 것을 알면서도 왜 이들에게 발언 기회를 주었을까? 그건 당시 폭스뉴스의 시청률이 폭락했기 때문이었다. 시청률 폭락의 원인은 폭스뉴스가 타 방송사들의 바이든 승리 선언에 동참했기 때문이었다.

CNN은 2020년 11월 7일 오전 11시 25분(동부 표준시)에 조 바이든이 펜실베이니아주에서 승리하면서 선거인단 270명을 넘어섰다며, 바이든의 승리를 선언했다. 곧이어 NBC, CBS, AP, ABC 역시 바이든의 승리를 선언했다. 폭스뉴스는 이보다 20분 뒤인 11시 45분, 승리 선언에 동참했다. 반면 극우 시청자를 두고 경쟁 관계에 있던 뉴스맥스는 "우리는 바이든의 선거 승리를 선언하지 않을 것이다"라고 밝혔다.[72] 2020년 대선을 도둑맞은 선거라며, 선거 결과를 인정하지 않던 극우 진영 사람들은 폭스뉴스에 대한 비난을 쏟아 냈다. 트럼프 역시 폭스뉴스는 배신자라며, 폭스뉴스 대신 뉴스맥스를 시청하라고 선동했다.

극우 시청자의 이탈로 폭스뉴스의 시청률이 크게 하락했다. 〈아메리카 뉴스룸〉*America's Newsroom*을 포함한 주요 프로그램의 시청률은 일주일 사이에 30% 이상 떨어졌다. 반면 뉴스맥스의 주요 프로그램들은 약진했다. 뉴스맥스의 주간 평균 시청자 수는 5만 7000명에서 32만 9000명으로 약 6배 가량 증가했다. 황금 시간대 시청자 수도 12만 9000명에서 41만 2000명으로 3배 이상 증가했다.[73] 폭스뉴스에 비상이 걸렸다. 주가도 떨어졌다.

극우 미디어 생태계는 거짓말을 하는 사람보다 진영 논리와 다른 말을 하는 사람을 더 싫어한다. 배신자 프레임에 빠져들면 벗어나기 힘들다. 스콧 폭스뉴스 CEO는 머독 회장에게 이메일을 보내 이렇게 말했다. "우리를 사랑하고 신뢰하는 시청자들을 지키는 것이 중요합니다. 우리가 그들을 버리지 않았다는 사실을 그들이 알도록 해야 합니다."

폭스뉴스는 이후 부정선거 음모론을 적극 보도하기 시작했다. 줄리아니와 파월을 연이어 방송에 출연시켰다. 어쩔 수 없는 선택이었다. 도미니언 측은 법원에 제출된 녹취록을 분석해 폭스뉴스가 자신의 주 시청자인 극우 시청자를 위해 거짓말인 것을 알고도 방송했다고 주장했다. 시청률을 위해 거짓 방송을 했다는 정황 증거로 직원들 녹취를 제시했다. 시청률 상승에 좋아하는 직원들 대화였다.

프로듀서 그로스버그는 진행자에게 "시청자들은 평화로운 정권 이양에 대해 듣고 싶어 하지 않는다"라고 말했으며, 돕스는 "파월이나 줄리아니가 출연하는 날은 시청률이 보장된다"라고 말했다. 진행자 해니티는 팀원들에게 "우리가 동의하든 하지 않든 시청자를 존중하는 것이 중요하다"라고 강조했으며, 제작진의 한 사람인 사뮤엘은 "지난주 최고의 1분은 투표 부정에 관한 부분이었다"라고 말했다.[74]

명예훼손에서의 실질적 악의

도미니언 측은 폭스뉴스가 음모론이 거짓말이라는 것을 알고도 파월 등을 출연시킨 것이 '실질적 악의' Actual Malice 에 해당한다고 주장했다. 실질적 악의는 미국에서 언론의 명예훼손 책임을 물을 때 기준이 되는 원칙이다. 1964년 미국 연방 대법원이 '뉴욕타임스 대 설리반' 판결을 통해 수립한 것이다. 그래서 '뉴욕타임스 기준'*New York Times Standard*이라고 불린다. 언론사의 실질적 악의를 '명백하고 확실한 증거'*clear and convincing proof*를 통해 입증해야 형사처벌이나 징벌적 손해배상이 가능하다는 원칙이다.

미국 법원이 언론사의 실질적 악의를 인정한 사례는 두 종류로 나뉜다. 첫 번째는 언론사가 해당 내용이 거짓이라는 사실을 알고도 기사를 냈을 경우이다. 두 번째는 언론사는 해당 기사가 거짓일 수 있다고 의심하고 있었고, 이를 확인할 기회가 있었는데도 의도적으로 이를 무시하고 내보냈을 경우이다. 이를 '무분별한 무시'*reckless disregard*라고 하는데, 우리 법리에 따르면 일종의 '미필적 고의'에 해당하는 경우이다.[75] 언론사가 단순히 사실 확인을 제대로 못 하고 기사를 냈다는 '일반 과실'만으로는 언론사나 기자를 형사처벌하거나 징벌적 손해배상을 부과하지 않는다.

그런데 이 사안의 경우 법원에 제출된 녹취록이라는 명백하고 확실한 증거를 통해 폭스뉴스가 도미니언 음모론이 거짓이라는 것을 알았거나, 심각하게 의심하면서도 이를 무분별하게 무시하고 방송했다는 실질적 악의를 입증할 가능성이 높아지고 있었다. 델라웨어 고등법원 판사는 2023년 3월 31일, 요약 판결을 통해 폭스뉴스가 방송한 도미니언 음모론이 모두 사실이 아니라고 판결했다. 그리고 폭스뉴스가 실질적 악의를 가지고 행동했는지 판단하기 위한 배심원 재판을 시작한다고 명령했다.

배심원 재판이 시작되기 직전, 폭스뉴스는 도미니언과 전격 합의했다. 배상금은 7억 8750만 달러(약 1조 390억 원)였다. 이 금액은 폭스의 직전 회계연도 총이익의 절반이 넘는 큰 금액이다. 언론사에 대한 명예훼손 합의금으로 역대 최고액이었다. 게다가 폭스는 "도미니언에 대한 특정 주장이 허위라는 법원의 판결을 인정합니다"라는 입장문도 발표해야 했다.

도미니언 법률대리인인 저스틴 넬슨은 폭스뉴스와 합의 직후 델라웨어 법원 앞에서 열린 기자회견에서 거짓말은 합당한 대가를 치러야 한다고 말했다.

진실이라는 것은 중요한 것이다. 거짓말에는 대가가 따른다. 폭스는 광고 이익을 위해 부정선거 관련 거짓 기사를 팔아넘겼다. 이 과정에서 도미니언이 큰 피해를 봤다. 이 사건이 방송사에 의한 명예훼손에 해당하지 않는다면, 그 어떤 것도 명예훼손이 되지 못할 것이다.[76]

이것이 끝이 아니었다. 또 다른 투표 시스템 제작 업체인 스마트매틱 역시 폭스뉴스에 대해 27억 달러(약 3조 9000억 원) 규모의 명예훼손 소송을 제기했다. 폭스뉴스 측은 법원에 소송 기각을 요청했지만, 법원은 이 요청을 받아들이지 않았고, 소송을 진행하고 있다.

도미니언은 부정선거 음모론을 방송한 뉴스맥스에 대해서도 명예훼손 소송을 제기했다. 2025년 4월, 델라웨어 고등법원은 "도미니언이 선거 사기를 도왔고, 알고리즘을 이용해 투표를 조작했으며, 베네수엘라와 연계되어 있고, 정부 관리들에게 뇌물을 지급했으며, 댈러스의 투표 부정과 연루되었다는 진술은 모두 거짓"이라고 판단했다. 그리고 뉴스맥스가 실질적 악의를 가지고 명예를 훼손했는지를 판단하기 위해 배심원 재판을 개시했다.[77] 뉴스맥스 역시 2025년 8월, 도미니언에 손해배상금으로 6799만 달러(약 930억 원)를 지급하기로 합의했다. 소송 패배가 확실해진 상태에서 협상을 통해 배상금을 조금이라도 낮추는 길을 선택한 것이다. 뉴스맥스는 2024년 9월, 스마트매틱에 4000만 달러(약 555억 5000만 원)를 배상하기로 한 데 이어 거액의 배상금을 물어 주게 된 것이다.

도미니언이 시드니 파월에게 제기한 명예훼손 소송도 진행되고 있다. 파월은 민사소송과 별도로 형사소추도 당했다. 조지아주가 제기한 소송이었다. 파월은 검찰과의 유죄 협상[plea-bargain]을 통해 유죄를 인정하고 징역형을 면제받았다. 대신 6년간 보호 관찰형과 6000달러의 벌금, 2700달러의 배상금, 그리고 서면 사과문 제출과 검찰 협조 의무를 조건으로 결국 합의에 도달했다.[78]

미국에서 언론사나 기자를 형사처벌하거나 징벌적 손해

배상 판결을 받는 것은 상당히 어려운 일이다. 뉴욕타임스 기준이 확립된 이후 더 어려워졌다. 언론사가 허위임을 알았거나 심각하게 의심하면서도 무분별하게 보도했다는 것을 명백하고 확실한 증거를 가지고 입증하는 일은 쉬운 일이 아니다. 특히 수사권이 없는 민사재판에서 이를 입증하기는 더욱 힘들다. 따라서 언론사가 징벌적 손해배상을 하는 일은 거의 없었다. 하지만 극우 미디어 생태계가 등장한 이후 징벌적 손해배상 사례가 늘고 있다. 소송으로 문을 닫게 될 처지에 놓인 언론사까지 생겼다.

극우 인터넷 플랫폼인 '인포워즈'*Infowars*가 대표적이다. 2012년 미국 코네티컷주 샌디훅초등학교에서 총기 사건이 발생했다. 어린이 20명과 교사 등 6명이 숨진 참사였다. 인포워즈의 알렉스 존스는 이 사건이 조작된 것이라고 주장했다. 사망한 어린이들과 부모는 모두 배우였으며, 총기 규제를 강화하기 위해 정부가 계략을 꾸몄다는 음모론이었다. 유족들이 소송을 제기했다. 법원은 징벌적 손해배상 1억 5000만 달러와 보상적 손해배상 9억 6500만 달러를 선고했다. 약 1조 6000억 원이 넘는 거액이다. 먼저 인포워즈를 운영하는 회사의 자산이 청산되었다. 그리고 2025년 8월 현재, 인포워즈의 모든 자산을 매각하는 절차가 진행되고 있다. 문을 닫을 가능성이 높은 상황이다. 폭스뉴스와 뉴스맥스 역시 부정선거 음모론 보도로 거액의 손해배상금을 부담해야 하는 처지가 되었다.

이 같은 소송을 통해 극우 미디어의 부정선거 음모론은 근거가 약하다는 것이 드러났다. 주요 언론사들 역시 여러 차례 팩트 체크를 통해 부정선거 음모론이 거짓말이라는 사실을 입증했다. 하지만 극우 진영에서 부정선거 음모론에 대한 신념은 약해지지 않고 있다. 정확히 말하면 오히려 신념을 강화하고 있다. 이러한 현상을 '역화 효과'*backfire effect* 개념으로 설명할 수 있다. 이 개념은 브렌던 나이언과 제이슨 라이플러가 2010년 논문에서 발표한 것으로, "자신의 기존 신념과 충돌하는 사실적 정보에 접했을 때, 사람들은 자신의 신념을 수정하기보다 오히려 기존 신념을 더 강하게 고수하거나 확신하는 인지적 반응"을 말한다.[79] 이런 현상은 특히 극우 성향의 미디어 생태계처럼 폐쇄적이고 자기 강화적인 정보 순환 회로가 가동되는 곳에서 많이 나타난다. 극우 미디어 생태계에서 법원의 판결이나 언론의 보도는 "기성 권력의 조작"이나 "진실을 은폐하려는 증거"로 해석되며, 틀린 믿음을 수정하기보다는 오히려 그 믿음을 정당화하는 도구로 소비된다.

유튜브 중독이 초래한 최초의 내란

2020년 미국 대선을 통해 확산한 부정선거 음모론은 곧바로 한국에 수입되었다. 극우 유튜버들은 이를 번역하거나 각색해 '사전 투표 조작', '표 바꿔치기' 같은 국내판 부정선거 음모론과 결합했다. 〈공병호TV〉, 〈신의한수〉 같은 채널들이 앞다투어 이 주제를 파고들었다. 이 과정에서 그들은 구독자 수와 조회 수를 폭발적으로 늘렸다. 미국에서 거짓으로 판명 난 이야기가 한국에서는 '권력의 은폐'와 '진실 추적'이라는 이름으로 소비되었다. 특히 유튜브는 부정선거 음모론을 증폭시키는 숙주가 되었다. 극우 유튜브의 세계에 깊이 빠져 있던 윤석열은 12월 3일 비상계엄을 선포하며 자멸했다. 중앙일보 김정하 논설위원은 '정권 망친 윤 대통령의 3중 중독'이라는 제목의 사설에서 "권력 중독"과 "알코올 중독", 그리고 "유튜브 중독" 이렇게 세 가지 중독을 언급했다.[80] 이 세 가지 중독 가운데 가장 늦게 시작했지만, 결정적으로 윤석열을 파멸로 몰아넣은 것은 유튜브 중독으로 보인다. 특히 부정선거 음모론은 국회의원 선거(이하 총선) 참패를 믿기 힘들었던 윤석열의 마음을 사로잡은 것으로 보인다.

　윤석열의 정신세계를 비교적 정리된 형태로 확인할 수 있었던 것이 2025년 1월 1일에 국민께 새해 인사를 드린다며 작성한 자필 편지였다. 편지에서 윤석열은 중국 같은 권위주의 국가는 이른바 하이브리드전을 통해 주변국들을 속국으로 만들려고 한다고 주장했다. 그리고 야당은 중국과 손을 잡고 그들의 영향력을 활용해 정치권력을 획득하려 한다, 이들은 그 대가로 국가 기밀 정보와 산업기술 정보를 넘기고, 원전과 에너지정책 등 산업 경쟁력을 약화시키고 있다고 주장했다.

　그는 야당이 노골적으로 반국가 행위를 할 수 있는 것은 언제든지 개표 조작으로 국회 다수 의석을 차지할 수 있다는 자신이 있기 때문이라며, 부정선거론을 꺼내 들었다. 그리고 중국 공산당과 야당, 그리고 선관위라는 어둠의 권력이 부정선거를 자행하고 있다는 음모론을 노골적으로 드러냈다.

> 디지털 시스템과 가짜 투표지 투입 등으로 이루어지는 부정선거 시스템은 한 국가의 경험 없는 정치 세력이 독자적으로 시도하고 추진할 수 있는 일이 아닙니다.
> 투개표 부정과 여론조사 조작을 연결시키는 부정선거 시스템은, 이를 시도하고 추진하려는 정치 세력의 국제적 연대와 협력을 보여 줍니다. 투개표 부정선거 시스템은 특정 정치 세력이 장악한 여론조사 시스템과 선관위의 확인 거부 및 은폐로 구성되는 것입니다.[81]

윤석열은 자신이 승리한 2022년 대선도 부정선거였다고 믿었다고 한다. 중국 공산당과 민주당, 그리고 선관위가 부정선거를 자행했다고 생각했다. 다만 자신의 지지도가 워낙 높았기 때문에 결과를 바꾸는 데 실패했고, 압도적으로 이길 선거였는데 근소한 차이로 이겼다는 것이었다.

윤석열은 제22대 총선은 압도적으로 이길 것이라고 믿었던 것 같다. 극우 유튜브만 보면, 국민 대다수가 자신을 지지하고 있으니 말이다. 게다가 부정선거에 대한 우려도 줄어들었다. 선관위에 대한 국정원 보안 점검을 마쳤고, 점검에서 지적된 취약 사항에 대한 개선 작업도 진행했다. 선관위 사무총장에 자신과 같은 과 동기가 임명되었다. 부정선거 가능성이 줄었으니, 총선 압승은 당연하다고 생각했을 것이다. 김건희가 총선 두 달 전에 명태균에게 했다는 "보수정권 역사 이래 최다 석을 얻을 것"이라는 말 역시 그런 맥락이었다.

그런데 2024년 4월 10일, 대통령실 한 참모가 지상파 출구조사 결과를 발표 직전에 입수해 보고했다. 국민의힘이 참패한다는 예측이었다. "그럴 리가 없어! 당장 방송 막아!" 윤석열의 목소리가 문밖에서도 들렸다고 한다.[82] 그런데 사실 선거 전부터 여러 지표가 국민의힘의 총선 패배를 예측했다. 분위기 반전을 위해 그는 의대 정원 확대 등 의료 개혁을 밀어붙였다. 국민 지지가 높은 사안이었다. 하지만 준비 없이 강행된 정책은 응급실 대란으로 이어졌다. 역효과만 발생했다. 하지만 윤석열과 김건희는 총선 당일까지도 국민의 힘이 승리할 것이라고 믿었다.

직위가 올라갈수록 더 많은 정보를 접하게 된다. 대통령은 국정원 보고를 비롯해 온갖 고급 정보를 접한다. 선거를 앞두고는 공개·비공개 여론조사 결과도 보고받는다. 언론 보도 브리핑도 받는다. 그런데 윤석열은 사실에 기반한 정보보다 유튜브 정보를 더 신뢰한 것 같다. 잘못된 정보에 기초해 결정을 내리는 행위는 큰 피해를 야기한다. 국가 지도자의 오판은 개인적 불행을 넘어 국가 전체에 치명적 영향을 미칠 수 있다. 12.3 비상계엄이 그랬다. 사실에 기초한 정보보다 자신이 듣고 싶어 하는 정보를 더 신뢰하는 현상을 '탈진실'이라고 한다. 윤석열은 전형적인 '탈진실 대통령'이었다.

지금까지 탈진실과 극우 미디어 생태계의 문제를 현상 중심으로 살펴보았다. 이어지는 2장은 좀 더 이론적인 성격의 장이다. 우선 '탈진실 현상'의 심리적 기초인 인지 편향과 관련된 학계의 논의를 소개하고자 한다. 그리고 인지 편향을 극대화시켜 탈진실까지 이르게 하는 디지털 미디어의 영향에 대한 논의도 소개한다. 핵심 탐구 주제는 '탈진실 현상이 왜 극우 미디어 생태계에서 집중적으로 나타나고 있는가'이다.

2장
극우와 탈진실

1. 디지털 미디어와 탈진실

전 세계적으로 극우의 약진이 두드러진다. 상대적으로 극좌의 존재감은 미미하다. 미국에서 극우는 트럼프를 앞세워 공화당을 완전히 장악했다. 2016년에 이어 2024년 대선에서도 승리했다. 문제는 이들 극우가 혐오 담론과 음모론을 생산해 내며 사회 분열 및 적대를 조장하고, 심리적 내전 상태를 만들어 내고 있다는 점이다. 미국은 극우 문제가 가장 심한 나라들 중 하나이다. 2016년 대선에서 트럼프 대통령이 당선된 이후 극우 문제에 대한 본격적인 논의가 시작되었다. 리 맥킨타이어 등은 2016년부터 본격적으로 나타난 극우 미디어 생태계의 특징을

'탈진실' 현상이라는 개념을 가지고 설명한 바 있다.[1]

> **탈진실** 자신의 신념과 부합하는 주장만을 진실이라고 믿는 현상

서양 철학계에서 전통적인 진실 개념은 '대응론'에 기초한 것이다. 즉 어떤 명제나 문장이 외부 세계의 현실과 들어맞는 경우, 즉 대응할 때 진실이라는 것이다. '비가 온다'라는 명제는 지금 현실 세계에서 비가 오고 있으면 진실이 된다. 명제와 사실이 대응하면 진실이라는 관념은 아리스토텔레스 이후 서양 철학계를 지배해 왔다. 물론 전통적 진실 개념에 대한 도전은 끊임없이 있어 왔다. 대표적인 것이 '관점주의'이다. 누구나 인정할 수 있는 객관적 진실, 절대적 진실이라는 것은 없다는 입장이다. 보는 관점에 따라 세계는 다양한 방식으로 존재한다는 것이다. 관점주의에 따르면 진실은 '상대적 진실'만 존재한다.

최근의 탈진실 논의는 이런 철학적 논의하고는 별 상관이 없다. 『옥스퍼드 영어 사전』이 2016년 올해의 단어로 '탈진실'을 선정한 것은 거짓말과 관련된 것이었다. 영국 브렉시트나 미국 대선 과정에서 정치인들이 하는 노골적인 거짓말이 대중의 여론에 영향을 미치는 현상을 설명하기 위한 것이었다. 그래서 탈진실을 "여론을 형성할 때 객관적 사실보다 개인

적 신념과 감정에 호소하는 것이 더 큰 영향력을 발휘하는 현상"이라고 정의했다. 외부 세계와 대응하는 사실 진술이 진실로 받아들여지는 것이 아니라 자신의 신념에 부합하는 주장만이 진실로 받아들여지는 현상이 탈진실이다. 그래서 리 맥킨타이어는 '탈진실' 개념이 '진실이 존재하지 않는다'라는 것이 아니라 '진실이 개인의 정치적 입장에 종속된다'라는 입장이라고 정의한다.[2] 자신의 입장과 다른 '사실 진술'은 거짓이고, 자신의 신념과 부합하는 '주장'들만 진실이라고 받아들이는 현상인 것이다.

탈진실 현상은 인간이 가지고 있는 '인지 편향'에 기초한다. 아리스토텔레스가 "인간은 이성적 존재"라는 명제를 제시한 이후 '이성'은 인간 존재의 본질적 규정이 되었다. 하지만 인간이 이성적 존재라는 말이 인간의 인지에 오류가 없다는 말은 아니다. 인간의 지각에는 많은 오류가 있다. 데카르트가 조금이라도 의심할 수 있는 것은 다 의심해 보자는 '방법적 회의'를 통해 도달하고자 했던 것이 '확고한 진리'였다. 그는 인간의 인지 오류를 극복할 확고한 지반을 찾기 위해 끊임없이 의심하고 또 의심했다. 그렇게 해서 찾아낸 확고한 진리는 결국 '의심하고 있다는 사실' 자체밖에 없었지만 말이다. 그만큼 인간의 인지는 신뢰하기 힘들다. 다들 편향이 있기 때문이다. 그리고 디지털 환경은 그런 인지 편향을 강화하는 경향이 있다. 디지털 플랫폼 알고리즘이 야기하는 '필터 버블' 현상이 대표적이다. 데이비브 로버트 그라임스 역시 비슷한 입장이다. 『페이크와 팩트』로 번역된 책의 영어 원제가 '비이성적 유인원' The Irrational Ape이었다. 탈진실 현상은 인간의 인지 편향에 기초하고 있으며, 이를 디지털 기술이 부추기고 있다.[3] 인간 심리에 내재해 있는 인지 편향이 디지털 미디어 환경에서 극대화되어 나타난 것이 탈진실 현상이라는 것이다.

전통 미디어 시대는 공급자 중심의 시장이었다. 윤전기와 신문 유통망을 갖춘 소수의 신문사가 시장을 독점하던 시절, 수용자는 몇 개의 신문 가운데 하나를 선택해야 했다. 방송 미디어 시대의 수용자는 정해진 시간에 TV 앞에 앉아 두세 개의 방송 가운데 하나를 선택해야만 했다. 공급자는 독과점 상태였고, 수용자는 넘쳐 나던 시기였다. 그런데 디지털 기술이 발진하면서 사태는 역전되었다. TV 채널이 사실상 무한대로 늘어났다. 디지털 플랫폼이 성장하면서 수용자는 언제 어디서든 네트워크에 접속해 뉴스와 정보에 접근할 수 있게 되었다. 공급자 중심의 미디어 시장은 해체되었고, 다양한 미디어 간의 치열한 경쟁을 촉진했다.

디지털 미디어 시대는 수용자 중심의 시장이다. 수용자들은 넘쳐 나는 콘텐츠 가운데 자신이 선호하는 콘텐츠만을 선택하고 소비할 수 있게 되었다. 미디어의 희소성이 사라진 시기, 미디어 콘텐츠들은 'OTT 작품 목록'과 포털의 '뉴스 스탠드' 한구석에서 수용자의 선택을 기다린다. 뉴스 아이템들은 수용자의 감성을 자극하거나 궁금증을 유발해 클릭을 유도하기 위해 치열한 제목 경쟁을 벌이고 있다. 콘텐츠가 넘쳐 나는 시기, 수용자의 주목은 가장 희소한 자원이 되었다. 노벨 경제학상 수상자인 허버트 사이먼은 "정보의 풍요는 주목의 빈곤 attention scarcity 을 낳는다"라고 지적한 바 있다.[4] 정보가 넘쳐 나는 사회에서는 수용자의 관심을 끌기 위한 경쟁이 치열해지며, 주목이 곧 돈이 되는 구조가 형성된다. 즉 더 많은 주목을 받는 콘텐츠가 더 많은 이윤을 창출하는 시대가 된 것이다.[5]

선택적 노출과 뉴스 회피

최근 미디어 연구는 수용자의 '선택' 행위에 주목하고 있다. 수용자는 어떠한 기준으로 콘텐츠에 주목하는가가 중요한 질문이 되었다. 이런 상황에서 중요한 이론적 개념으로 '선택적 노출' selective exposure 이 제시되었다. 선택적 노출이란 수용자가 자신의 기존 신념이나 가치관에 일치하는 정보에 더 많이 노출되려는 경향을 뜻한다. 선택적 노출에 대한 초기 연구는 20세기 중반 미국의 정치 커뮤니케이션 분야에서 이루어졌다.[6] 사람들은 선거 캠페인 정보를 접할 때 자신이 지지하는 정치 성향에 부합하는 미디어를 선택하는 경향이 있다는 것이 확인되었.

이 개념은 심리학자 레온 페스팅거가 제시한 '인지 부조화' cognitive dissonance 이론과 접목되면서 더욱 정교화되었다. 인지 부조화란 개인이 자신의 기존 신념이나 태도와 다른 정보를 접했을 때 심리적 불편감이나 긴장을 느끼는 현상을 의미한다. 특정 정당에 강한 지지를 보내는 사람은 지지 정당을 비판하는 보도를 보면 심리적 불편을 느낀다. 다양한 기제를 동원해 불편함을 없애기 위해 노력한다. 우선 그 자신이 지지하는 정당을 공격한 언론이 원래 편파적이었다며 '출처를 불신'할 수 있다. 상황이 그럴 수밖에 없었다며 지지 정당을 '정당화'하기도 한다. 지지 정당이 잘못하기는 했지만, 상대 진영은 더 나쁜 짓을 더 많이 했다며, 잘못을 '상대화'하기도 한다. 이렇게 인지 부조화를 해소하는 데는 많은 에너지가 소모된다. 이러다 보면 사람들은 자신의 기존 신념을 정당화하거나 강화해 주는 정보만 찾게 된다. 다양한 관점이나 반대 의견을 들어보고 종합적으로 판단하기보다 자신의 신념에 부합하는 정보만을 반복적으로 선택하고 소비하게 된다. 이런 경향이 선택적 노출 현상의 심리적 기초로 여겨진다.

  선택적 노출과 비슷한 현상이면서 다른 함의를 갖는 현상이 '뉴스 회피'*News Avoidance*이다. 뉴스 회피는 "다양한 이유로 특정 뉴스를 의도적으로 피하는 행동"이라고 할 수 있다.[7] 선택적 노출이 자신의 신념을 강화해 주는 정보를 적극적으로 찾는 측면을 강조한 것이라면, 뉴스 회피는 자신의 신념과 상충되는 정보를 의도적으로 배제하려는 경향이다. 뉴스 회피는 다양한 상황에서 발생할 수 있다. 뉴스 회피의 대상은 매일 정쟁만 하며 싸우기만 하는 시끄러운 정치 뉴스일 수 있다. 끔찍한 사건·사고를 다루는 뉴스일 수도 있고, 이해하기 어려운 용어로 가득한 경제 뉴스일 수도 있다. 특정 신문이나 방송 뉴스에 대한 회피로 나타날 수도 있다. 로이터 저널리즘 연구소의 「디지털 뉴스리포트 2022」를 보면 뉴스를 선택적으로 회피한 경험이 있는 이용자는 69%였다.[8] 이는 2017년의 56%에 비해 5년 만에 13%p 증가한 수치이다. 한국에서도 뉴스 회피 경험이 있다고 응답한 비율이 67%에 이르렀다.

알고리즘과 필터 버블

수용자는 이렇게 자신이 보고 싶고, 듣고 싶은 정보에 더 관심을 기울이는 경향이 있다. 이런 심리적 성향을 활용한 것이 플랫폼의 '개인화 추천 알고리즘'이다. 플랫폼 사업자의 목적은 단 하나이다. 이용자들을 자신의 플랫폼에 더 오래 머무르게 하는 것이다. 그래야 돈이 되기 때문이다. 이용자를 더 오래 잡아 두려면 그들이 원하는 것을 제공해야 한다. 알고리즘은 각 개인의 관심사에 부합하는 콘텐츠를 찾아서 제공하는 데 특화되어 있다. 점점 더 숙련되는 것 같다. 놀랄 정도로 잘한다. 알고리즘이 제공하는 콘텐츠를 소비하다 보면 점점 더 편식이 심해진다. 여담이지만, 필자는 프로야구팀 한화 이글스를 응원한다. 스포츠면을 열면 온통 한화 이글스 관련 뉴스이다. 아주 가끔은 다른 스포츠 뉴스도 보고 싶은데 말이다.

이 문제를 체계적으로 설명한 대표적 연구자가 엘리 파

리저이다. 그는 2011년 저서 『필터 버블』 *The Filter Bubble* 에서 '개인화 추천 알고리즘'의 도입이 하나의 세상을 여러 개인별 세상으로 바꾸었다고 설명한다.[9] 구글은 2009년부터 각 개인의 검색 이력을 기반으로 검색 결과를 사용자별로 다르게 보여 주기 시작했다. 같은 검색어를 입력해도 사람마다 전혀 다른 결과를 보게 되었다. 사용자들은 점차 자신만의 정보 공간에 갇히게 되었다. 파리저는 이러한 현상을 '필터 버블'이라고 불렀다. 각자 자신만의 필터 버블에 갇혀 산다는 뜻이다.

필터 버블은 단순히 특정 정보에만 집중적으로 노출된다는 수준을 넘어선다. 버블에 갇히게 되면, 수용자는 자신이 선호하거나 익숙한 정보만 접하게 된다. 점차 그 세계가 곧 객관적 현실이라고 믿게 된다. 낯설거나 상반된 정보는 노출되지 않는다. 수용자는 다양한 관점을 접할 기회 자체를 상실하게 된다. 가끔 국회에서 이런 장면이 발생한다. 야당 의원이 정부를 질타하면서 "그러니까 요즘 국민들이 다 정부 욕하는 거 잖아요"라고 말한다. 그러면 여당 의원은 "누가 정부 욕을 해요. 국민들은 정부 열심히 한다고 칭찬하던데"라며 반박한다. 전통적 진실 개념에 비춰 보면 둘 다 참일 수 없다. 하지만 필터 버블 시대에는 두 주장 모두 진실일 수 있다. 여당 국회의원의 필터 버블과 야당 국회의원의 필터 버블은 전혀 다른 세계이니 말이다.

이런 정보 노출 편향은 실제 데이터로도 확인된다. 한국

언론진흥재단이 실시한 「2024 소셜미디어 이용자 조사」에 따르면, 소셜미디어에서 접촉하는 사람이 자신과 정치적·사회적 성향이 유사하다고 응답한 비율은 41.9%에 달했다. 성향이 다르다는 응답은 11.5%에 불과했다.

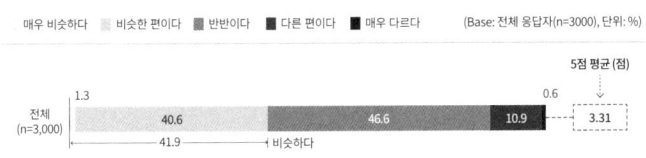

그림 2. 소셜미디어에서 만나는 사람의 정치적·사회적 성향 유사 정도

필터 버블이 집단 차원에서 작동하면 훨씬 더 심각한 결과를 초래한다. 비슷한 정치적 성향이나 신념을 공유하는 사람들끼리 형성하는 동질적인 정보 공동체에서 동일한 의견과 정보가 반복적으로 유통되고 확산되는 구조를 '반향실'echo chamber이라고 부른다.[10] 반향실의 가장 큰 특징은 그 방에서는 다른 의견은 배제되고 같은 의견은 강해진다는 점이다. 반향실 내부에서는 유사한 관점을 가진 콘텐츠만 지속적으로 소비되고, 서로의 믿음은 강화된다. 반면 외부의 상반된 의견이나 정보는 무시되거나, 조롱과 적대의 대상이 된다. 공동체 구성원은 점점 더 자신들의 견해가 사회의 상식이자 진실이라고 확신하게 되며, 다양한 의견과의 접촉 가능성은 현저히 줄어든다.

반향실은 구성원 사이의 결속력을 높인다. 동시에 반대

진영에 대한 혐오, 배제, 왜곡된 인식 역시 강해진다. 비유하자면 필터 버블이 기술적 구조를 통해 외부 정보를 차단한다면, 반향실은 사회적·심리적 구조를 통해 이견 자체를 배척한다. 이 공간에서는 반대 의견을 논리적으로 반박하려는 시도보다 그것을 '가짜 뉴스'*fake news*로 치부하거나 도덕적·정치적 적대의 대상으로 전환하는 경향이 강하다. 그 결과, 민주주의의 기반인 공적 논의와 상호 이해는 약화되고, 사회는 점차 서로 다른 진실을 믿는 공동체들로 분열된다.

정보 사일로와 확증 편향

이렇게 필터 버블에 의해 구성되고 반향실 효과로 강화된 집단은 다른 집단과의 소통이 단절된 채 '정보 사일로'*information silo*에 갇히게 된다. 정보 사일로는 원래 부서 간 정보 공유가 차단되어 소통이 단절되는 현상을 설명하기 위해 사용되었다. 디지털 미디어 환경에서는 이념이 다른 집단들이 서로 교류하지 않고 각자의 폐쇄적 정보 체계 안에서만 정보를 소비하고 재생산하는 현상을 가리킨다.[11] 이러한 정보 사일로는 단순한 의견 차이라는 문제를 넘어, 사회 구성원들이 현실을 다르게 인식하게 만드는 분절된 정보 환경을 낳는다.

이런 사일로 현상이 심해지면 분리된 집단 내에 '확증 편향'*confirmation bias*이 강화된다. 확증 편향이란 "개인이 기존에 가지고 있는 신념이나 태도와 일치하는 정보는 쉽게 받아들이

는 반면, 그것과 충돌하는 정보는 무시하거나 의심하는 심리적 경향"을 의미한다.[12]

결국 디지털 플랫폼에서 정보는 수용자의 정체성과 세계관을 구성하고, 사회적 경계를 나누는 도구로 기능하게 된다. 알고리즘은 수용자의 편향을 반영할 뿐 아니라 그 편향을 정교하게 조직화하고 고착화시킨다. 사회 전체의 담론 지형을 다층적이고 고립된 사일로들로 분절시킨다. 이러한 정보 환경은 공통의 사실 기반을 상실한 채 병렬적으로 존재하는 다수의 진실들이 서로를 적대하는 상황을 초래하고 있으며, 사람들 사이에 심리적 내전 상태를 만들어 내고 있다.

이처럼 각각의 사일로에 고립된 대중들에게 더 이상 사실은 중요하지 않다. 단지 자신이 속한 집단에 유리한가를 중심으로 사고하는 탈진실 현상이 나타날 뿐이다. 수용자의 인지 편향이 디지털 미디어 환경에서 극대화된 결과이다. 이런 논리에 따르면, 탈진실은 필연적인 과정이자 더욱 강화될 미래가 된다. 해법도 잘 보이지 않는다. 디지털화를 거역할 수 없듯이 탈진실 역시 이미 도래했고, 그것은 더욱 악화할 필연적인 과정이 된다.

2. 극우의 비대칭적 급진화

하버드대학교의 벤클러 교수는 탈진실 현상에 대해 다른 해석을 내놓았다. 정확하게 말하면, 매우 정파적인 해석을 내놓았다. 전술한 논의는 탈진실을 보편적인 인간의 인지 편향과 디지털 기술의 결합이 만들어 낸 현상으로 서술하고 있다.[13] 벤클러 교수는 이런 비정파적 현상 분석이 문제를 정확하게 분석하지 못했으며, 해결책도 제시하지 못했다고 지적한다. 우선 그는 탈진실 현상이 미국 사회의 모든 부분에 비슷한 정도로 나타나고 있지 않다고 주장한다. 사회의 많은 부분은 여전히 사실 검증 중심의 미디어 생태계를 유지하고 있다. 탈진실 현상은 미국 극우 미디어 생태계에서 집중적으로 나타나고 있다. 보수 세력의 일부가 급진화되면서 극우가 형성되었고, 사회의 다른 부분과 분리되어 탈진실화된 정보 사일로를 형성했다는 것이다. 이런 급진화에 의한 분리 현상은 진보 및 중도 진영에서는 관찰되지 않는다. 따라서 진보와 보수 양측이 극단화되는 양극화 현상으로 해석할 수 없다. 일반 미디어 생태계에서 극우 집단이 분리되면서 발생한 분열로 해석해야 한다는 것이다.

기존 기득권 세력의 위기의식과 극우화

보수 세력의 일부가 극우로 급진화된 것은 위기의식에 기반한 것이다. 기득권 세력인 백인, 기독교인, 남성 등에서 자신의 정체성과 권력을 잃을 것이라는 위기의식이 강해졌기 때문이다. 신자유주의 세계화로 중산층은 붕괴하기 시작했다. 미국 백인은 일자리를 잃었다. 미국의 세계 지배력도 예전만 못하다. 남성 중심의 가부장 문화도 많이 해체되었다. 위기의식이 강해진 기존 기득권 세력에게 극우 세력이 대안을 제시했다. 비합리적이고 다소 폭력적이기까지 한, 그러나 바로 통할 것 같은 대안 말이다. "미국을 다시 위대하게!"라는 다소 폭력적인 구호가 그들에게 매력적으로 다가왔다. 유색 인종, 외국인, 비기독교인, 그리고 여성에 대한 혐오와 배제의 감정이 그들을 지배하기 시작했다. 노골적인 인종 차별과 외국인 차별, 성차별 발언도 마다하지 않는 수준까지 되었다. 이렇게 극우는 일반 미디어 생태계에서 분리된 극우 미디어 생태계를 만들었다. 진보 진영에서 이런 급진화는 목격되지 않는다. 요약하자면, '탈진실 현상'은 극우 미디어 생태계에서 발생하고 있는 독특한 현상으로 해석해야 한다.

    벤클러 교수팀이 이런 현상을 목격한 것은 2016년 미국 대선이다. 대선 과정에서 미디어 생태계를 분석해 보니 전통 미디어 생태계와 극우 미디어 생태계의 분리가 뚜렷하게 목격되었다는 것이다. 그림 3은 2016년 대선 과정에서 미디어가 서로를 얼마나 인용했는지를 나타낸 것이다. 그림에서 원으로 표현된 각 미디어의 크기는 다른 언론사들이 얼마나 자주 인용(하이퍼링크)했는지를 나타낸다. 원이 클수록 다른 언론사들이 많이 인용했다는 것을 나타낸다. 그만큼 주목도가 높고 미디어 생태계 내에서 중심적 역할을 하고 있다는 것이다. 그리고 각 미디어 사이의 거리는 서로 인용을 많이 할수록 가깝고, 적게

할수록 멀게 표현된다. 가장 거리가 먼 미디어는 서로 거의 인용하지 않았다는 것을 의미한다. 각 점의 색상은 해당 미디어의 이념을 나타낸다. 보수(검정), 중도 보수(진한 회색), 중도(옅은 회색), 중도 진보(더 옅은 회색), 진보(흰색)로 표시했다.

그림 3. 상호 참조에 기초한 미디어 연결 지도

전통 미디어 생태계와 극우 미디어 생태계의 분리

그림 3을 보면 미디어 생태계가 크게 두 개의 그룹으로 분리되어 있다는 것을 확인할 수 있다. 진보와 중도는 《뉴욕타임스》나 《워싱턴포스트》, CNN 등 전통 미디어를 중심으로 하나의 클러스터를 형성하고 있다.

중도 진보로 평가되는 《뉴욕타임스》와 CNN 등이 중심을 차지하고 있고, 그 주위를 중도와 진보는 물론 일부 중도 보수 매체가 감싸고 있는 구조를 보인다. 반면 오른쪽 그룹은 극우 인터넷 매체인 브라이트 바트와 폭스뉴스를 중심으로 형성되어 있다. 브라이트 바트는 상당히 오른쪽으로 치우쳐서 다른 극우 매체의 중심점 역할을 하고 있다. 폭스뉴스는 상대적으로 전통 미디어와 가까운 거리에 자리 잡고 있다. 전체적으로 극우 미디어 생태계는 오른쪽으로 치우쳐 있으며, 중도 영역과는 겹치는 부분이 거의 없이 뚜렷하게 분리되는 양상을 보인다.

이 지도를 막대그래프로 나타내면 두 집단의 분리 양상을 좀 더 직관적으로 확인할 수 있다. 그림 4를 보면 비대칭적인 두 개의 봉우리 분포가 보인다.

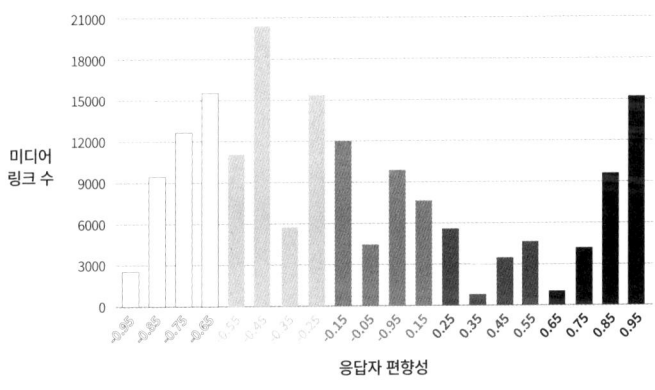

그림 4. 미디어 링크별 상위 250개 사이트의 당파성 분포(2015-2016)

왼쪽에 있는 봉우리는 중도에 가깝고, 오른쪽 봉우리는 극단적으로 오른쪽에 치우쳐 있다. 왼쪽 봉우리의 경우 중간

부분에 있는 매체의 주목도가 가장 높으며, 봉우리를 중심으로 양측으로 갈수록 주목도가 낮아지는 정규 분포 형태를 보이고 있다. 오른쪽 봉우리는 주목도가 높은 매체가 오른쪽 끝, 즉 극단적인 지점에 몰려 있다. 저자들은 이 분석에 기초해 다소 도발적인 주장을 편다. 그간 탈진실 현상의 주 책임을 디지털 기술에 있다고 보는 시각이 지배적이었지만, 이들은 이런 기술 결정론적 해석을 거부한다. 디지털 기술이 모든 국가를 같은 모습으로 만들어 내지 않으며, 한 국가 내 모든 집단을 같은 모습으로 만들어 내지도 않는다는 것이다. 국가와 집단별로 상이한 효과를 내고 있다. 그리고 그런 차이를 낳는 것은 특정 국가나 집단이 가지고 있는 제도와 문화라는 것이다.

이들의 분석에 따르면, 디지털 기술은 미국 보수 집단의 일부를 극우 집단으로 급진화시켰다. 그리고 이들 극우 집단은 다른 집단과 분리된 미디어 생태계를 구성하고 있다. 반면 진보와 중도 진영에서 대칭적인 급진화 현상은 발견되지 않았다. 일부 극좌 미디어가 출현했지만, 분리된 미디어 생태계를 형성할 수준은 아니었다. 극우 미디어의 주목도는 급증했지만, 극좌 미디어의 주목도는 오히려 약화되었다. 전통 미디어에 대한 권위와 주목도가 오히려 증가했다.

저자들은 이를 '비대칭적 급진화'라고 불렀다.[14] '비대칭적'이라고 부르는 것은 진보와 중도 집단에서는 비슷한 현상이 목격되지 않는다는 의미이다. '급진화'라는 표현을 사용한 것은 극화 *polarization* 라는 단어가 양쪽 극을 기초로 한 양극화를 함축하는 단어이기 때문이다. 디지털 미디어가 보수와 진보를 모두 극단화시켜 양극화를 만들어 낸 것이 아니라 보수 진영의 일부만 급진화시켜 사회의 다른 부분과 분리된 극우 집단을 만들어 냈다는 것이다. 이런 시각에서 보면 탈진실 현상은 보편적인 현상이 아니라 사회의 일부 영역에서 발생한 일탈적 현상이 된다.

사실 검증의 역동성 vs 프로파간다 증폭 순환 회로

벤클러 교수는 두 개로 분리된 미디어 생태계가 전혀 다른 작동 원리로 움직이고 있다고 주장한다. 여기에서 '미디어 생태계'란 미디어와 수용자, 그리고 정치 엘리트가 상호 작용을 하면서 정보가 순환되는 환경을 말한다. 전통 미디어 생태계에서는 '사실 검증의 역동성' *dynamic of reality-checking* 이 작동한다. 반대로 극우 미디어 생태계에서는 '프로파간다 증폭 순환 회로' *propaganda feedback loop* 가 작동한다.

우선 사실 검증의 역동성이 작동하는 전통 미디어 생태계를 보자. 이 생태계에서 미디어는 객관주의에 기초한 진실 추구 규범을 따르며, 비교적 중립적이고 중도적인 관점을 지향한다. 물론 전통 미디어가 완벽하게 진실만 추구하거나 중립적이지는 않다. 대체적으로 그렇다는 것이다. 정치 엘리트들은 사실과 다른 발언을 할 경우 평판이 안 좋아진다. 그래서 사실에 근거해 발언하려고 노력한다. 이것도 대체적으로만 그렇다. 이 생태계에서는 중도적 입장의 수용자들은 언론 보도에 대해 대체적으로 만족한다. 하지만 극단적 성향의 수용자는 미디어에 만족하지 못하는 경우가 많다.

이때 극단적 수용자를 겨냥한 미디어가 등장한다. 이 미디어는 특정 진영에 있는 수용자를 만족시키는 정보만 전달한다. 극단적 성향의 수용자는 자신이 보고 싶은 것만 보여 주는 미디어에 환호한다. 정치인들도 이러한 매체와 청중에 주목한다. 수용자는 자신의 선입견을 확인해 주는 미디어의 보도와 정치인의 발언을 통해 기존 언론 보도와 완전히 다른 내용을 계속 접하게 된다. 그리고 이를 진실이라 확신한다. 자기 진영에 속하지 않는 언론들은 편향되었고 믿을 수 없는 매체라고 생각한다. 이렇게 전통 미디어 생태계에서 분리되어 극단적인 이념을 중심으로 뭉친 미디어 생태계가 생겨난다. 이 생태계에서는 진실보다는 진영 논리가 서로를 강화하는 프로파간다 증폭 순환 회로가 작동한다.

프로파간다 증폭 순환 회로에 있는 사람들은 자신들 진영의 정체성을 확인시켜 주는 미디어에 높은 신뢰감을 보인다. 외부에 있는 언론은 불신한다. 언론은 수용자의 기존 신념을 확인시켜 주는 정보만 제공하는 '정파적 언론'*partisan media*이 된다. 정치인 역시 진실이 아니라 진영의 정체성과 일치하는 발언만 한다. 진영 논리와 다른 내용을 이야기하는 언론이나 정치인은 배신자로 낙인찍힌다. "진영 논리와 다른 진술은 거짓이고, 자신의 신념과 부합하는 주장들만 진실로 받아들이는" 전형적인 탈진실 현상이 나타나는 분리된 미디어 생태계가 형성된다.

    물론 현실 세계에서 두 모델이 완전히 구분되어 존재하지는 않는다. 전통 미디어 생태계에 있는 미디어도 정파성을 띠는 경우가 많다. 일부 미디어의 경우 상당히 강한 정파성을 가지기도 한다. 극우 미디어 생태계에도 객관적 저널리즘의 진실 추구 규범을 따르려는 미디어가 있다. 각 진영 내에 사실 검증의 역동성과 프로파간다 증폭 순환 회로가 얼마나 더 큰 영향력과 권위를 가지고 작동하느냐에 따라 두 미디어 생태계를 구별할 수 있다. 두 미디어 생태계를 지배하는 작동 원리가 어떻게 작동하는지 극단적으로 보여 주는 사례를 알아보자. 미국의 2016년 대선 당시 제기된 대표적인 두 가지 의혹 사건이다. 하나는 '트럼프의 아동 성폭행 의혹' 사건이고, 다른 하나는 '힐러리의 소아성애 음모론'이다.

트럼프의 아동 성폭행 의혹

우선 트럼프의 아동 성폭행 의혹 사건부터 살펴보자. 2016년 6월 20일, 실명을 공개하지 않고 단지 '제인 도'라는 가명으로만 알려진 한 여성이 도널드 트럼프 후보를 상대로 소송을 제기했다. 그녀는 자신이 13살이었을 때, 억만장자인 제프리 앱스타인이 주최한 여름 파티에 갔다가 그곳에서 트럼프에게 성폭행을 당했다고 폭로했다. 법원에 제출한 소장에는 목격자의 '선서 진술서'도 같이 제출되었다. 앱스타인 밑에서 여성 모집을 담당했었다는 사람이 제출한 것이었다. 뉴욕의 프로 모델계에 진출하기 위해 필요하다며 피해자에게 파티 참석을 권유했으며, 성폭행당하는 장면을 목격했다는 진술이었다.[15] 트럼프의 성폭행 의혹 사건은 소셜미디어를 통해 빠르게 확산되었다. 그러나 당시 주요 전통 미디어들은 이 사건을 비중 있게 다루지 않았다.

2016년 6월 24일, 미국의 온라인 페미니즘 매체인 '제제벨'*Jezebel*은 자신들도 이 사건의 제보를 받았지만, 출처가 불분명하고 증거가 부족해 보도하지 않았다고 밝혔다. 제제벨은 해당 제보를 1년 전부터 반복적으로 전달받았으며, 장기간 신중히 검토했지만 신뢰성이 낮다고 판단했다고 설명했다. NBC, 《데일리 메일》 등 다른 매체들 역시 해당 사건 제보를 받았지만, 기사화하지 않았다고 밝혔다.

작가이자 변호사인 리사 블룸은 2016년 6월 29일, 전통 미디어들에게 트럼프의 아동 성폭행 의혹 사건에 주목하라고 촉구하는 칼럼을 《허핑턴포스트》에 실었다. 트럼프의 여성 혐오적 언행이나 잘 알려진 앱스타인과의 친분, 그리고 피해자 본인과 목격자의 선서 진술서가 존재한다는 점을 들어 제보에 신뢰성이 있다고 주장했다.[16]

그러나 일주일 뒤 《가디언》은 트럼프의 성폭행 의혹 주장이 한 방송사 피디에 의해 조작된 것일 가능성이 있다는 기사를 실었다.[17] 이 인물은 과거에도 유명 인사를 상대로 허위 음모론을 퍼뜨린 전력이 있는 사람이었다. 반트럼프 성향의 인물이기도 했다. 이후 여러 언론의 팩트 체크를 통해 소송 제기자의 주장이 거짓일 가능성이 높다는 판정을 받았다. 해당 사건에 대한 보도는 거의 사라졌다. 그리고 소송을 제기했던 여성은 2016년 11월에 소송을 자진 철회했다.

이 소송에 나온 앱스타인은 미국에서 상당히 유명한 문제적 인물이다. 과거에도 그랬고, 숨진 뒤에도 그렇다. 억만장자인 그는 1994년부터 2004년까지 자신이 소유한 '버진 아일랜드섬'으로 미성년자를 데려와 성 노예로 착취했던 사람이었다. 권력자들에게 미성년자를 성 상납하는 수법도 활용했다. 2008년에 유죄를 선고받은 경력도 있었다. 2018년에 다시 체포되어 교도소에서 수감 중에 사망했다. 자살로 결론 났지만, 타살이라는 의혹이 여전히 제기되고 있다. 아동 성매매 고객 명단이 담겼다는 앱스타인 문서가 발견되기도 했다. 트럼프와 갈등을 빚던 일론 머스크가 "트럼프는 앱스타인 파일에 이름이 들어 있다. 그게 그 문서들이 공개되지 않는 진짜 이유이다"라는 폭탄선언을 하기도 했다.

앱스타인과 트럼프가 친하다는 것은 잘 알려진 사실이다. 충분히 의혹을 제기할 만했고, 여전히 의혹이 제기되기도 한다. 하지만 사실의 진위를 기준으로 보도 여부를 결정하고, 사실과 다른 부분이 발견되면 배척하는 사실 검증의 역동성이 작동하는 전통 미디어 생태계에서는 보도하기 힘든 사건이기도 했다. 그렇게 그 의혹 사건은 대선에 큰 영향을 주지 못한 채 사라졌다. 힐러리의 소아성애 음모론은 트럼프의 아동 성폭행 의혹보다 더 터무니없는 이야기였다. 하지만 프로파간다 증폭 순환 회로가 작동하는 극우 생태계에서 이 음모론은 전혀 다르게 전개된다.

힐러리의 소아성애 음모론

힐러리의 소아성애 음모론의 핵심은 이른바 '피자 게이트'_Pizza gate_였다. 힐러리 클린턴과 민주당 인사들이 워싱턴 D.C.에 있는 피자 가게에 어린아이들을 가두어 놓고 아동 성매매를 하고 있다는 주장이었다.

음모론이 불거진 계기가 된 것은 위키리크스가 공개한 존 포데스타(힐러리 캠프 선대 위원장)의 이메일이었다. 이 이메일에는 포데스타가 친구들과 피자 가게에 갈 계획을 논의하는 내용이 담겨 있었다. 음모론자들은 '피자'라는 단어를 일종의 암호라고 주장했다. 2016년 11월 3일, 뉴스 공유 웹사이트 레딧_Reddit_에 '누가 내가 틀렸다고 말해 줘!'라는 게시글이 올라왔다. 포데스타 이메일에서 '피자'라는 단어가 사용된 여러 사례를 나열하며, 피자가 아동 성매매를 암시하는 암호라고 추측하는 글이었다. 'Cheese Pizza'는 소아성애를 뜻하는 'Child Pornography'의 약자인 CP를 의미하며, 'Hotdog', 'Pasta', 'Ice cream' 등 다른 음식 이름은 아동의 성별, 연령대 등을 지칭하는 암호라는 게시물들이 뒤를 이었다.

온라인 게시판 포챈과 뉴스 공유 웹사이트 레딧 등을 중심으로 소아성애 음모론은 급속하게 퍼졌다. 일부 극우 음모론자들은 이메일에 나오는 코멧 핑퐁이라는 피자 가게 지하에 아이를 가두어 놓고 성매매를 시키고 있다며 지하 창고 사진까지 게시했다. 2016년 11월 4일에는 《드러지리포트》에 의해 소개되었고, 폭스뉴스와 《워싱턴타임스》까지 전파되었다.

2016년 12월, 한 남자가 피자 가게에 총을 쏘며 들어갔다. 가게 지하에 감금되어 성매매를 강요받고 있다는 아이를 찾기 위한 것이었다. 경찰에 붙잡힌 그는 아이들을 구하러 왔다고 말했다. 지인들은 "그가 두 딸을 키우는 헌신적인 아버지"이며, 음모론을 진심으로 믿고 "아이들을 구하겠다는 영웅적인 사명을 다른 무엇보다 중요하게 여겼을 것"이라고 말했다. 하지만 경찰이 출동해서 확인해 보니 피자 가게에 감금된 아동은 없었다. 그리고 그 피자 가게 건물에는 지하 창고 자체가 아예 없었다.[18] 《뉴욕타임스》 등 전통 미디어의 사실 검증을 통해 피자 게이트 음모론의 핵심 주장이 사실과 다르다는 점이 드러났다. 하지만 이런 팩트 체크는 극우 미디어 생태계에 있는 사람들에게 어떠한 영향도 주지 못했다.

극우 미디어 생태계에 있는 어떤 매체도 사실이 아닌 것으로 드러난 부분을 철회하지 않았다. 인포워즈라는 극우 채널은 "워싱턴의 엘리트들이 아동 성 착취 네트워크를 운영하고 있을 가능성을 배제할 수 없다"라는 주장을 반복했다. 극우 성향의 블로거들 역시 피자 게이트 음모론을 계속 확산시켰다. 자기 강화와 확증, 반복의 역학만 존재했다. 극우 미디어 생태계 사람들은 몇 달 동안 동일한 이야기를 다양한 버전으로 반복해서 접했다. 그 효과로 음모론에 대한 기억과 신뢰도가 강화되었다. 사실이 아니라 주장이 서로의 주장을 증폭시키는 전형적인 프로파간다 증폭 순환 회로가 작동했다. 2016년 12월, 유고브 YouGov가 실시한 설문조사에서 공화당 지지자의 40% 이상이 클린턴 캠프가 소아성애 조직을 운영했을 가능성이 있다고 믿는다는 결과가 나오기도 했다. 그리고 '힐러리' 하면 이메일과 서싯말을 떠올리게 되었다. 치명적이었다. 그리고 힐러리는 결국 선거에서 패배했다.

미국 극우는 이처럼 프로파간다 증폭 순환 회로가 작동하는 미디어 생태계를 만들어 냈고, 보수 정당인 공화당을 장악했으며, 두 번씩이나 대통령을 배출했다. 한국 극우 역시 12.3 비상계엄과 서부지법 폭동 이후 존재감을 서서히 드러내고 있다. 하지만 한국에서 극우와 관련된 논의는 아직 걸음마 단계이다. 극우라는 개념 정의조차 아직 합의되지 않고 있다.

3. 비상계엄과 극우 미디어 생태계

윤석열을 지지하는 '자유 대학'이 MBC를 상대로 정정 보도와 손해배상을 청구했다. 자유 대학을 극우로 표현한 것이 모욕죄에 해당한다고 주장했다. 자신들은 극우가 아니라는 것이다. 〈성창경 TV〉도 자신을 극우 유튜버라고 묘사한 언론사에 대해 언론중재위원회 조정을 신청했다.[19] 부정선거 음모론을 제기한 유튜버 '박광배'는 자신을 '극우'로 지칭한 《오마이뉴스》 시민기자를 모욕죄로 고소하기까지 했다. 과연 이들을 극우라고 표현하는 것이 문제가 있는 것일까? 그리고 우리 사회에서 어떤 성향의 사람을 극우라고 할 수 있는 것일까?

극우 문제에 대해 활발하게 연구해 온 신진욱 중앙대학교 사회학과 교수는 《미디어오늘》과의 통화에서 "'내가 미워하는 정당과 사회 집단을 없애기 위해 민주주의를 중지시킬 수도 있다'(계엄 옹호), '내가 위험하다고 여기는 사람이나 기관을 무력화하기 위해 폭력을 사용할 수 있다'(서부지법 폭동), '이 사회와 정부가 적(공산당 등)에 의해 점령되어 있다'(부정선거론) 등의 생각은 전 세계의 극우 연구에서 널리 관찰되는 전형적인 세계관"이라고 평가했다.[20] 신 교수는 한국의 극우가 윤석열의 12.3 비상계엄 이후 일시적으로 형성된 것이 아니라고 주장한다. 장기간에 걸쳐 구축되어 온 극우 파워엘리트 집단과 오래된 반공·반북 단체, 뉴라이트 단체와 그 후예들, 그리고 소셜미디어를 매개로 형성된 대중적 공동체 등 폭넓은 스펙트럼이 있

으며, 윤석열 탄핵 이후에도 언제든지 재활성화될 수 있다고 설명한다.[21]

극우란 무엇인가?

미국의 사회학자 신시아 밀러-이드리스는 극우를 단일한 이념이나 조직이 아니라고 설명한다. 여러 이질적인 집단과 개인들이 공통된 성향을 공유하며 형성된 정치적 흐름이라는 것이다. 그녀는 미국과 유럽의 극우가 지닌 공통된 특징을 다음의 네 가지 요소로 제시한다.[22]

- **인간 위계에 기초한 배타주의**

극우 이념의 핵심에는 인간을 인종, 종교, 국적, 성별, 성적 지향 등으로 구분하고, 이들 간에 서열과 우열을 설정하는 사고방식이 자리한다. 이러한 위계화에 기초해 특정 집단을 열등하거나 배제되어야 할 존재로 간주하며, 혐오와 차별을 정당화한다. 백인 우월주의가 대표적 형태이다.

- **반민주성과 체제 불신**

극우는 자유, 평등, 법치주의 등 민주주의의 핵심 가치를 부정한다. 권위주의적 통치를 옹호하기도 한다. 공정한 선거를 위협하거나, 언론·종교·표현의 자유를 공격하기도 한다. 이들은 견제와 균형, 입헌주의, 소수자 보호와 같은 민주주의의 기본 원리를 약화시키고, 강력한 지도자의 지배를 이상적인 통치 방식으로 여긴다.

- **기득권 집단의 위기의식과 음모론**

극우는 백인, 기독교인, 남성 등 기존 지배 집단이 사회 변화 속에서 정체성과 권력을 잃을 것이라는 위기의식을 핵심에 둔다. 이들은 이민, 다문화주의, 소수자 권리 확대 등을 기득권을 위협하는 체계적 음모로 해석한다. 대표적인 예로 백인 인구가 조직적으로 비백인 인구, 특히 이민자 집단으로 대체되고 있다는 '거대한 대체' Great Replacement 음모론을 들 수 있다.

- **종말론적 환상과 폭력의 정당화**

극우의 일부는 현재 사회가 곧 붕괴할 것이며, 백인 문명이 재건될 것이라는 종말론적 환상을 공유한다. 사회 혼란과 충돌을 유도하고, 폭력과 불안정을 만들어야 새로운 질서가 앞당겨질 것이라고 믿는다. 극단적 극우 세력은 현재 체제를 무너뜨리고 새로운 인종적 질서를 세우려는 전략을 정당화한다.

한국 극우, 그들은 누구인가?

12.3 비상계엄 이후 국내에서도 극우를 정의하려는 시도가 활발하다. 한국리서치가 연세대학교 최영준 교수팀과 공동 연구한 결과를 담은 「수면 위로 떠오른 극우: 한국 사회 극우의 현

주소」 보고서는 매우 흥미로운 자료이다.[23] 연구팀은 극우를 "체제의 기득권층에 대한 불신을 기반으로, 권위적 리더십과 급진적 수단을 통해 기존 질서를 재편하려는 정치적 정서"라고 정의한다.

이들 극우 집단은 현재 지배권력에 대해 반감을 품으며, 외부 집단에 대해 배타적 태도를 보인다. 한국에서는 반공주의도 그들의 중요한 속성이 된다. 이들 연구팀은 한국에서 극우로 분류될 수 있는 사람이 어느 정도 되는지 확인하기 위해 설문조사를 진행했다. 연구팀은 우선 극단적(far, extreme, populism)이라는 개념의 속성에 해당하는 3개 항목을 다음과 같은 서술문으로 정리했다. 설문 응답자는 각각의 항목에 대한 동의 여부를 표시하도록 했다.

- **권위주의**: 정치적 안정과 경제 발전을 위해 강력한 지도자가 필요하다.
- **급진주의**: 현재의 정치·사회 체제를 과감하게 타파하기 위해서는 급진적 수단이 필요할 수 있다.
- **반엘리트주의**(포퓰리즘): 정치, 경제, 문화 분야의 기득권층은 일반 시민들의 삶에 관심이 없다.

우파(right, conservative)의 속성에 해당하는 4개 항목 역시 다음 서술문에 대한 동의 여부로 측정했다.

- **토착주의**(반이민주의): 외국인에게 부여되는 시민권 및 복지혜택 요건은 지금보다 더욱 엄격해야 한다.
- **보수주의**: 전통적인 가족 구조와 도덕적 규범은 사회의 안정과 발전을 위해 반드시 지켜져야 한다.
- **반공주의**: 북한과의 협력보다는 북한에 대한 강경한 대응이 필요하다.
- **사회 다윈주의**: 모든 사람이 동일한 출발점을 가질 수 없으며, 각자의 능력 차이는 당연하다.

연구팀은 극단적 속성과 우파적 속성을 나타내는 7개 문항 모두에 대해 그렇다고 답변한 사람을 극우로 분류했다. 7개 항목 모두에 그렇지 않다고 답변한 사람은 극좌로 분류했다. 이 기준에 따르면, 전체 응답자 가운데 21%가 극우로 분류되었다. 극좌로 분류된 사람은 1000명 가운데 2명으로 0.2%에 그쳤다. 한국에서도 극좌의 존재감은 거의 미미하며, 우리 사회의 상당 부분이 극우화된 것으로 해석된다.

성별로 보면 남성 가운데 극우로 분류되는 사람의 비율이 24%로 여성 내 극우 비율인 19%보다 높았다. 나이별로 보면 70대의 극우 비율이 29%로 가장 높았고, 20대가 28%로 두 번째로 높았다. 특히 20대 남자의 극우 비율은 33%를 차지해 70대 이상 남성 33%와 함께 가장 높은 비율을 기록했다.

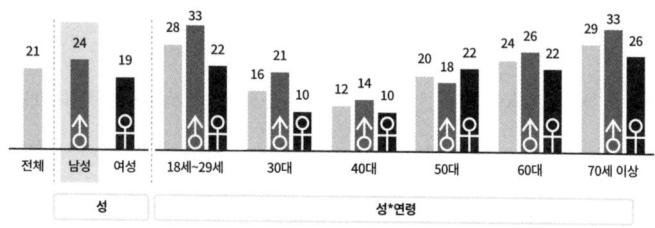

그림 5. 한국의 성·연령별 극우 비율(단위: %)

    21%에 달하는 극우 집단과 다른 집단이 비상계엄을 보는 시각에서도 큰 차이가 드러났다. 연구팀은 탄핵 정국과 비상사태의 책임이 누구에게 있다고 생각하는지를 물었다. 0점을 선택한 사람은 당시 야당이었던 민주당에 전적으로 책임이 있다는 의견이고, 10점을 선택한 사람은 대통령과 당시 여당에 전적으로 책임이 있다는 의견이다. 중간값인 5점은 양측 모두에 비슷한 책임이 있다는 응답이다. 나머지는 여당과 야당 모두에 책임이 있지만, 상대적인 책임의 크기가 다르다는 의견을 나타낸다.

    일반 집단의 경우 42%가 비상사태의 책임이 전적으로 대통령과 여당에 있다고 응답했다. 반면 극우 집단에서 대통령과 여당에 전적으로 책임이 있다는 응답은 12%에 불과했다. 극우 집단은 반대로 민주당과 야당에 전적으로 책임이 있다는 서술문에 17%가 동의했다. 대통령과 여당의 책임(12%)보다 야당에 책임이 있다는 응답자가 더 많았다. 양측 모두의 책임이라는 5점 응답을 제외하고 분석하면, 일반 집단의 경우 대통령과 여당에 책임이 더 있다는 응답이 62%에 달했지만, 극우 집단에서는 26%에 그쳤다. 반면 야당의 책임이 더 크다는 응답자는 극우 집단의 경우 41%에 이르렀다.

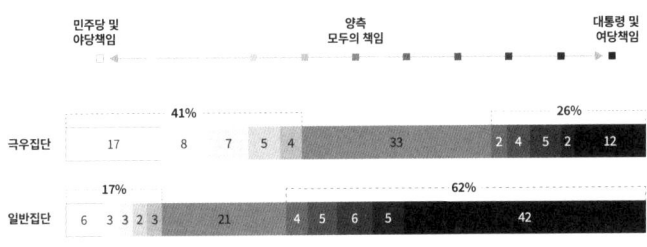

그림 6. 비상계엄 책임 정도에 대한 인식(단위: %)

이는 한국에서도 상당한 규모의 극우 집단이 형성되어 있으며, 이들과 다른 집단 간 의견 차이 역시 상당히 크다는 점을 확인할 수 있는 조사였다.

전통 미디어와 극우 미디어 담론 비교

12.3 비상계엄 이후 전통 미디어와 극우 미디어 간 보도 태도를 분석한 연구 역시 많이 나오고 있다. 경상대학교 최진호 교수팀 연구가 대표적이다. 연구팀은 비상계엄 선포 이후 넉 달 동안 전통 미디어의 정치 기사에 사용된 단어 2만 381개와 극우 유튜브 채널 내 391개 동영상에 사용된 단어를 분석했다. 연구팀은 우선 가장 많이 사용한 단어 15개씩을 각각 추출했다.

1위부터 4위까지는 '윤석열', '탄핵', '국민', '대통령'으로 같았다. 5위부터 단어가 달랐는데, 극우 유튜버는 자신들이 적이라고 생각하는 개인과 집단에 대한 언급을 많이 했다. 5위가 '이재명'이었고, 6위가 '헌법재판소', 7위가 '민주당'이었다. 또한 '선거'와 '중국'이라는 부정선거 음모론에서 자주 거론되는 단어들이 상위권을 차지했다. 전통 미디어에서는 이 단어들이 순위권에 들지 못했다. 극우 유튜버들은 '한동훈'이라는 단어도 12번째로 많이 사용했다. 자신들의 논리에 동의하지 않는 보수 진영 내 배신자에 대한 단죄의 성격이 강한 것으로 분석되었다. 전통 미디어의 경우 '비상계엄', '내란', '심판' 등의 단어를 많이 사용했다.

	극우 유튜브 채널 동영상		언론사 뉴스	
	단어	빈도	단어	빈도
1	윤석열	6470	윤석열	15065
2	탄핵	5082	탄핵	8324
3	국민	4185	국민	6409
4	대통령	3797	대통령	5614
5	이재명	3051	국회	5362
6	헌법재판소	2804	비상계엄	4703
7	민주당	2777	민주당	4132
8	대한민국	2350	내란	3987
9	선거	1858	국회의원	3829

10	국회의원	1618	이날	3601
11	계엄	1357	헌법재판소	3449
12	한동훈	1352	국민의힘	3098
13	중국	1351	심판	2494
14	수사	1326	선포	2473
15	공수처	1319	사태	2431

표 1. 12.3 비상계엄 이후 전통 미디어와 극우 유튜버의 사용 단어 분석(단위: 개)

최진호 교수팀은 해당 기간 전통 미디어와 극우 유튜버가 다룬 주제도 분류했는데, 상당한 차이를 보였다. 극우 유튜브 채널의 주제는 7개 정도로 정리된다.

- 줄 탄핵 상황에서 헌법재판소 압박
- 윤석열 대통령 옹호 및 지지 호소
- 탄핵 위기론 및 증거 조작설
- 선거 부정론 제기
- 윤석열 대통령 체포 저지 집회 동원
- 민주당 비판 및 중국 개입설
- 수사 부당성 및 시위(서부지법 폭동 포함) 동원

극우 유튜브 채널은 비상계엄의 정당성을 피력하며, 부정선거론, 중국 간첩 개입설 등을 전면에 내세웠다. 이재명, 한

동훈 등 유력 정치인과 민주당을 비판하고, 윤석열을 옹호했다. 공수처 수사 반대, 체포 저지, 탄핵 반대 집회 등의 필요성을 역설하고 동원을 호소했다.

전통 미디어는 비상계엄 선포, 해제, 탄핵소추 및 윤석열 대통령 내란 혐의 수사 과정, 체포 구속 등 사법 절차, 시민단체 퇴진 운동 등 일련의 사건들을 중심으로 의제를 형성했다. 탄핵 국면에서 대통령 권한대행과 야당 간 갈등, 정치·경제·외교 공백 우려 등에 대한 논의 등을 종합적으로 다루었다. 전통 언론사 뉴스 토픽은 아래 8개로 정리된다.

- 비상계엄에 대한 부당성(불법성)
- 탄핵소추 및 내란 혐의 수사 상황
- 윤석열 대통령 구속 및 사법 절차
- 대통령 탄핵소추안 가결과 정치권 반응
- 대통령 권한대행과 민주당 간 갈등 등
- 계엄령 선포 및 해제 과정
- 경제·외교 공백 우려
- 시민단체의 퇴진 운동

연구팀은 비상계엄 기간 동안 극우 유튜브 채널은 한쪽으로 심하게 경도된 주장을 하고 있었지만, 전통 언론은 비상계엄을 시작으로 일어난 일련의 사건들을 비교적 균형 있게 보도한 것으로 평가했다.

미국 및 한국 극우 미디어 생태계의 공통점과 차이점

언론정책개혁집단 '세움'의 창립세미나에서 김춘효 박사는 12.3 비상계엄 이후 극우 미디어와 전통 미디어의 보도 태도를 분석한 결과를 발표했다. 김 박사는 벤클러 교수가 정리한 미국 극우 미디어 생태계에서의 허위 정보 확산 구도를 다음과 같이 정리했다.[24] 소규모 사이트 허위 정보 유포 → 브라이트 바트(극우 인터넷 매체) → 극우 사이트 정보 공유 및 확산 → 트럼프 선거 전략 활용 → 폭스뉴스 등 주류 매체 대선 주요 쟁점화.

12.3 비상계엄 이후 한국에서도 비슷한 확산 구도가 나타났다. 극우 커뮤니티에서는 각종 음모론과 허위 조작 정보들이 나타났다. 《스카이데일리》와 극우 유튜브 채널은 이를 확산시켰다. 일부 정치인들이 이를 받아 정쟁화를 시도했다. 전통 미디어들은 기계적 중립 입장에 따라 양측의 주장을 중계하기도 했다.

하지만 미국과는 다른 부분도 발견된다. 미국에서는 극우 미디어 생태계에서 생산된 담론들이 트럼프와 전통 매체인 폭스뉴스를 거치면서 증폭되었다. 하지만 한국에서는 극우 담론이 전통 미디어로 이어지는 연결고리가 상대적으로 약했다. 비상계엄 초기에 일부 극우 음모론이 공유되기는 했다. 하지만 전통 미디어는 부정선거 음모론을 적극적으로 확산하지는 않았다. 보수 성향의 《조선일보》는 초기에 윤석열 측 사람들의 발언을 중계방송하는 방식으로 부정선거 음모론을 보도했다. 그러나 2025년 2월 13일, '근거 없는 중국발 부정선거 의혹 제기, 국익 저해'라는 제목의 칼럼을 게재한 이후 부정선거 음모론과 거리를 유지했다.[25] 방준오 《조선일보》 사장은 2025년 3월 5일 '창간 105주년 기념사'에서 "극단적인 유튜버들이 여론 지형을 흔들고, 진영 논리와 가짜 뉴스로 점철된 이들의 선동을 언론보다 더 신뢰하는 모습마저 나타나고 있다"라며 극우 유튜버와 거리를 두겠다고 밝히기도 했다.[26]

하지만 전통 미디어들이 운영하는 유튜브 채널은 다른 양상을 보였다. 특히 《매일신문》은 자사가 운영하는 유튜브에 〈신의한수〉나 〈목격자 K〉 등 극우 유튜버들의 인터뷰를 집중적으로 소개했다. 또한 전한길 전 한국사 강사가 나온 영상을 집중적으로 올리며 그의 정치적 영향력을 증폭시키기도 했다. 《조선일보》는 지면에서 부정선거 음모론과 선을 그으면서도, 유튜브를 통해서는 헌재에 대한 불신을 노골적으로 키우는 이중 전략을 구사하기도 했다.[27]

전통 미디어의 지면과 방송에서 계엄을 옹호하거나 부정선거 음모론을 확산시키는 역할을 한 곳은 찾기 어려웠다. 대신 부정선거 음모론에 대한 팩트 체크나 극우에 대한 기획 보도가 잇따랐다.

그 가운데 《한국일보》의 '전광훈 유니버스'는 탁월한 기획 보도였다. 《한국일보》는 2025년 2월 19일부터 4월 15일까지 총 16건의 기획 기사를 연재했다. '전광훈 그룹 지배 구조 해부', '애국 가스라이팅과 절대 순종', '광장 동원력, 비주류가 실세'라는 세 가지 주제별로 구성된 16편의 보도는 탄탄한 취재력에 기반한 보도의 전형을 보여 주었다.[28] 이 기획은 전광훈 목사와 측근들이 신문사와 유튜브 채널 운영사, 알뜰폰 통신사, 온라인 쇼핑몰 등을 운영하며 광화문 집회에서 모인 헌금으로 돈벌이에 집중하는 실태를 여실히 보여 주었다. 이 보도는 한국기자협회의 '이달의 기자상'을 수상했다.[29]

《세계일보》는 2025년 4월 10일 '23년간 지속된 선거 불복 소송…그때의 기록들'에서부터 시작해 4월 14일 '부정선거 아닌 신뢰 선거'까지 총 5차례에 걸쳐 11편의 기획 기사를 냈다.[30] 다른 신문사들 역시 부정선거 음모론이 근거 없다고 지적하는 기획 기사를 많이 다루었다.

공영방송의 대응 역시 주목할 만하다. MBC의 경우 뉴스를 통해 부정선거 음모론을 검증하는 리포트를 계속 내보냈다. 시사 프로그램인 MBC의 〈스트레이트〉, 〈PD수첩〉을 통해서도 극우 담론이 검증 불가능한 익명 정보원, 출처 불명 외신, 짧은 소셜미디어 영상에 의존하고 있으며, 반복적인 선동을 통해 '믿음의 체계'로 전화되고 있다는 점을 지적했다.

MBC, 〈스트레이트〉
- 습격당한 민주주의, 증오와 혐오의 정치(2024. 01. 18)
- 국헌문란 대통령, 부정선거라는 망령을 소환하다(2025. 01. 12)
- 3일 그날, 혐오가 풀려났다(2025. 03. 23)

MBC, 〈PD수첩〉
- 광장의 음모론 1부 – 태극기 든 애국청년(2025. 02. 01)
- 광장의 음모론 2부 – 대통령과 부정선거 (2025. 03. 10)

KBS 〈추적 60분〉의 분투도 기억할 만하다. 2025년 2월 21일, KBS 시사 프로그램 〈추적 60분〉은 '선거를 믿지 않는 사람들—계엄의 기원 1편'을 내보냈다. 프로그램은 관련자 인터뷰와 온라인 플랫폼 분석 등을 통해 누가 어떻게 부정선거 음모론을 확산시키는지 밝혀냈다.[31]

2025년 3월 7일에 방송된 2편에서는 '캡틴 아메리카' 안병희 씨의 진술이 공개되었다. 안 씨는 자신이 제공한 모든 정보가 거짓이었다고 인정했다. 프로그램 방송 이후 '중국인 해커 체포설'의 확산 추세는 주춤해졌다.[32] 《조선일보》는 3월 13일 양상훈 칼럼을 통해 "KBS 〈추적 60분〉이 언론으로서 높은 평가를 받아야 할 보도를 했다"라고 평가하기도 했다. 프로그램을 보면서 궁금해졌다. 안 씨는 자신의 거짓말을 왜 실토했을까? 〈추적 60분〉에서 이 사건의 취재 보도한 김영현 피디에게 물어보았다. 김 피디는 그냥 운이 좋았을 뿐이라고 겸손하게 말했다. 그러면서도 안 씨의 말을 진지하게 들어 주고 기다려 준 것이 비결이라면 비결이었을 것이라고 말했다. 실제로 김 피디는 안 씨와 5번 이상을 만났다고 했다. 촬영 장비 없이 개인적으로 만나기도 했고, 집으로 찾아가기도 했다. 한 번에 5시간씩 인터뷰를 진행하기도 했다. 〈추적 60분〉 보도 이후 선관위 중국인 간첩 체포설은 급속히 힘을 잃었다.

이상의 논의를 종합하면, 12.3 비상계엄 이후 한국 미디어 생태계는 사실 검증의 역동성이 여전히 작동하는 '전통 미디어 생태계'와 '극우 미디어 생태계'로의 분리가 꽤 분명하게 목격된다고 말할 수 있다. 물론 한국 전통 미디어의 사실 검증의 역동성이 그리 강한 편은 아니다. 제대로 된 사실 검증보다 받아쓰기형 보도가 많다. 앞서 언급한 보도들은 드문 예일 뿐이다. 저널리즘의 품질은 낮고, 미디어의 정파성은 강하다. 다만 프로파간다 증폭 순환 회로가 작동하는 극우 미디어 생태계에 비해 그나마 사실 검증의 역동성이 유지되고 있는 편이다.

한국 극우 미디어 생태계의 특징 가운데 하나는 유튜브를 중심으로 형성되고 있다는 점이다. 따라서 유튜브를 통한 극우 콘텐츠의 확산 현상이 두드러지게 나타나고 있다. 영국 옥스퍼드대학교 부설 로이터저널리즘연구소가 수행한 「디지털 뉴스리포트 2025」에서도 이런 현상이 확인되었다. 정치 성향별 유튜브 뉴스 이용률에서 보수 성향 이용자가 63%로 가장 높은 이용률을 기록했다. 중도 성향은 51%, 진보 성향은 43%였다. 2024년 조사에 비해 보수 성향에서는 5%p 증가했지만 진보 성향에서는 9%p 감소하면서, 보수 진영과 진보 진영 간 유튜브 이용률 격차가 20%p까지 벌어졌다. 그런데 조사 대상인 48개국의 평균을 보면 이념 성향별 유튜브 뉴스 이용률에 차이가 없었다(보수 성향 33%, 중도 성향 32%, 진보 성향 32%). 한국에서 유독 유튜브의 보수화가 급속하게 진행되고 있다.[33]

한국 극우 미디어 생태계의 또 다른 특징은 '부정선거 음모론'이 핵심 담론을 형성하고 있다는 점이다. 미국과 유럽의 극우는 백인 우월주의와 자국 우선주의적 성향이 강하다. 반무슬림, 반중국 정서는 백인 우월주의라는 인종에 기반한 담론에서 출발했다. 신자유주의 세계화로 일자리를 잃어버리고, 중산층에서 몰락한 백인들의 불만은 자국 중심주의의 토대가 되었다. 트럼프 2기 집권 이후 벌어지는 관세 전쟁은 자국 중심주의의 노골적인 표현이다. 중국 견제 정책 역시 미국의 경제 패권 유지라는 동기에 의해 추동되고 있다.

한국에서는 반공이라는 이념 성향이 강하게 작동한다. 한국전쟁과 분단 상황이 영향을 미쳤을 것이다. 한국 극우의 반중국 정서 역시 반공 이념에 기초한 것이다. 중국을 중국이 아니라 중국 공산당이라고 호칭하는 것에서도 이를 알 수 있다. 또한 그들이 중국 공산당이 우리 사회에 미친다고 주장하는 폐해 역시 이념적이고 정치적인 것이다. 그중에서도 친중국 세력인 민주당을 도와주기 위해 부정선거를 자행하고 있다는 음모론이 대표적이다. 12.3 비상계엄 이후 부정선거 음모론이 급속하게 확산하면서 이 담론이 극우 미디어 생태계의 핵심 담론이 되었다.

이어지는 제2부에서는 부정선거 음모론이 극우 미디어 생태계의 담론으로 자리 잡는 과정을 분석한다. 부정선거 음모론은 진보 진영에서 시작되어 완성되었다. 하지만 진보와 중도 진영에서 부정선거 음모론은 발붙이지 못했다. 바로 반박되었기 때문이다. 극우에서 제기된 부정선거 음모론 역시 많은 반박이 제기되었다. 법원도 일관되게 부정선거 가능성을 일축했다. 하지만 극우 미디어 생태계에서 부정선거 음모론은 핵심 담론으로 자리 잡았다. '객관적 사실에 기초한 반박이 왜 극우 미디어 생태계에서는 통하지 않는가' 하는 점이 2부의 중심 주제이다.

제2부

부정선거 음모론은 어떻게 극우 담론이 되었는가

3장
2002년 대선, 부정선거 음모론의 시작

1. 2002년 대선 출구조사

2002년 12월 19일 제16대 대선 투표 마감 30분 전, 조사회사로부터 예측 조사 결과를 받았다. 당시 KBS는 조사회사 두 곳에서 예측치를 받았다. 그런데 문제가 발생했다. 두 조사회사가 예측한 1위 후보가 달랐다. 출구조사는 노무현, 전화조사는 이회창.

출구조사를 진행한 미디어리서치는 한나라당 이회창 후보가 46.8%, 새천년민주당 노무현 후보가 49.1%를 얻어 노무현 후보가 2.3%p 차이로 1위를 차지할 것으로 예측했다. 전화조사를 통해 당선자를 예측한 한국갤럽은 이회창 후보 48.5%, 노무현 후보 46.2%로, 이회창 후보가 2.3%p 차이로 승리할 것으로 예측했다. 두 회사 모두 2.3%p 차이를 예측했다. 하지만

1위 예측자가 달랐다. 출구조사는 노무현 후보, 전화조사는 이회창 후보의 당선을 예측했다. 예측 조사 결과를 공개하기까지 불과 30분 남은 상황. 상반된 두 개의 예측 조사 결과치를 두고 제작진은 당황할 수밖에 없었다.

사실 당황할 것은 없었다. 그냥 계획대로만 하면 되는 일이었다. 원래 계획은 예측치 발표 첫 화면에 출구조사 결과만 발표하는 것이었다. 그런데 대선에서 출구조사를 하는 것은 2002년 대선이 처음이었다. 출구조사 진행 과정에서 차질이 발생할 경우를 대비해 전화조사를 추가로 진행했다. 일종의 안전장치였다. 출구조사에 큰 차질은 발생하지 않았다. 몇 개 투표소에서 잠시 조사가 중단된 것이 전부였다. 따라서 출구조사 예측치를 방송하면 되는 일이었다.

하지만 보도본부 간부들이 크게 흔들렸다. 예측 방송 첫 화면에 두 조사회사 결과를 같이 보여 주라는 지시가 내려왔다. 출구조사에서는 노무현 후보가 1위, 전화조사에서는 이회창 후보가 1위를 차지했다고 방송하라는 것이었다. 간부들은 직전 대선에서 김대중 후보의 당선을 정확하게 예측했던 한국갤럽의 실력을 신뢰하고 있었다. 그런 한국갤럽의 예측치와 다르게 나온 출구조사 예측치를, 그것도 2002년 대선에서 처음 시도한 출구조사 예측치만을 내는 것에 부담을 느끼고 있었다. 예측치가 틀렸을 때 발생할 후폭풍을 두려워하고 있었다. 간부들로서는 위험 부담이 덜한 선택이기는 했을 것이다.

하지만 개표 방송 메인 피디를 맡고 있던 김찬태 당시 팀장과 출구조사를 담당했던 필자는 간부들의 결정에 강력하게 반대했다. 개표 방송의 꽃이라고 할 수 있는 오후 6시 예측 조사 결과 발표를 이도 저도 아닌 화면으로 송출할 수는 없었다. 게다가 전화조사보다 출구조사의 정확도가 높다는 것은 직전 지방선거와 보궐선거에서 확인되었다. 그런 상황을 고려해 출구조사를 하기로 결정했던 것이었다. 그리고 조사 분야 국내 최고 전문가들로 자문단을 구성했다. 출구조사를 진행할 투표소도 가장 과학적인 방식으로 선정했다. 조사 과정에서도 문제가 없었다. 그런데 전화조사 결과와 다르다는 이유로 기존 결정을 뒤집을 수는 없었다. 기술적인 어려움도 있었다. 첫 화면을 바꾸기에는 시간이 촉박했다. 우리는 첫 화면에 출구조사 예측치만 방송해야 한다고 주장했다.

우리가 지시에 순순히 따르지 않자 큰 소란이 일었다. 선거방송 기획단장은 개표 방송을 진행하는 스튜디오에 와서 두 조사회사 결과를 같이 내보내라고 소리를 지르기 시작했다. 팀장과 필자는 절대 그럴 수 없다고 맞섰다. 고성이 오가고 욕설까지 등장했다. 난장판 속에 오후 6시 예측 조사 발표를 방송할 시간은 다가오고 있었다. 더 이상 말다툼을 계속하다가는 대형 방송 사고를 피할 수 없는 상황. 팀장이 최종 결정을 내렸다. 첫 화면에 출구조사 결과만 내겠다는 것이었다. 기술 감독과 그래픽 담당자 등 직원 모두가 메인 피디의 지시에 따랐다. 결국 단장이 폭발했다. 갑자기 우리를 향해 욕하며 전화기를 집어던졌다. 항명으로 인사위원회에 회부하겠다고 소리를 치고는 그대로 나가 버렸다.

득표율 차이를 정확하게 맞춘 출구조사

오후 6시 예측 조사 발표 첫 화면은 노무현 후보의 승리를 예측하는 출구조사 결과를 내보냈다. 노무현 후보 캠프는 조사 결과에 환호했고, 이회창 후보 캠프에는 적막이 감돌았다.

오후 6시 49분 첫 개표 결과가 나왔다. 부산 중구 개표소 결과였다. 이회창 후보 364표, 노무현 후보 196표로 이회창 후보가 앞섰다. 이후에도 이회창 후보가 3~4% 정도 앞서는 상황이 두 시간가량 지속되었다. 간부들과 욕설까지 주고받으며, 노무현 후보의 당선을 예측한 출구조사 결과만 첫 화면에 방송한 우리의 속은 타들어 가기 시작했다. 물론 KBS 당선자 예측 시스템인 '디시전 K'는 일관되게 노무현 후보의 승리를 예측했다. 실제 개표 초반 이회창 후보의 우세는 이 후보 강세 지역의 개표율이 노무현 후보 강세 지역의 개표율보다 높았던 것에 기인한 일시적 현상이었다. 충분히 알고 있는 사실이었다. 하지만 긴장되는 것은 어쩔 수 없었다. 개표가 시작된 지 두 시간 정도 지난 오후 8시 43분, 개표율 34.5%를 기록하던 시점에 노무현 후보와 이회창 후보 모두 득표율 47.8%를 기록했다. 그리고 개표율 40%가 넘어선 이후에는 노무현 후보가 안정적으로 우세를 점했다. 저녁 9시 33분에는 노무현 '당선 유력' 판정이 나왔고, 저녁 10시 35분에 '당선 확정' 판정을 했다.

시간	발표 내용	노무현	이회창
18:00	출구조사 발표	49.1	46.8
18:49	첫 개표 결과 방송	22.2	76.3
20:43	동률 기록	47.8	47.8
21:33	당선 유력	48.4	47.1
21:58	당선 확실	48.5	47.0
22:35	당선 확정	48.9	46.6
	최종 결과	48.9	46.6

표 2. 제16대 대선 KBS 선거 방송 타임라인(단위: %)

최종 결과는 48.9% 대 46.6%로 노무현 후보 승리였다. 노무현 당선자와 이회창 후보의 득표율 차이는 2.3%p 차이가 났다. KBS 출구조사 1위와 2위의 득표율 차이인 2.3%p와 같았다. 다음날 언론들은 '족집게 조사'라는 표현을 써 가며 KBS와 미디어리서치 조사 결과를 보도했다.[1] 당시 MBC는 코리아리서치, SBS는 TNS와 출구조사를 진행했는데 두 회사 모두 노무현 후보의 1위 당선을 예측했다. 하지만 두 회사는 후보 간 격차를 1.5%p로 예측했다. 실제 결과와 0.8%p 차이가 있었다. KBS와 미디어리서치의 출구조사 예측이 가장 정확했다.

	노무현	이회창	격차
KBS 미디어리서치	49.1	46.6	2.3
KBS 한국갤럽	46.2	48.5	-2.3
MBC KRC	48.4	46.9	1.5
SBS TNS	48.2	46.7	1.5
실제 결과	**48.9**	**46.6**	**2.3**

표 3. 제16대 대선 출구조사 방송사별 예측 결과(단위: %)

4개 회사 예측 조사 가운데 전화조사로 예측한 한국갤럽만 1위 당선자 예측에 실패했다. 한국갤럽은 1997년 대선에서 전화조사를 통해 김대중 후보의 당선을 정확하게 예측했었다. 예측치 산출에 경험과 노하우가 많은 회사였다. 그랬던 회사가 1위 예측에 실패한 것이다. 예측 실패의 주요인은 2002년 대선이 다른 선거와는 달리 특별한 선거였기 때문이다. 전화조사로 예측치를 산출하기에는 너무나 역동적인 선거였다.

2. 네트워크로 연결된 대중의 힘과 《오마이뉴스》

한국에서 어느 대선도 역동적이지 않거나, 특별하지 않았던 적은 없었다. 하지만 2002년 대선은 그 어느 선거보다 역동적이었다. 드라마의 시작은 2002년 3월에서 4월 사이에 치러진 새천년민주당의 국민경선이었다. 경선이 시작되기 전에는 이인제 후보가 대세론을 형성하고 있었다. 하지만 경선이 시작되자 노무현 후보가 치고 올라가며 치열한 2파전이 전개되었다. 대한민국 최초의 정치인 팬클럽으로 평가받는 '노무현을 사랑하는 모임'(이하 노사모)의 역할이 컸다. 경선 중반 이인제 후보가 색깔론을 꺼냈다. 노무현 후보 장인의 좌익 활동 경력을 지적하고 나선 것이다. 그리고 이를 보수 언론에서 확산시켰다.[2] 당시 《조선일보》 회장은 '밤의 대통령'이라고 불릴 정도로 영향력이 크던 시절이었다. 노무현 후보는 정면 대결을 선택했다. "제 장인은 좌익 활동을 하다가 돌아가셨습니다. 그렇다고 제가 사랑하는 아내를 버리란 말입니까? 《조선일보》와 《동아일보》는 민주당 경선에서 손을 떼십시오!" 정면 돌파 전략은 성공했고, 노무현 후보는 경선에서 승리했다.[3]

지방선거 패배와 후보 단일화 압박

노무현 후보에게 또 위기가 찾아왔다. 계기가 된 것은 대한민국 축구 대표팀의 2002년 월드컵 4강 진출이었다. 국민의 눈과 귀가 온통 월드컵으로 쏠린 날, 지방선거가 치러졌다. 당연히 투표율은 역대급으로 낮았다. 새천년민주당은 참패했다. 후보 사퇴 압력이 시작되었다. 영남 지역 광역단체장 선거에서 한 석도 얻지 못하면, 재신임을 묻겠다고 공언했던 터였다. 반면 대한축구협회장으로 월드컵 4강을 이끈 정몽준 후보의 인기는 치솟았다. 여론조사 2위까지 치고 올라갔다.

　노무현 후보는 또 승부수를 던졌다. 자신보다 지지율이

높은 후보와 여론조사를 통해 단일화하는 방안을 받아들였다. 대선을 한 달 앞둔 2002년 11월 25일, 여론조사가 진행되었다. 그런데 예상과는 달리 노무현 후보가 승리했다. 단일화 여론조사는 조사회사 두 곳에서 진행했다. 리서치앤리서치의 경우 노무현 후보 46.8%, 정몽준 후보 42.2%로 노무현 후보가 앞선다고 예측했다. 비록 무효 처리되기는 했지만, 월드리서치 조사에서도 역시 노무현 후보 38.8%, 정몽준 후보 37.0%로 노무현 후보가 앞섰다.[4]

단일화 이후 노무현 후보는 여론조사 1위 자리를 차지했다. 하지만 또 한 번의 위기가 찾아왔다. 정몽준 후보가 돌연 지지 철회를 선언했다. 투표 시작까지 단 7시간이 남은 시점이었다. 마지막 종로 유세에서 노무현 후보의 발언이 정몽준 후보의 심기를 거스른 것이 지지 철회 선언의 원인으로 지목되었다. 정몽준 후보 진영 사람이 '차기는 정몽준!'이라고 적힌 피켓을 들었는데, 노무현 후보가 이를 보고 "너무 속도위반하지 말자. 정동영, 추미애 최고위원도 있다"라고 한 발언이 문제가 되었다.[5] 이 발언을 듣고 정몽준 후보 진영이 발끈했고, 결국 지지 철회로 이어졌다. 노무현 후보는 정몽준 후보의 집이 있는 평창동까지 찾아갔지만, 문전박대를 당하는 장면이 생중계되었다. 노무현 후보 지지자들은 절망했고, 이회창 후보 지지자들은 환호했다.[6]

단일화 파기와 투표 독려 활동

노사모를 중심으로 노무현 후보 지지자들은 밤새 투표 독려 활동을 벌였다. 투표 당일에도 투표 독려 활동은 이어졌다. 오전에 투표장에 나이 많은 사람들만 보인다는 목격담이 인터넷과 휴대전화를 통해 공유되었다. 투표 독려 활동은 더욱 강해졌다. 절박함이 통했는지 오후 들어 젊은 사람들이 대거 투표장에 나타났다. 네트워크로 연결된 대중의 힘이 유감없이 발휘된 선거였다.

	6시-9시	9시-11시	11시-13시	13시-15시	15시-16시	16시-17시	17시-18시
20대	11.4	15.9	20.1	21.6	10.9	9.7	10.3
30대	11.8	16.0	21.7	21.1	10.7	9.6	9.2
40대	16.8	19.8	20.9	18.5	9.1	7.6	7.3
50대	22.4	22.9	21.8	16.0	6.9	5.9	4.1
60대	21.1	31.5	24.8	13.2	4.7	2.8	2.0

표 4. 제16대 대선 미디어리서치 출구조사 시간대별 연령별 득표율(단위: %)

출구조사를 통해 이 같은 변화를 확인할 수 있다. 미디어리서치의 출구조사 시간대별 집계 결과를 보면, 60대의 경우 오후 1시 이전에 77.4%가 투표를 마쳤다. 50대 역시 67.1%가 오후 1시 이전에 투표했다. 반면 20대의 오전 11시 이전 투표율은 27.3%, 30대 역시 27.8%에 그쳤다. 그런데 오전 11시에서 오후 3시 사이, 20대의 41.7%가 투표에 참여했다. 30대는 같은 시간 42.8%가 투표했다. 오전에는 40대 이상, 오후에는 20~30대 투표자가 많았다.[7] 그만큼 젊은 층을 상대로 한 투표 독려가 효과를 발휘했다.

대선후보 지지율도 오전과 오후가 달랐다. 오후 1시 이전 출구조사 중간 집계 결과에서는 이회창 후보가 앞섰다. 오후 들어 20~30대 투표 참여가 늘어나면서 노무현 후보 지지율이 상승해 오후 3시 중간 집계에서 역전되었다. 그리고 이후 지지율 격차는 더 벌어졌다. 출구조사에는 이 같은 젊은 층의 투표장 집결 현상이 바로 반영되었다.

	노무현	이회창	기타
6시-9시	47.5	49.3	3.2
9시-11시	47.4	49.4	3.2
11시-13시	47.7	48.7	3.6
13시-15시	48.6	47.6	3.8
15시-16시	48.9	47.1	4.0
16시-17시	49.1	46.8	4.1

표 5. 제16대 대선 미디어리서치 출구조사 후보별 득표율(단위: %)

한국갤럽의 전화조사는 오후 2시에 마감했다. 오후에 투표장으로 몰려나온 젊은 층의 표심을 파악할 수 없었다. 게다가 이전 조사를 활용할 수 없었다. 한국갤럽은 사전조사를 모두 14차례 진행했다. 전화조사 9회, 패널조사 4회, 면접조사 1회였다. 하지만 예측에 반영할 수 없었다. 정몽준 후보의 지지 철회로 상황이 완전히 바뀌었기 때문이다. 따라서 투표 당일 2000명 투표자 전화조사로만 예측치를 산출했다.[8] 한국갤럽 역시 "2002년 투표의 경우 노무현 후보 지지 계층이 행한 투표 독려가 인터넷과 휴대전화를 통해 이루어져 이들의 투표 행태 데이터를 놓친 점"을 예측 실패의 원인으로 꼽았다. 디지털 역동성을 담아내기에는 집 전화에 기반한 전화조사는 한계가 컸다. 어느덧 시대는 디지털 중심 세계로 넘어가고 있었다.

　　디지털 역동성은 언론계 역시 획기적으로 변화시켰다. 인터넷 언론인《오마이뉴스》의 탄생은 상징적인 사건이었다. "모든 시민은 기자다"라는 도발적인 구호와 "뉴스 게릴라들의 뉴스 연대"라는 개념은 기자들이 독점해 오던 기존 저널리즘의 경계를 허물었다. 그리고 시민 참여를 통한 저널리즘의 확장이라는 메시지를 던졌고, 2002년 대선에서 성공을 거두었다.

　　'정몽준, 노무현을 버렸다.' 대선 당일《조선일보》의 사설 제목이었다.

　　민주당 송영길 의원은 대선 당일 저녁 노무현 후보의 당선이 확실해지자 광화문 동화면세점 앞에 모인 시민들을 향해 "오늘《조선일보》는 '정몽준이 노무현을 버렸다'라고 했다. 그러나 국민은 정몽준을 버렸다. 그리고 국민은《조선일보》를 버렸다"라고 외쳤다.

오연호 《오마이뉴스》 대표는 대선 다음날 칼럼에서 "2002년 12월 19일, 대한민국의 언론 권력이 교체되었다. 조중동이 길게는 80여 년간 누려 왔던 언론 권력이 드디어 교체된 것이다. 언론 권력은 종이신문 직업 기자의 손에서 네티즌, 인터넷 시민기자에게 이양되었다"[9]라고 선언했다. 밤의 대통령 《조선일보》를 상대로 네트워크로 연결된 대중이 승리한 것이다.

3. 전자 개표? 국정원 출신의 고백?

2002년 대선은 디지털 역동성이 한껏 드러난 선거였다. 하지만 디지털 시대에 허위 조작 정보가 우리 사회에 얼마나 큰 해악을 끼칠 수 있는지도 여실히 보여 준 선거였다. 부정선거 음모론이 처음 등장한 선거이기도 했다. 부정선거 음모론이 등장한 배경에는 투표지 분류기가 있었다. 이 기계는 투표지를 후보별로 분류하고, 세어 주는 기계이다. 은행에서 사용하는 현금 계수기랑 비슷한 기계라고 할 수 있다. 하지만 선관위는 도입 초기에 이 기계를 '전자개표기'라고 불렀다. 이 명칭이 문제였다. 손으로 직접 개표하는 수 개표와 달리 전자식으로 개표하고 집계된다는 이미지를 심어 주었다. 투표지 분류기에 투표지를 넣으면 자동적으로 이를 분류하고 세어서 자동으로 집계되는 것

으로 상상했다. 수 개표와 달리 쉽게 조작될 수 있다는 선입견
도 생겨났다.

　　노무현 후보와 이회창 후보 간 득표율 격차인 2.3%p를
정확하게 맞춘 KBS 출구조사를 비롯한 방송사 출구조사 역시
'개표 조작 음모론'을 구성하는 근거로 활용되었다. KBS 앞에
시위자들이 몰려오기 시작했다. 이들은 2002년 개표 조작설을
해명하고 KBS의 출구조사 관련 자료를 공개하라고 주장했다.
KBS 출구조사에서 실제 득표율 차이를 정확하게 맞춘 것이 개
표 조작의 증거라는 것이었다. 이들은 정부가 노무현 후보 당
선을 위해 개표를 조작했고, 그 결과를 몰래 KBS에 전달했을
가능성이 높다고 주장했다. 대선에 처음 도입된 출구조사가 그
렇게 정확하게 예측하는 것은 불가능하다는 것이었다. 갑자기
많은 사람들이 개표 조작을 확신하고 행동에 나서게 된 계기가
있었다.

국정원 직원의 양심 고백

계기가 된 것은 국정원 직원이라고 주장하는 사람의 글이었다.
그는 대선 다음날인 2002년 12월 20일 밤에 한나라당 당원 게
시판과 《조선일보》 등 언론사 홈페이지에 '국정원 직원의 양심
고백'이라는 글을 올렸다. 스스로를 국정원에서 17년 동안 근
무한 직원이라고 주장하는 사람의 양심선언이었다.[10] 그는 이
편지에서 대선에서 떨어진 이회창 후보가 눈물을 흘리는 것을

보며 양심선언을 해야겠다고 결심했다고 주장했다.

요지는 청와대의 지시로 국정원이 나서서 전자개표기를 활용해 개표 조작을 했으며, 방송사 출구조사 역시 조작했다는 것이었다. 이 사람은 청와대가 국정원에 야당 후보의 당선을 저지하라고 지시했으며, 국정원은 6개월 전부터 작업에 들어가 전자개표기를 조작했다고 주장했다.

> 이번 대선에서는 디지털 전자개표 방식의 도입에 따라 주관 회사와 실무 엔지니어의 개표 방식의 수치 변환에 (선거 승패가) 달려 있었습니다. 기호 1번이 연속 10~12번 인식되면 그 중 한 번은 기호 2번에게 자동 할당되는 방식과 지역별로 투표자 수에 따라서 적게는 2000~2만 5000표씩 자동 조작되어 중앙전신처리시스템에 송출될 수 있도록 조작하였고, 송출되는 과정에 있어서도 지역별로 전산망 중간 개입 조작이 가능할 수 있도록 자동 개입 장치를 부가하였습니다.

전자개표기가 기호 1번인 이회창 후보의 표 10표당 한 표 정도를 노무현 후보에게 할당했고, 지역별 조작도 추가되었다는 것이다. 지금 보면 좀 황당해 보이는 어설픈 논리이다. 투표지 분류기가 분류한 결과는 바로 집계되지 않는다. 검표를 거치고 개표소 개표위원장의 선언이 있고 난 뒤, 사람이 직접 득표수를 입력한다. 그런데 투표지 분류기가 전자개표기라고 불리던 당시에는 나름 그럴듯해 보이는 논리였다.

국정원 직원이라고 주장하는 이 사람은 방송사 출구조사 역시 국정원에 의해 조작되었다고 주장했다. 당시 지상파 3사는 각자 출구조사를 진행했다. KBS뿐 아니라 MBC, SBS 출구조사 모두에서 노무현 당시 후보의 승리를 점쳤다. 이런 결과가 국정원의 작품이었다는 것이다.

> 3대 방송사 출구 여론조사에서도 노 후보에게 불리하였으나(불리한 결과가 나왔으나) 표본 여론조사의 맹점과 이미 짜여진 전자개표상의 수치와 비슷하도록 오차범위 내에서 출구 여론조사를 기획하였습니다. 이 과정에서 소요된 경비는 무려 1600억여 원이 소요된 걸로 집계되었습니다.

개표 조작을 주장하는 양심선언 글에 대한 반응은 즉각적이었다. 이회창 후보 지지 모임인 '창사랑'은 재검표를 요구하고 나섰다. 창사랑 회원 등 지지자 300여 명은 여의도 한나라당 당사에서 농성을 시작했다. 이들은 '수작업에 의한 전면 재검표' 등을 주장하며 서명운동에도 착수했다. 한나라당은 신중했다. 우선 개표 당시 참관인을 대상으로 실태 파악에 나섰다. 그리고 '개표 조작 의혹'을 주장한 글을 올린 사람을 찾아 나섰다.[11]

선관위는 보도자료를 통해 "인터넷에 유포된 글은 개표

검증 절차를 전혀 모르는 사람이 지어 올린 허위"라고 일축했다. 선관위는 "이러한 행위는 선거가 끝나고 국민통합을 위해 온 국민의 노력과 협조가 요구되는 시점에서 선거 관리의 공정성을 훼손하고, 선거 관리 기관을 음해하는 허위 사실을 유포함으로써 선관위의 명예를 훼손하는 중대한 위법 사항"이라며 관련자를 색출해 엄벌해 달라고 수사를 의뢰했다.

경찰이 수사에 나섰다. 경찰은 아이피^{IP} 추적 결과, 울산에 있는 피시방에서 글이 처음 올라왔으며, 작성자는 30대 남자라고 밝혔다. 글에 나온 것처럼 국정원에서 17년간 근무했다면 30대일 가능성이 낮기 때문에, 허위 조작 정보일 가능성이 높았다. 하지만 창사랑 등 지지자들은 국정원 직원이 자신의 신분을 숨기기 위해 아는 지인을 통해 올렸을 수도 있다며, 이 글에 대한 신뢰를 거두지 않았다. 일부 인터넷 매체에서는 이 같은 주장을 소개하기도 했다.

> '국정원 직원의 양심 고백'에 관한 글은 충분히 가능성이 있는 내용에 대한 의혹 제기입니다. 경찰조사에 따르면, 그 글이 울산의 어느 피시방에서 올린 글이고 그 글을 올린 사람은 30대로 추정된다고 합니다. 그가 30대라는 것에 착안해 그 글의 내용이 허구일 수도 있다고 하나, 그는 중간 매개체일 수도 있고 뒤에는 국정원 직원이 있을 수도 있습니다. 자신이 직접 나설 수 없으니 다른 사람을 시킬 수 있는 것입니다.[12]

최초의 대선 불복과 재검표

당시 한나라당은 개표 조작 주장에 대해 처음에는 일정 정도 거리를 두었다. 투표 결과에 승복하고, 정당 개혁에 힘써야 한다는 주장이 소장파를 중심으로 강하게 제기되었다. 하지만 창사랑과 일부 의원들이 개표 조작 주장에 동조하면서 분란이 계속되었다. 결국 한나라당은 대선 닷새 뒤인 2002년 12월 24일, 당선 무효 소송을 제기했다. 대통령 당선 무효 소송을 통한 재검표 자체가 우리 선거 사상 처음 있는 일이었다.[13]

한나라당이 당선 무효 소송을 제기하면서 내놓은 논리는 두 가지였다. 우선 대선 개표 과정에서 투표지 분류기의 오류가 많이 발생했다는 것이었다. 한나라당은 경기도 안성에서 노무현 후보를 찍은 것으로 분류된 100표짜리 묶음에서 이회창 후보 지지표 12장이 선관위 직원에 의해 발견되었다고 주장했다. 한나라당 측은 이와 유사한 사례가 많았다며, 전자개표기의 개표 결과를 믿을 수 없다고 주장했다.

또 하나는 투표지 분류기의 오류를 미리 막기 위해 한나라당과 사전에 합의한 사항을 선관위가 이행하지 않았다고 주장했다. 사전 협의에서는 전자개표기가 분류한 표들에 대해 수검표를 진행하기로 합의했는데, 이를 지키지 않았다는 것이다. 한나라당 참관인들의 검표 요구에도 선관위 측이 응하지 않은 사례도 발견되었다는 것이다.

한나라당은 당선 무효 소송을 제기하면서 전체 244개 개표소 중 서울 17개, 경기 17개, 충남 8개, 충북 7개, 인천 5개, 대전 4개, 강원 4개, 부산·대구·광주·울산·전북·전남·경북·경남·제주 각각 2개 등 80개에 대한 재검표를 요청했다. 이들 80개 개표소의 투표수는 제16대 대선 총 투표수인 2478만 표의 40% 정도였다. 한나라당은 이들 개표소에 대해 1차 재검표를 한 뒤 부정선거 의혹이 사실로 확인되면 전체 투표에 대한 전면 재검표를 요청하겠다고 밝혔다. 대법원은 한나라당의 요청을 받아들여 재검표를 하기로 했다.

  재검표 일정은 2003년 1월 27일로 정해졌다. 대통령이 취임하기 전에 대선 불복을 마무리할 필요가 있었다. 양당 모두 긴장한 가운데 재검표가 이루어졌다. 재검표 작업에 3000여 명의 공무원이 동원되었다. 재검표 비용도 5억여 원이 들었다. 1000만 표가 넘는 투표지에 대해 재검표를 시행했다. 한나라당 이회창 후보의 득표수가 135표 늘어났다. 민주당 노무현 후보는 785표 줄어들었다. 대선 결과에 영향을 미칠 정도가 아니었다. 이마저도 한나라당이 주장했던 투표지 분류기 오류가 아니었다. 투표지 분류기가 분류한 표 묶음 가운데 다른 후보의 표가 섞이는 '혼표'는 발견되지 않았다.[14] 대부분 유효표로 판정된 표 가운데 일부가 무효표로 판정이 번복되거나, 무효표가 유효표로 인정되는 과정에서 발생한 것이었다. 투표지 분류기에는 문제가 없었다.

  한나라당 서청원 대표는 2003년 1월 28일, "대선 결과에

겸허히 승복하며 국민에게 심려를 끼쳐 죄송하다"라면서 "당선 무효소송 취하 등 후속 조치를 취할 것"이라고 말했다. 그리고 대표직에서 물러났다.[15] 그렇게 최초의 개표 조작 의혹 사건은 일단락되었다.

그리고 2003년 2월 2일, 국정원 직원이라며 글을 올린 정 모 씨가 체포되었다.[16] 그의 직업은 국정원 직원이 아니라 특수학교 교사였다. 울산의 여러 피시방을 방문해 글을 올린 것으로 드러났다. 정 씨는 "대선 직후 인터넷에 '전자개표의 신빙성이 떨어진다'라는 글들이 올라오자 이에 공감해 국정원 직원인 것처럼 글을 만들어 올렸다"라며 "전적으로 자신이 지어낸 것"이라고 고백했다. 재판 결과, 그는 2년 4개월 실형을 선고받았다.

네트워크로 연결된 디지털 시대, 허위 조작 정보가 우리 사회에 얼마나 큰 해악을 끼칠 수 있는지 보여 주는 사례였다. 디지털 미디어는 집단 지성이 발휘될 공간을 제공한다는 큰 장점이 있다. 하지만 허위 조작 정보의 유통에 무방비하다는 단점도 있다는 것이 그대로 드러났다. 그런데 이때만 해도 우리 사회와 미디어 생태계는 사실 검증 동력이 자리 잡고 있었다. 개표 조작 음모론이 사실과 다르다는 것이 확인되면 의혹을 제기한 측에서 사과하던 시기였다.

4장
2012년 대선, 부정선거 음모론의 완성

1. 댓글 조작과 셀프 감금

대선을 일주일 앞둔 2012년 12월 11일, 국민의 시선이 한 곳에 쏠렸다. 서울 강남에 있는 한 오피스텔이었다. 국가정보원 심리전담팀 소속 김 모 씨의 숙소였다. 야당인 민주통합당이 받은 제보에 따르면, 이 직원은 오피스텔에서 불법 댓글 작업을 하고 있었다. 민주통합당은 확인 작업에 들어갔다. 국정원 직원은 오전 늦게 출근했다. 그리고 한낮에 귀가했다. 사무실에 있는 시간은 3시간 정도였다. 나머지 시간은 오피스텔에 머물렀다. 제보 내용대로 오피스텔에서 불법 댓글 공작을 하고 있다고 판단한 민주통합당은 선관위와 경찰에 신고했다.

국정원 댓글 조작과 셀프 감금

민주당의 신고를 받은 경찰과 선관위 관계자들이 도착해 오피스텔 문을 두드렸다. 그러나 아무 반응이 없었다. 오후 7시 10분쯤 한 여성이 오피스텔 복도로 들어섰다. 국정원 직원이냐는 질문에 "아니다"라고 답변했다. 선관위 관계자 2명은 김 씨에게 양해를 구하고 오피스텔로 같이 들어가 내부를 둘러보고 약 3분 만에 나왔다. 김 씨는 이후 문을 걸어 잠갔다. 수서경찰서 수사과장 등이 인적 사항을 확인하겠다며 문을 열어 달라고 요구했지만 거부했다. 그리고 밖으로 나오지 않았다.[1] 민주당 당직자들이 부정선거를 확인하겠다며 오피스텔 앞으로 몰려들었다. 이런 장면은 인터넷으로 생중계되었다. 그렇게 새벽까지 8시간 대치가 이어졌다. 이른바 '셀프 감금' 사건이었다. 그리고 증거자료를 확보하지 못하고 철수해야 했다.

경찰은 다음날 오피스텔의 CCTV와 차량 출입 기록을 확인한 결과, 김 씨는 매일 오전 10시쯤 차를 타고 나갔다가 오후 2시쯤 돌아온 것으로 확인되었다고 밝혔다. 김 씨가 하루 중 20여 시간을 오피스텔에 머물며 어떤 활동을 했는지 확인할 예정이라고 밝혔다. 경찰은 당초에 김 씨의 개인 컴퓨터 등에 대한 압수수색영장을 신청하겠다고 밝혔다. 하지만 영장 신청은 보류되었다.[2]

민주당에서는 국정원이 심리정보국 직원들에게 댓글 공작을 시켜 왔으며, 이들은 국정원 청사 외부에서 작업했고, "김 씨의 최근 근무 행태도 이런 제보에 부합한다"라고 주장했다. 새누리당은 민주당의 증거 확보 시도를 '아가씨 습격 사건'이라고 이름 붙여 "이성을 잃은 선거전략", "마지막 발악"이라고 거칠게 비난했다. 국정원은 "해당 직원은 특정 후보 비방 댓글을 인터넷에 남긴 적이 전혀 없다"라고 주장했다.[3]

다음날인 2012년 12월 13일, 김 씨는 자신의 노트북과 데스크톱을 경찰에 제출했다. 경찰은 김 씨가 제출한 하드디스크 2개에 대한 교차분석이 필요하며, 분석에 일주일 정도 시간이 걸릴 것이라고 밝혔다. 김 씨는 자신을 오피스텔에 가둔 혐의로 민주통합당 관계자들을 경찰에 고소했다.[4]

김 씨가 노트북 등을 임의 제출하고 오피스텔에서 나간 날, 다른 댓글 공작 사건이 발생했다. 이른바 '십알단'으로 알려진 사건이다. '십알단'은 '십자군 알바단'의 줄임말이다. 시사평론가 김용민과 김어준이 붙인 명칭이다. 이들은 여의도의 한 오피스텔에서 댓글 작업을 하다 선관위에 적발되었다. 미등록 사무실이었다. 사무실 대표는 윤정훈 목사였다. 아르바이트 직원 7명을 고용해 문재인 후보를 비방하는 허위 사실을 유포했다. 박근혜 후보에 대한 긍정적 이미지를 확산하기 위한 댓글도 작성했다. 사무실 임차 비용은 박근혜 후보 선대위 국정홍보대책위원장 등이 부담한 것으로 나타났다.[5]

막판 요동치는 후보 지지율

불법 댓글 조작 사건이 잇따라 터지면서 지지율이 요동쳤다. 민주통합당 문재인 후보가 새누리당 박근혜 후보를 간발의 차로 쫓고 있었다. 일부에선 뒤집어졌다는 설도 나왔다.[6] KBS와 코리아리서치 조사에서 압도적 1위를 달리던 박근혜 후보 지지율은 문재인-안철수 단일화 이후 간격이 좁혀지기 시작하더니 마지막 조사였던 2012년 12월 12일 조사에서는 오차범위 내 박빙을 기록했다.

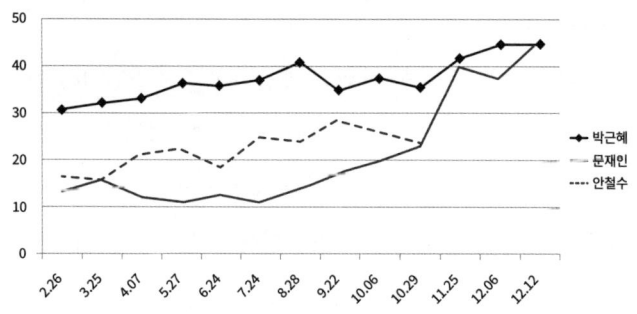

그림 7. 제18대 대선 후보 간 지지율 변화 추이(단위: %, 날짜)

여론조사 공표 금지 기간에 이루어진 세 번의 조사에서도 오차범위 내 혼전을 기록했다. 특히 이정희 후보의 사퇴 이후 시행된 마지막 여론조사에서는 문재인 후보가 미세하게나마 앞서는 여론조사가 나오기도 했다.

	박근혜	문재인	이정희
12월 13일 (D-6일)	47.3	42.3	1.8
12월 15일 (D-4일)	46.3	45.1	1.2
12월 17일 (D-2일)	44.6	46.0	사퇴

표 6. 제18대 대선 마지막 여론조사 결과(단위: %)

2012년 12월 16일, 대선 사흘을 앞둔 마지막 TV 토론회가 열렸다. 박근혜 후보는 작정한 듯 발언을 쏟아 냈다. 국정원 댓글 의혹 사건은 민주통합당이 가해자라고 주장했다. 민주당이 집 주소를 알아내기 위해 성폭행범이나 사용하는 그런 수법을 썼다고 비난했다. 국정원 여직원이 피해자라고 주장했다. 문재인 후보가 국정원 직원은 '피의자'라고 하자 "댓글을 달았다고 하는데 하나도 증거를 못 내놓고 있지 않느냐"라며 국정원을 옹호했다. 대선 후보 초청토론회는 밤 10시에 끝났다.[7]

갑작스러운 수사 결과 발표

그리고 밤 11시, 서울 수서경찰서가 갑자기 중간 수사 결과를 발표한다는 문자 메시지를 기자들에게 보냈다. 수서경찰서 관계자들은 "갑자기 서울경찰청에서 지시가 내려왔다"라며 당혹해했다. 밤 11시 19분쯤 서면 보도자료가 나왔다. 발표 내용은 "국가정보원 직원 김 모 씨가 다수의 아이디를 사용한 증거는 나왔지만, 게시글이나 댓글을 단 흔적이 없다"였다. 경찰은 당초 "김 씨 컴퓨터를 분석하는 데 일주일 정도 시간이 걸릴 것" 이라고 예고했었다. 하지만 경찰은 컴퓨터를 넘겨받은 지 사흘 만에 수사 결과를 발표했다.[8] 국정원 직원의 댓글 공작 혐의를 확인하지 못했다는 중간 수사 결과 발표 직후 '국정원 직원 대선 개입 의혹 사건'은 '국정원 여직원에 대한 인권 침해 사건'으로 바뀌는 분위기도 목격되었다.[9]

2025년 12월 19일, 지상파 3사 출구조사 결과가 발표되었다. 박근혜 새누리당 후보가 50.1%, 문재인 민주통합당 후보가 48.9%를 얻을 것으로 예측되었다. 박근혜 후보 박빙 우세였다. 실제 개표에서도 박근혜 후보가 51.55%를 얻어 48.02% 득표에 그친 문재인 후보를 3.53%p 차이로 앞서 당선되었다. 대통령 직선제 이후 최초로 과반 득표에 성공했다.

야당 측은 전면적인 부정선거였다며 공세를 이어 갔다. 채동욱 당시 검찰총장은 댓글 조작 의혹 사건을 윤석열 당시 검사에게 맡겨 수사하도록 했다. 국정원에 대한 압수수색이 이루어지는 등 수사가 본격화되었다. 하지만 수사는 결국 흐지부지되었다. 정권의 정당성과 관련된 예민한 수사였기 때문이다. 채동욱 검찰총장은 임기를 채우지 못하고 낙마했다. 윤석열 검사는 수사팀에서 배제되어 좌천되었다.

이처럼 부정선거 주장이 계속되던 시기, 결이 다른 주장이 나오기 시작했다. 2012년 대선이 단순한 부정선거가 아니라 개표 조작까지 있었다는 '부정선거 음모론'이 등장한 것이다.

2. 김어준과 K값 음모론

선거가 끝나면, 패배한 측에서 부정선거라고 주장하는 것은 오래된 패턴이었다. 선거 무효 소송을 하기도 한다. 실제 선거 부정이 없었던 것도 아니었다. 2012년 대선에서처럼 국가기관의 개입 증거가 나오기도 했다. 하지만 부정선거에 '음모론'을 붙이면 이야기는 달라진다. '부정선거' 주장은 권력기관에 의해 부정이 저질러졌다는 사실과 관련된 주장이다. 증거를 가지고 주장하고, 상대편은 증거에 기반해 반박한다. 사실 주장이기에 검증도 가능하다. 실제로 2012년 국정원 불법 댓글 사건의 경우 당시 국정원장이었던 원세훈이 징역 4년을 확정판결 받았다.[10] 불법이 인정된 것이다. 비록 박근혜 탄핵 이후에 이루어진 것이기는 하지만 말이다. 그러나 '부정선거 음모론'은 다르다. "숨은 권력자가 자기 의도대로 선거 결과를 조작하고 있다"라는 세계관에 기초한 부정선거 음모론은 '사실 주장'이 아니다. 증명하기가 쉽지 않다. 반박도 잘 안 된다.

음모론의 형태를 제대로 갖춘 '부정선거 음모론'은 방송인 김어준에 의해 처음으로 완성되었다. 물론 2002년 대선 이후 '부정선거 음모론'이 나타나기는 했었다. 앞 장에서 다룬 '국정원 직원의 양심 고백'이라는 글 말이다. 하지만 음모론의 형태를 제대로 갖춘 것이 아니었다. 바로 반박될 순진한 거짓말에 가까웠다.

음모론이란?

음모론에 대한 정의는 다양하다. 그 가운데 캐스 선스타인과 에이드리언 버뮬의 정의가 가장 널리 인용된다. 이들은 음모론을 "어떤 사건이나 관행을 설명하려는 시도로서, 권력 있는 사람들이 배후에서 음모를 꾸몄고, 동시에 그들의 역할을 숨기는 데 성공했다는 식의 설명 방식"으로 규정한다.[11]

이 정의에 따르면 음모론은 세 가지 핵심 요소를 가지고 있다. 첫째, 사건의 배후에는 의도적 조작이 있다. 둘째, 숨은 권력자들이 존재한다. 셋째, 이들이 자신의 개입 사실을 은폐하고 있다.

음모론자들은 세계를 일종의 거대한 연극 무대로 생각한다. 모든 사건은 미리 짜인 각본에 따라 움직인다. 우발적인 일은 존재하지 않는다. 어떤 사건이 발생하면, 그 배후에는 권력자의 의도가 있다. 개인들은 그 의도에 따라 행동한다. 하지만 자신이 그것을 수행하고 있다는 사실은 인식하지 못한다. 이러한 음모론의 인식 구조와 가장 부합하는 사례가 바로 '부정선거 음모론'이다. 한국에서 이 담론을 대중적으로 처음 정립한 사람이 김어준이다.[12]

영화 〈더 플랜〉과 K값 음모론

2017년 4월, 영화 〈더 플랜〉이 공개되었다. 김어준이 만든 영화였다. 부제가 '대선 미스터리 추적 다큐멘터리'였다.[13] 사전에는 '미스터리'^{mystery}를 "이해하거나 설명하기 힘들 정도로 이상한 현상"이라고 정의한다. 2012년 대선에서 미스터리한 현상은 '투표지 분류기'가 분류하지 못한 '미분류표'가 지나치게 많다는 것에서 출발했다. 2012년 대선에서 투표지 분류기는 전체 투표지 가운데 3.6%를 분류해 내지 못했다. 미분류표는 사람이 직접 분류한다. 그런데 사람은 미분류표 10장 가운데 9장 정도는 큰 어려움 없이 분류했다. 무효표가 된 것은 미분류표의 10%에 불과했다. 사람은 쉽게 분류할 수 있는 표를 투표지 분류기는 왜 분류하지 못했을까? 미스터리의 시작이었다. 미국의 선거 전문가라고 소개된 사람은 미분류율$^{Error\ Rate}$이 3%를 넘는다는 것은 문제가 있는 것이라고 단언한다.[14] 무언가 이상한 점이 있다는 것이다. 이렇게 비정상적으로 높은 미분류율이 부정선거와 관련이 있을 수도 있다는 의문을 제기한다.

더욱 의심스러운 정황이 발견되었다. 투표지 분류기가 분류한 '분류표'와 분류하지 못한 '미분류표' 간에 후보별 득표율에서 차이가 났다. 분류표에서는 박근혜 후보와 문재인 후보의 득표율이 거의 비슷했다. 3.32%p 차이였다. 전체 득표율 차이 3.53%p와 비슷했다. 그런데 미분류표에서 박근혜 후보의 득표율이 월등히 높았다. 미분류표 가운데 52.79%가 박근혜 후보의 표로 분류되었다. 문재인 후보의 표는 35.77%에 불과했다. 두 후보의 득표율 차이가 17.02%p 차이가 났다. 나머지 11%가량이 무효표였다.

분류표나 미분류표는 같은 유권자가 투표한 것이다. 투표일이 다른 것도 아니다. 그런데 왜 후보별 득표율에서 이렇게 큰 차이가 나는 것일까? 투표지 분류기는 왜 박근혜 후보를 찍은 표를 더 많이 미분류표로 보낸 것일까? 미분류표가 지나치게 많다는 것에 후보별 득표율에서 차이가 난다는 사실까지 더해지면서 의혹은 점점 커졌다.

	분류표의 득표율	미분류표의 득표율
박근혜	51.48	52.79
문재인	48.16	35.77
후보 간 표차	3.32	17.02

표7. 제18대 대선 분류표와 미분류표 득표율(단위: %)

김어준은 통계 전문가들에게 분석을 의뢰했다. 한 통계 전문가가 흥미로운 분석 결과를 제시했다. 캐나다의 한 대학교에서 통계학을 가르치는 교수는 먼저 '체질량 지수'라는 개념을 소개한다. 체질량 지수$^{Body\ Mass\ Index,\ BMI}$는 키와 몸무게를 가지고 체중 상태를 객관적으로 평가하는 기준이다. 몸무게를 키의 제곱 값으로 나누어 구해진다. 체질량 지수가 높다는 것은 비만도가 높다는 의미이다. 키에 비해 몸무게가 많이 나간다는 뜻이다. 두 변수 간 비율을 기초로 비만 정도를 설명하는 대표적인 개념이다.

전문가는 체질량 지수 개념을 활용해 데이터를 분석했

다. 비율을 구하기 위해 나눗셈을 세 번 했다. 먼저 분류표에서 박근혜 후보가 얻은 득표수를 문재인 후보의 득표수로 나누었다. 두 후보의 득표율이 비슷했기 때문에 이 값은 1보다 조금 높게 나왔다. 두 번째로 미분류표에서 박근혜 후보의 득표수를 문재인 후보 득표수로 나누었다. 미분류표에서는 박근혜 후보의 득표수가 많았기 때문에 1.5보다 조금 작은 수치가 나왔다. 그리고 마지막으로 미분류표에서의 득표 비율을 분류표에서의 득표 비율로 나누었다. 분류표와 미분류표에서의 득표율 비율 차이가 어느 정도인지 계산하기 위한 것이었다. 그리고 이를 상대적 득표율$^{relative\ ratio}$ 값, 즉 K값이라고 명명했다.

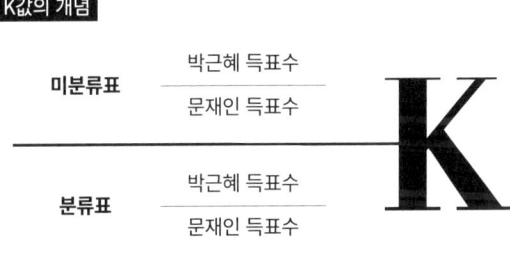

그림 8. 분류표와 미분류표의 득표율 비율 차이를 나타내는 K값(상대적 득표율값) 계산법

이 계산 공식을 활용해 나온 수치가 K=1.5이다. 앞에서 설명했듯이 분모는 1보다 조금 크고, 분자는 1.5보다 조금 작다. 따라서 두 수를 나누면 1.5가 나온다. 그런데 더욱 신기한 것은 251개 개표소별로 계산해 보니 대부분의 개표소에서 K

값은 1.5에 근접한 값을 이루고 있었다는 사실이다. 일종의 정규 분포를 이루고 있었다. 김어준의 설명대로 지역과 무관하고 성별과 무관하게 대부분의 개표소에서 K값은 1.5를 중심으로 형성되어 있었다.

K값은 1이 나오는 것이 정상이라고 이들은 주장한다. 같은 유권자가 같은 날 투표한 것이기 때문에, 분류표와 미분류표에서 두 후보 득표 비율이 다르면 안 된다는 것이다. K값이 1.5라는 것은 미분류표에서 박근혜 후보 득표 비율이 분류표에서의 득표 비율보다 1.5배 가량 높다는 의미이다. 따라서 K값 1.5는 이상한 수치이다. 이런 이상한 수치가 몇 개 개표소에서 나올 수는 있다. 하지만 대부분의 개표소에서 1.5라는 이상 수치가 나오는 것은 불가능하다. 한 투표 전문가는 "이런 사건이 우연히 일어났을 확률은 번개 두 번을 연속해서 맞을 확률"이라고 비유했다.[15] 자연적으로는 일어나지 않을 사건이라는 것이다. 결국 누군가의 플랜, 즉 기획이 있었다는 정황 증거가 바로 K값 1.5이다.

김어준은 K값 1.5를 얻고, 개표 조작의 확고한 증거를 찾았다고 감격해한다. 숨은 권력자들이 K=1.5라는 비율을 미리 정해 놓고 이 비율에 맞게 전체 개표 결과를 몰래 조작했다는 것이다. 그래서 영화 〈더 플랜〉에는 "투표가 아니라 개표가 결정한다"라는 경구가 등장한다. 숨은 권력자의 기획에 따라 투표 결과를 몰래 조작했다는 전형적인 부정선거 음모론이 모습을 드러낸 것이다.

미분류는 오류가 아니다

K값 음모론의 허점은 여러 군데에서 나타난다. 우선 번역의 문제가 있다. 영화에서 "미국의 미분류율은 1% 미만"이라고 설명하는 대목이 나온다. 자막이 '미분류율'이라고 되어 있다. 그런데 실제로 그 미국인 학자가 사용한 영어 단어는 'residual vote rate'였다. 미국 선거에서 이 개념은 투표 기계가 잘못 작동해 발생한 무효표의 비율로 정의된다.[16] 전체 투표지 가운데 무효로 처리된 투표지의 비율을 나타낸다. 즉 미분류 비율이 아니다. '무효표 비율'이 더 정확한 번역이다. 2012년 한국 대선에서 미분류표 가운데 11%만이 무효 처리되었다. 따라서 미국 기준으로 무효표 비율$^{residual\ vote\ rate}$을 구하면 0.4%이다. 최근 미국 선거에서 무효표 비율은 1% 정도이다. 오히려 미국에 비해 낮은 수치이다.

또 "미분류율 3.6%는 지나치게 높은 것"으로 문제가 있다는 미국 전문가의 인터뷰도 나온다. 이 학자가 말한 것 역시 미분류율이 아니다. 이 학자는 영어로 'error rate'라고 말했다. 오류율이라고 번역해야 한다. 앞서 말한 무효표 비율은 전자투표기에서 오류가 나서 무효표가 된 것을 의미한다. 결국 오류율과 무효표 비율은 미국에서는 거의 비슷한 개념이다. 하지만 김어준은 이 두 개념을 모두 미분류율이라고 번역했다. 실수일 수 있다. 하지만 김어준은 기본적으로 미분류를 투표지 분류기의 오류라고 보고 있다. 투표지 분류기가 정상적인 표를 미분류표로 보냈으니까, 기계의 오류라는 것이다. 하지만 미분류는 오류가 아니다. 오히려 정확하게 작동한 것이다.

투표지 분류기가 투표지를 분류하는 기준은 명확하다. 기표 지침대로 정확하게 표기된 투표지는 분류표로 보낸다. 그렇지 않은 투표지는 미분류표로 보낸다. 사람이 보고 판단해 유효표로 인정할지를 판단하라는 것이다. 두 번 이상 기표가 되었거나 후보자 간 구분선에 기표되었을 수 있고, 일부가 흐리게 기표되었거나 뭉개졌을 수 있다.

선관위가 제시하는 유효표 기준 가운데 하나인 일부분만 찍힌 투표용지의 예를 살펴보자. 선관위는 일부분만 표시되었더라도 정규 기표 용구로 기표한 것이 명확하다면 유효표로 인정해 주고 있다.

그렇다면 투표지 분류기는 일부분만 찍힌 투표용지를 어떤 기준으로 분류표와 미분류표로 구분할까? 선관위 측은 대략 60%를 기준으로 구분한다고 설명한다. 즉 정규 기표 용구로 찍은 부분이 60% 이상이면 분류표로 보낸다는 것이다. 그리고 60% 이하로 찍힌 투표지는 미분류표로 보낸다. 사람이 정규 기표 용구로 찍었는지 여부를 확인해서 판단하라는 것이다. 기표가 일부 뭉개졌거나 다른 후보와의 경계선에 닿은 투표지 역시 미리 정한 기준에 따라 분류표로 보낼지, 아니면 미분류표로 보낼지 판단하도록 되어 있다.

그림 9. 중앙선거관리위원회의 유효표, 무효표 기준

    그러니까 투표지 분류기가 분류해 낸 표는 선관위 기준에 따라 정상적인 표로 판정한 표이다. 미분류표의 경우 기표에 다소 문제가 있으니, 사람이 직접 보고 판단하라고 보낸 것이다. 따라서 투표지 분류기의 분류 기준을 다르게 하면 미분류율은 달라진다. 앞서 든 예에서 일부만 찍힌 기준을 90%로 높이면 미분류표로 보내지는 표가 늘어날 것이다. 반대로 기준을 낮추면 미분류율은 낮아질 것이다. 미분류율은 오류가 아니다. 그리고 미분류율이 높다는 것이 부정선거를 의심할 정황 증거는 아니다. 오히려 투표지 분류기가 엄격하게 작동할수록 미분류율은 높아진다.

간단히 조작되는데 왜 그렇게 어려운 방법을?

다음으로는 왜 미분류율을 높여서 개표를 조작했는지에 관한 설명이 빈약하다는 점을 지적할 수 있다. 개표 조작을 위해 꼭 미분류표를 만들어 낼 이유가 없다. 결과가 동일하기 때문이다. 예를 들어 103표의 투표용지가 있다고 가정하자. A 후보를 찍은 투표지가 52표이고, B 후보를 찍은 투표지가 51표였다고 하자. 이 투표지를 투표지 분류기가 다 분류해 내면, 결과는 A 후보 52표, B 후보 51표가 될 것이다.

그런데 투표지 분류기가 103표 가운데 3표 정도를 분류하지 못하게 미리 계획을 짰다고 가정하자. 투표지 분류기가 분류한 표에서는 두 후보가 각각 50표씩을 얻었다. 그리고 미분류한 3표에서는 A 후보가 2표, B 후보가 1표를 얻었다. K값 공식을 가시고 계산하면, K값은 2가 나올 것이다. 영화에 따르면 정상적이지 않은 이상한 수치이다. 하지만 결과는 아무런 차이가 없다. 분류표와 미분류표의 득표율을 합치면, A 후보는 52표, B 후보는 51표를 얻게 되기 때문이다.

영화에서는 미분류로 분류한 3.6%만큼 조작된 표를 추가하기 위해 미분류표가 필요했다고 설명한다. 하지만 이해하기 힘든 논리이다. 박근혜 후보에게 유리하게 표를 조작하려면, 문제인 후보 표를 더 많이 미분류표로 빼는 것이 유리하다. 굳이 박근혜 후보 표를 더 많이 미분류표로 빼낼 이유가 없다. 그리고 투표지 분류기가 굳이 특정 후보의 표를 더 많은 비율로 미분류표로 보낼 이유조차 없다. 일단 너무 복잡해진다. 그냥 전체 표 비율 그대로 미분류표를 빼내고, 위조된 투표지를 몰래 추가하는 방식이 훨씬 쉽다. 그런데 왜 박근혜 후보의 표가 비율상 1.5배 정도 많도록 미분류표를 뺀다는 어려운 선택을 했을까?

실제로 영화 뒷부분에서는 투표지 분류기를 해킹해 조작하는 실험을 한다. 투표지 분류기를 구해 해커들에게 해킹해 달라고 한다. 해커는 프로그래밍을 조작하고 원하는 대로 개표 결과가 나오게 만든다. 해커로 출연한 사람은 아주 간단한 조작으로 어떤 결과이건 만들어 낼 수 있다고 설명한다. 실험을 참관한 시민단체 활동가는 어떻게 이렇게 쉽게 속일 수 있냐며 눈물을 보이기도 한다.[17]

하지만 그 실험은 지금까지의 논리가 얼마나 허술한지를 보여 줄 뿐이다. 실험은 투표지 분류기를 조작하면 어떤 결과도 만들어 낼 수 있다는 것을 반복해서 설명한다. A 후보의 표 일부를 B 후보 표로 가도록 세팅할 수도 있다. 이 주장은 2002년 '국정원 직원의 양심 고백'이라는 글에 나오는 논리와 같다. 그렇다면 그냥 이렇게 조작하면 된다. 미분류표를 3.6% 빼고, 그만큼 조작된 표를 넣고, 또 분류표와 미분류표의 지지율 차이, 즉 이른바 K값을 1.5로 할 이유가 없다. 해킹만 하면 원하는 값을 얻을 수 있는데 말이다. 결론적으로 K값은 무언가 음모가 있었다는 것을 보여 주는 정황 증거였을 뿐이다. 그리고 실험을 해 보니 투표지 분류기를 해킹하면 조작할 수 있다. 그러니까 개표는 조작되었다는 확신에 도달한다.

하지만 현실 세계에서 이런 조작은 불가능하다. 우선 투표지 분류기에는 통신 장치가 없다. 잘 알려진 사실이다. 그래서 해킹을 하려면 일일이 모든 투표지 분류기에 몰래 프로그램을 직접 깔아야 한다. 전국 251개 개표소에 1000개가 넘는 투표지 분류기가 있다. 이 기계들을 일일이 찾아 프로그램을 깔아야 한다. 그것도 단기간에 아무도 모르게 해야 한다. 상상 속에서나 가능한 일이다.

또한 투표지 분류기를 조작하면, B 후보 지지표의 일부가 A 후보 지지표로 분류된다. A 후보 표로 분류된 표 묶음에 B 후보의 표가 섞이는 '혼표'가 발생한다는 말이다. 전국적으로 비슷한 수준으로 조작하려면, 대부분의 표 묶음 다발에서 일정 비율의 '혼표'가 발생하게 될 것이다. 이런 혼표를 전국의 모든 검표 요원이 발견하지 못해야 한다. 이런 개표 조작이 성공할 확률은 영화에 나오는 교수 말대로 "번개 두 번을 연속해서 맞을 확률"에 가깝다.

그리고 투표 결과를 조작하면 출구조사와 다른 값이 나와야 한다. 하지만 2002년 이후 대선 출구조사는 개표 결과와 거의 일치했다. 오차가 별로 없었다. 개표 조작이 있었다면 일어날 수 없는 일이다. 개표 조작이 발각되지 않으려면 출구조사도 함께 조작해야 한다. 하지만 여러 차례 출구조사를 담당했던 사람으로서 단언컨대 출구조사를 조작할 가능성은 0%에 가깝다.

　　　이 영화는 흥행에 성공하지 못했다. 시기상으로 개봉이 늦었던 요인이 컸다. 박근혜 탄핵 이후 개봉되었다. 이미 지난 선거 개표 조작은 대중의 관심을 끄는 사안이 아니었다. 또 진보 진영에서 '음모론'에 대한 거부감이 컸다. 많은 언론사가 김어준의 부정선거 음모론이 가진 허점을 지적했다. 특히 뉴스타파가 김어준의 부정선거 음모론을 논리적으로 반박하는 콘텐츠를 공개했다. 결정타였다. 이후 진보 진영에서 부정선거 음모론은 자취를 감추었다. 사실 검증의 역동성이 작동하고 있다는 것을 보여 준 사례였다.

3. 대수의 법칙과 부정선거 음모론

김어준이 주장한 부정선거 음모론의 핵심 논리는 '대수의 법칙'이다. 이 대수의 법칙은 이후 모든 부정선거 음모론의 핵심 논리가 된다. 대수의 법칙, 즉 큰 수의 법칙은 통계학의 기초를 이루는 법칙이다. 표본의 크기가 일정 수 이상으로 크면 표본의 평균값은 모집단의 실제 평균값과 비슷해진다는 것을 말한다. 쉽게 말하면 동전을 연달아 던지면, 일정 정도까지는 앞면이 많이 나오기도 하고 뒷면이 많이 나오기도 한다. 하지만 충분히 많이 동전을 던지면, 앞면이나 뒷면이 나올 확률은 각각

50%에 근접해 간다는 것이다.

대수의 법칙

실제 칼 피어슨이라는 수학자는 동전 던지기를 2만 4000번 시행했다. 이 가운데 뒷면이 1만 2012번, 앞면이 1만 1988번이 나왔다. 거의 50%에 근접한 것이다. 이 대수의 법칙에 따르면 같은 모집단에서 무작위로 추출한 표본들은 모집단과 비슷한 값을 지니게 된다. 표본끼리도 비슷한 값을 가져야 한다. 같은 모수에서 무작위 추출한 한 표본의 값이 다른 표본과 큰 차이를 보인다면, 이는 오류가 있었던 것으로 간주된다.[18]

김어준은 전자개표기가 분류하지 못한 표와 분류해 낸 표는 같은 유권자가 기표한 투표지이기 때문에 비슷한 값을 가져야 한다고 주장했다. 대선의 경우 수천만 명이 투표한다. 그리고 같은 유권자가 같은 날 투표한 것이기 때문에 대수의 법칙이 적용된다. 따라서 두 후보의 득표율은 같아야 한다는 것이다.

대수의 법칙의 가장 중요한 전제는 '무작위 추출'이다. 박스에 있는 공을 한 개씩 꺼내는 표본 추출을 생각해 보자. 빨간 공과 파란 공이 같은 수로 들어 있다고 가정하자. 하나의 공을 꺼내고 다시 집어넣는 행위를 반복해 보자. 충분히 여러 번 반복하면, 대수의 법칙에 따라 특정 색깔의 공이 뽑힐 확률은 50%에 수렴할 것이다. 같은 수의 공이 들어 있기 때문이다. 그런데 이때 전제는 '무작위 추출'이어야 한다는 점이다. 즉 빨간 공과 파란 공은 색깔 이외에 어떤 차이도 없어야 한다. 크기나 무게에서 차이가 나면 안 된다. 만일 무게나 크기가 다르다면, 빨간 공과 파란 공이 뽑힐 확률은 달라진다. 그리고 뽑을 때 색깔을 볼 수 없어야 한다.

'대수의 법칙'이 통하기 위해서는 분류표와 미분류표 사이에 아무런 차이도 없어야 한다는 전제가 필요하다. 미분류표가 단지 '기계의 오류'라면 맞을 수 있다. 정상적으로 기표된 투표용지인데, 투표지 분류기가 오류를 일으켜 미분류표로 보낸 것이라면 차이가 없을 것이다. 하지만 앞에서 설명했듯이 분류표와 미분류표는 다른 표이다. 분류표는 기표 원칙대로 기표한 표이다. 미분류표는 기표 원칙에서 다소 벗어난 표이다. 그렇다면 분류표와 미분류표 사이에 차이가 있을 수 있다.

영화 〈더 플랜〉에서도 무작위 추출이 아닐 가능성을 고려하는 대목이 나온다. 그래서 직전 대선 결과와 비교하려고 시도한다. 하지만 자료가 없었다. 선관위는 투표용지를 해당 선거로 당선된 사람의 임기가 끝날 때까지만 보관한다. 따라서 제17대 대선과 제16대 대선의 자료는 남아 있지 않았다. 그런데 자료가 남아 있는 개표소가 있었다. 재검표 요청이 제기된 선거구였다. 서울 관악 선거구의 경우 제16대 대선 자료가 남아 있었고, 서울 노원과 경기도 수지는 제17대 대선 투표지가 남아 있었다. 이 선거구에서 K값을 구해 보니 K값은 1에 근접한 수치가 나왔다.

	관악	노원	수지
이전 선거	1.04 (제16대 대선)	1.02 (제17대 대선)	1.04 (제17대 대선)
제18대 대선	1.35	1.44	1.37

표 8. 세 개 지역구 K값 비교

영화에서는 K값이 1에 근접한 이전 투표는 대수의 법칙에 따라 정상이었으며, K값이 1.5로 나온 2012년 대선은 조작된 것이라고 주장한다.

제19대 대선 K값은?

뉴스타파는 제19대 대선이 끝난 2017년 7월 7일, 김어준의 부정선거 음모론을 비판한 콘텐츠를 올린다. 콘텐츠 제목은 〈더 플랜인가 노 플랜인가…개표부정 의혹 집중 해부〉였다.[19] 뉴스타파는 조건이 더 좋았다. 박근혜 탄핵 이후 치러진 대선 결과를 가지고 비교 검증을 할 수 있었기 때문이다. 뉴스타파는 김어준의 논리를 그대로 활용해 제19대 대선의 K값을 구했다.

제19대 대선에는 5명의 후보가 나섰다. 문재인 후보의 득표율과 다른 후보의 득표율을 비교하는 방식으로 K값을 구했다. 문재인 후보와 홍준표 후보의 K값은 1.6이었다. 직전 선거의 박근혜 후보와 문재인 후보의 K값 1.5보다 높아졌다. 즉 미분류표에서 홍준표 후보의 득표율이 문재인 후보보다 더 높았고, 그 정도도 더 심해졌다는 뜻이다. 문재인 후보와 안철수 후보 간 K값은 1.24를 기록했다. 유승민 후보는 0.93, 심상정 후보 0.71의 K값을 기록했다. 미분류표에서 문재인 후보보다 낮은 득표율을 기록했다는 것이다.

문재인 후보 기준	홍준표 후보	안철수 후보	유승민 후보	심상정 후보
K값	1.60	1.24	0.93	0.71

표 9. 제19대 대선 후보별 상대적 지지율(K값)

박근혜의 탄핵으로 치러진 제19대 대선은 개표조작을 의심하기 힘든 선거였다. 무엇보다 문재인 후보가 당선될 확률이 너무 높았다. 문재인 후보의 당선을 위해서 굳이 개표 조작을 할 필요가 없었다. 개표를 조작해 문재인 후보 말고 다른 후보를 당선시키기에는 너무 많은 표를 조작해야 했다. 지지율 격차가 너무 컸기 때문이다. 개표 조작이 없었을 것으로 추정되는 선거에서도 K값은 1이 나오지 않았다. 게다가 후보별로 K값이 다 달랐다. 대수의 법칙이 적용되지 않는다는 말이다.

그렇다면 분류표와 미분류표 간에는 차이가 난다고 판단할 수밖에 없다. 영화 〈더 플랜〉의 공개 이후 선관위는 해명 자료를 냈다. 선관위는 나이가 많아지면 미분류표를 발생시킬 가능성이 높다고 주장했다. 그 근거는 시골 지역에서 미분류율이 높다는 통계를 인용했다.

> 명확하지 않은 기표로 인하여 미분류 처리된 투표지의 원인은 여러 가지가 있겠으나 연령이 특히 중요한 요소로 작용하고 있음. 실제 제18대 대선 결과를 보면 노년층이 많은 시골 지역(군 단위)의 미분류율은 5% 초반대로 청년층이 많은 도시 지역(시 지역)의 2% 후반대보다 1.8배 정도 높게 나타나는 바, 이는 노년층의 투표에서 미분류표로 처리되는 비율이 청년층보다 더 높다는 것을 의미함.[20]

연령별 지지율과 K값

뉴스타파는 이 자료를 기초로 가설을 제안한다. 제18대 대선은 연령별 지지율 차이가 크게 나타났던 선거였다. 출구조사 결과 20~30대에서 문재인 후보의 득표율은 66%에 달했지만, 60대 이상에서는 박근혜의 득표율이 72.3%였다. 직전 선거였던 제17대 대선에서는 이러한 세대 대결이 나타나지 않았고, 제16대 대선도 이보다는 덜한 수준이었다. 따라서 뉴스타파 측은 제18대 대선에서 미분류표와 분류표에서 후보 간 득표율 차이가 발생한 것은 두 후보의 연령별 득표율에서 차이가 커졌기 때문이라는 가설을 제안했다.

	박근혜	문재인
20대	33.70	65.80
30대	33.10	66.50
40대	44.10	55.60
50대	62.50	37.40
60대 이상	72.30	27.50

표 10. 제18대 대선 후보 간 연령별 출구조사 득표율(단위: %)

연령별 득표율 차이는 제19대 대선에서도 이어졌다. 문재인 후보는 대부분의 연령대에서 홍준표 후보를 앞섰다. 그러나 60대와 70세 이상에서는 홍준표 후보가 문재인 후보보다 득표율이 높았다. 안철수 후보도 다른 연령대에서는 문재인 후보에게 밀렸지만, 60대와 70세 이상에서는 비슷한 득표율을 보였다. 반면 유승민 후보와 심상정 후보는 60대와 70세 이상에서 문재인 후보보다 득표율이 낮았다.

	문재인	홍준표	안철수	유승민	심상정
20대	47.6	8.2	17.9	13.2	12.7
30대	56.9	8.6	18.0	8.9	7.4
40대	52.4	11.5	22.2	6.5	7.0
50대	36.9	26.8	25.4	5.9	4.5
60대	24.5	45.8	23.5	4.1	1.6
70세 이상	22.3	50.9	22.7	2.6	0.9

표 11. 제19대 대선 연령별 출구조사 득표율(단위: %)

선관위가 미분류표 발생 가능성이 높다고 했던 60대와 70세 이상의 지지율과 K값을 비교해 보았다. 60대 이상에서 지지율이 가장 높은 홍준표 후보의 K값은 1.6으로 가장 높았다. 60대 이상의 지지율에서 문재인 후보와 거의 비슷한 지지율을 보인 안철수 후보의 K값은 1.24였다. 그리고 60대 이상 지지율이 낮은 유승민 후보와 심상정 후보는 K값이 1미만이었다.

	문재인	홍준표	안철수	유승민	심상정
K값	기준	1.60	1.24	0.93	0.71
60대 지지율	24.5%	45.8%	23.5%	4.1%	1.6%
70세 이상 지지율	22.3%	50.9%	22.7%	2.6%	0.9%

표 12. 제19대 대선 60대 이상 유권자 지지율과 K값

결국 투표지 분류기가 분류한 표와 미분류표 사이에는 차이가 있었다. 제18대와 제19대 대선에서 차이를 만들어 낸 가장 큰 요인은 연령이었던 것으로 추정된다. 다음 선거를 분석하면 다른 요인이 발견될 수 있다. 하지만 어느 요인이건 중요하지 않다. 어쨌거나 자연스러운 현상이니까 말이다. 즉 분류표와 미분류표에서 후보별 득표율이 같아야 한다는 대수의 법칙은 적용되지 않는다. 뉴스타파 측은 영화 〈더 플랜〉에서 대수의 법칙에 따라 K값은 1이어야 한다고 주장했던 통계학자에게 다시 의견을 물었다. 반응은 엇갈렸다.

제19대 대선에서 K값이 1이 나오지 않은 이상 대수의

법칙이 적용된다고 보기는 힘들다며 오류를 인정한 교수도 있었다. 제19대 대선은 연령에 따라 차이가 발생한 것으로 보이지만, K값이 1이어야 한다는 생각에는 변화가 없다는 교수도 있었다. 제18대 대선에서 중앙 개입의 가능성만 보였을 뿐 중앙 개입이라고 단정하지 않았다는 해명을 보낸 교수도 있었다.[21]

뉴스타파 보도 이후 개표 조작의 핵심 주장인 K값 음모론은 더 이상 근거를 갖기 힘들어졌다. 적어도 우리 사회의 진보와 중도, 그리고 중도 보수 등에서는 부정선거 음모론을 믿는 사람이 줄어들었다. 앞에서 설명한 사실 검증의 역동성이 작동하고 있었다.

김어준의 문제 제기가 부정적 영향만 끼친 건 아니었다. 투표지 분류기를 조작할 수 있다는 문제가 제기되면서 수검표로 확인하는 절차가 강화되었다. 이후 선거에서 일일이 사람이 직접 세어 혼표가 없는지 확인하는 절차가 내실화되었다. 비록 개표 속도는 늦어졌지만, 투표지 분류기를 둘러싼 의구심은 많이 줄어들었다.

하지만 김어준이 완성한 부정선거 음모론은 극우 세력에 의해 채택되었다. 대수의 법칙은 헌법 수준의 진리로 격상되었다. 의혹의 대상은 투표지 분류기에서 사전 투표로 바뀌었다. 물론 김어준의 논리는 그대로 채택되었다.

5장
극우 담론이 된 부정선거 음모론

1. 2020년 총선과 63 대 36

2020년 총선은 코로나19가 맹위를 떨치던 시기에 치러졌다. 이 선거에서 미래통합당은 103석을 얻는 데 그쳤다. 보수 정당 60년 역사상 가장 적은 의석이었다. 겨우 개헌 저지선만 지켜 낸 말 그대로 참패였다.[1] 총선을 이끌었던 황교안 대표는 사퇴했다. 황 대표는 지역구 선거에서도 이낙연 후보에게 패했다. 대통령 권한대행까지 하며 탄탄한 지지도를 바탕으로 정치에 입문하자마자 당 대표를 맡았던 황교안 전 대표로서는 믿기 힘든 현실이었을 것이다.

인천 연수구에서 떨어진 민경욱 후보 역시 패배를 인정하기 힘들었다. 인천 연수을은 보수적인 색채가 강한 지역구였다. 게다가 진보 진영은 더불어민주당 정일영 후보와 정의당

이정미 후보로 분열되었다. 3자 대결에서 이길 수 있다고 기대했다. 출구조사에서도 민경욱 후보가 미세하게 앞서는 것으로 나왔다. 하지만 결과는 더불어민주당 정일영 후보 41.78%, 민경욱 후보 39.49%로 패배했다. 민경욱 후보 역시 자신의 낙선을 수긍하지 못했다.[2]

이후 황교안과 민경욱은 부정선거 음모론을 만들어 내고 전도하는 역할을 하고 있다. 이들은 김어준의 K값 음모론 논리를 활용해 음모론을 만들었다. 이들이 주목한 것은 사전 투표와 당일 투표의 후보별 득표율 차이였다. 그리고 여기에서도 K값에서처럼 이상한 숫자가 발견되었다. 바로 63 대 36이었다.

김어준의 부정선거 음모론의 핵심은 K값=1.5였다. 초기 극우 진영 음모론에는 63 대 36이 있었다. K값은 투표지 분류기가 분류한 표와 분류하지 못한 표 사이에서 후보 간 득표율 차이를 나타낸 수치이다. 63 대 36은 사전 투표에서 민주당 계열 후보와 국민의힘 계열 후보의 득표율 비율을 나타낸다. K값에서는 박근혜 후보가 미분류표에서 더 많이 득표한 것을 문제 삼았다. 63 대 36은 사전 투표에서 민주당이 더 많이 득표한 것을 문제 삼는다.

K값과 63 대 36 음모론, 그리고 텍사스 명사수 오류

두 음모론 모두 '대수의 법칙'을 기초로 만들어졌다. 표본의 크기가 커질수록 표본의 평균값은 모집단의 실제 평균값과 비슷해진다는 법칙 말이다. 김어준은 분류표와 미분류표를 같은 성향의 표라고 가정했다. 같은 유권자가 같은 날 한 투표이니 말이다. 극우 진영에서는 사전투표를 한 사람과 당일 투표를 한 사람 역시 같은 유권자라고 가정한다. 투표일만 다를 뿐 같은 유권자라는 것이다. 따라서 대수의 법칙에 따라 사전 투표와 당일 투표의 후보별 득표율은 같거나 비슷해야 한다. 이 전제에서 벗어나는 수치가 나오면 조작되었다는 것이 대수의 법칙에 근거한 극우 부정선거 음모론의 출발점이다.

  앞에서 설명했듯이 K값 음모론은 즉각 반박되었다. 나이에 따라 미분류표를 발생시킬 확률이 다르다는 것이 확인되었기 때문이다. 그렇다면 사전 투표와 당일 투표를 한 사람 간 투표 성향 차이가 없다는 전제는 유효한 것일까?

  우선 63 대 36이라는 숫자가 어떻게 등장했는지 검토해 보자. 저 수치는 서울과 경기, 그리고 인천 지역 사전 투표에서 민주당 계열 후보와 국민의힘 계열 후보가 얻은 득표율 비율이다. 민주당 계열 후보 63%, 국민의힘 계열 후보 36%를 얻었다는 것이다. 좀 더 정확하게 설명하면, 2020년 총선에 출마한 민주당 계열 후보와 국민의힘 계열 후보만을 대상으로 한 득표율 비율이다. 다른 군소 후보의 득표는 제외했다. 이를 구하기 위해 선거구별로 민주당 계열 후보가 사전 투표에서 얻은 표와 국민의힘 계열 후보가 사전 투표에서 얻은 표만을 합친다. 이렇게 합친 표를 기준으로 두 정당의 후보별 득표율을 구한다. 그렇게 얻은 수치가 63 대 36이다. 두 정당 후보의 사전 투표 득표수를 합쳐서 100이 나왔다면, 이 가운데 민주당 계열 후보가 63표, 국민의힘 계열의 후보가 36표를 얻었다는 말이다.

물론 정확하게 이렇게 나오지는 않았다. 소수점 이하 둘째 자리까지 표시하면, 서울은 63.95 대 36.05이었고, 경기는 63.58 대 36.42였다. 그리고 인천은 63.43 대 36.57이었다. 이 수치에서 소수점 아래의 차이를 무시하면, 즉 반올림이나 반내림을 하지 않고 소수점 이하를 그냥 없애면 세 지역 모두 63 대 36으로 같은 수치가 나온다. 김어준은 K값=1.5가 전국 개표소에서 비슷하게 나온 것을 개표 조작의 증거로 삼았다. 극우 부정선거 음모론자들은 서울, 경기, 인천 지역 사전 투표에서 두 정당의 늑표 비율이 63 대 36으로 같은 수치가 나온 것이 부정선거의 증거라고 주장했다. 조작하지 않는 한 이렇게 같은 수치가 나오는 것은 불가능하다는 것이다.

그런데 사실 63 대 36은 몇 번의 과정을 통해 만들어 낸 수치이다. 2020년 총선에 출마한 모든 후보를 기준으로 득표율을 계산하면 서울과 경기, 그리고 인천 득표율은 같은 값이 나오지 않는다. 더불어민주당과 미래통합당, 그리고 나머지 정당으로 나누어 보면 득표율은 표 13과 같다.

또한 다른 광역단체로 확대해 분석하면, 대구 39.21 대 60.79, 경북 33.50 대 66.50, 울산 51.85 대 48.15 등 지역마다 큰 차이를 보였다. 253개 선거구별로 분석하면 전체의 6.7%인 17개 선거구만이 63 대 36의 비율을 보였다.[3] 63 대 36이라는 수치는 여러 조작을 거쳐 우연히 만들어진 수치였다.

	더불어민주당	국민의힘	기타 정당
서울	61.31	34.55	4.14
인천	58.82	33.91	7.27
경기	60.68	34.76	4.56

표 13. 제21대 총선 정당별 사전 투표 득표율(단위: %)

K값=1.5와 63 대 36 음모론은 전형적인 '텍사스 명사수 오류' Texas Sharpshooter Fallacy 의 사례이다. 이 오류는 텍사스 사람이 헛간 벽에 총을 마구 쏜 뒤, 총알 자국이 가장 밀집된 지점을 중심으로 원을 그리고 '자신은 명사수'라고 주장했다는 이야기에서 유래했다. 그는 실제로 과녁을 맞힌 것이 아니라 먼저 총을 쏘고 나중에 과녁을 그린 것이다. 'K값'과 '63 대 36' 주장 역시 처음부터 '부정선거'라는 결론을 정해 놓고, 그 결론에 맞는 일부 데이터만을 선택해 근거로 삼는 것이다. 전형적인 텍사스 명사수 오류에 해당한다.

사전 투표와 당일 투표 득표율 차이

2022년 대선을 앞두고 출구조사를 담당한 조사회사들이 제공한 자료가 있다. 사전 투표에서의 득표율과 당일 투표에서의 득표율 차이를 정리한 것이다. 먼저 민주당 계열 후보의 사전 투표 득표율과 당일 투표 득표율 차이를 보자. 사전 투표에서 얻은 득표율에서 당일 투표에서 얻은 득표율을 뺀 수치이다. 먼저 2016년 총선 비례 투표를 보자. 민주당 계열 정당은 전국 평균 +3.2%p를 기록했다. 사전 투표 득표율이 당일 투표 득표율보다 높았다. 하지만 그렇게 큰 차이는 아니었다. 그런데 2017년 대선에서 그 차이는 8.1%p로 커진다. 그리고 2020년 총선 지역구 투표에서 10.7%p를 기록했다. 더불어민주당 계열 후보의 사전 투표 득표율이 당일 투표 득표율보다 시간이 지날수록 더 높아지고 있는 것이다. 지역별로 보아도 더불어민주당 계열 후보의 사전 투표 득표율은 당일 투표 득표율보다 모든 지역에서 높았다.

	2016년 비례	2017년 대선	2018년 광역	2020년 비례	2020년 지역	2021년 보궐
전국	+3.2	+8.1	+9.9	+7.7	+10.7	
서울	+1.6	+7.2	+9.9	+9.2	+13.7	+10.1
인천/경기	+2.1	+6.7	+9.0	+6.9	+10.0	
대전/충청	+4.5	+9.1	+8.4	+6.7	+9.9	
광주/전라	+2.5	+2.7	+2.1	+1.0	+3.2	
대구/경북	+4.5	+8.2	+7.5	+5.3	+7.3	
부산/울산/경남	+4.3	+8.8	+8.8	+6.8	+11.0	+6.8
강원	+7.2	+11.2	+9.4	+7.2	+12.3	
제주	+6.5	+8.3	+3.0	+4.6	+5.7	

표 14. 더불어민주당 계열 사전-당일 득표율 차이

국민의힘 계열 후보의 득표율은 그 반대이다. 사전 투표 득표율에서 당일 투표 득표율을 빼면 모두 다 마이너스이다. 즉 사전 투표 득표율이 당일 투표 득표율보다 낮다는 말이다. 그 차이도 계속 증가하는 추세이다. 지역별로 보아도 사전 투표 득표율이 당일 투표 득표율보다 높은 지역은 없다. 민주당 후보는 사전 투표 득표율이 높고, 국민의힘 후보는 당일 투표 득표율이 높은 현상이 반복되어 나타나고 있다.

	2016년 비례	2017년 대선	2018년 광역	2020년 비례	2020년 지역	2021년 보궐
전국	-4.0	-7.2	-7.7	-7.2	-9.8	
서울	-1.4	-5.5	-6.6	-8.1	-11.9	-9.5
인천/경기	-1.4	-4.9	-8.0	-5.7	-9.4	
대전/충청	-4.1	-7.8	-7.3	-5.6	-9.1	
광주/전라	+0.2	-0.4	-1.0	-0.8	-1.7	
대구/경북	-6.5	-11.4	-7.8	-5.1	-7.1	
부산/울산/경남	-5.5	-9.4	-8.6	-7.1	-10.0	-6.4
강원	-8.8	-11.9	-9.4	-8.2	-11.3	
제주	-8.5	-7.0	-3.1	-4.9	-9.3	

표 15. 국민의힘 계열 사전-당일 득표율 차이

2022년 대선도 마찬가지였다. 이재명 후보는 사전 투표 득표율 52.3%를 기록했다. 반면 당일 투표에서는 43.7%밖에 얻지 못했다. 8.6%p 차이였다. 윤석열 후보는 당일 투표에서 52.2%를, 사전 투표에서는 44.6%를 얻었다. 차이는 -7.6%p

로 당일 투표에서 더 높은 득표율을 보였다.

2022년 대선에서 윤석열 후보가 당선되었다. 그런데 극우 진영은 이 선거도 부정선거라고 주장한다. 대수의 법칙에 따르면, 사전 투표와 당일 투표의 후보별 득표율은 같아야 한다. 그런데 당일 투표는 믿을 수 있는 투표이다. 사전 투표는 조작되었을 가능성이 높다. 따라서 이들은 당일 투표의 득표율이 정상이라고 가정한다. 2022년 대선의 당일 투표에서는 윤석열 후보가 52.2%, 이재명 후보가 43.7%를 기록했다. 8.5%p 차이로 윤석열 후보가 앞섰다. 이들은 이 차이를 정상적인 차이로 본다. 그런데 조작된 사전 투표 결과가 합쳐지면서 실제 득표율 차이는 0.8%p로 줄어들었다. 즉 8%p가 넘는 압도적인 차이로 이겼어야 하는 선거였는데, 부정선거로 간신히 이겼다는 것이다. 사전 투표 조작설은 부정선거 음모론의 핵심 논리가 되었다.

2. 부정선거는 신의 작품? 〈더 플랜〉의 진화

KBS에 이영돈 피디가 있었다. 같은 회사에 근무했지만, 필자와 개인적 연은 없다. 이영돈 피디는 KBS에 다닐 때 식품 안전과 관련한 프로그램을 많이 만들었다. 〈소비자고발〉이라는 프로그램을 직접 진행하기도 했다. KBS를 떠난 이후에도 〈먹거리 X파일〉 등 식품 관련 프로그램을 많이 만들었다. 프로그램 조작 논란 이후 활동이 뜸하던 그가 돌아왔다. 부정선거의 증거를 찾았다며, 콘텐츠를 공개하겠다고 예고한 것이다.

대수의 법칙과 극우 부정선거 음모론

굉장히 궁금했다. 탐사 프로그램 전문가인 그이기에 약간의 기대도 있었다. 그리고 2025년 3월 2일 새벽에 콘텐츠가 올라왔다. 제목은 '긴급 취재: 부정선거, 그 실체를 밝히다'였다.[4] 올라오자마자 시청했다. 아쉽게도 제목과는 달리 실체적 증거는 없었다. 대수의 법칙에서 시작해 대수의 법칙으로 끝나는 내용이었다. 방송 전문가답게 설명은 쉽게 한다. 유권자 수가 12만 명인 선거구가 있다. 8만 명이 당일 투표를 했고, 4만 명이 사전 투표를 했다. 이 경우 12만 명 전체의 투표 결과는 8만 명의 당일 투표 결과와도 같거나 비슷해야 하고, 4만 명의 사전 투표 결과와도 비슷해야 한다. 또한 당일 투표 결과와 사전 투표 결과도 같거나 비슷해야 한다. 모두 대수의 법칙이 적용되기 때문이다. 표본이 만 명이 넘어가면 대수의 법칙에서 벗어날 수 없다는 설명도 덧붙인다. 투표는 대부분 만 명이 넘게 한다. 따라서 대수의 법칙은 피해 갈 수 없다.

그런데 앞 장에서 설명했듯이 최근 투표에서는 대수의 법칙으로 설명되지 않는 현상이 반복적으로 발생하고 있다. 민주당 계열 후보의 사전 투표 득표율이 당일 투표 득표율보다 높다. 국민의힘 계열 후보는 당일 투표 득표율이 사전 투표 득표율보다 더 높다. 대수의 법칙과는 다르게 말이다. 2016년 이후 일관된 현상이다.

    2024년 총선 역시 이런 현상이 발생했다. 민주당이 후보를 낸 246개 선거구 모두에서 사전 투표 득표율이 당일 투표 득표율보다 높았다. 국민의힘은 254개 선거구 모두에서 사전 투표에서의 득표율이 당일 투표 득표율보다 낮았다. 이영돈 피디는 이런 현상이 통계학적으로 절대 발생할 수 없다고 단언한다. 확률로 계산하면 천문학적 수치가 나온다. 〈더 플랜〉에 나오는 번개 두 번을 연속해서 맞을 확률이다. 그가 찾았다는 부정선거의 실체는 사전 선거에서 대수의 법칙이 작동하지 않았다는 것이었다.

    대수의 법칙은 김어준의 작품이다. 대수의 법칙을 가지고 부정선거 음모론을 구성했다. 그런데 이 주장은 반박되었고, 진보 진영에서 부정선거 음모론은 거의 사라졌다. 극우 진영의 대수의 법칙에 기초한 음모론이 제기된 이후 많은 반박이 있었다. 요즘에 63 대 36 법칙을 조작의 근거로 삼는 사람은 별로 없다. 하지만 극우 진영에서 부정선거 음모론은 사라지지 않았다. 오히려 극우 담론을 대표하는 믿음이 되었다.

10퍼센트 조작 전략

영상에 출연한 모든 사람이 대수의 법칙을 신봉한다. 그런데 영상을 보다 흥미로운 인물을 발견했다. 인하대학교 공과대학

학장을 지낸 허병기 전 교수였다. 정말 진지하게 대수의 법칙을 믿고 있었다. 한 치의 망설임도 없었다. 선관위 자료 분석도 꼼꼼하게 했다는 것을 느낄 수 있었다. 허병기는 조작된 표수를 알아내는 공식을 발견했다고 설명한다.[5] 그런데 잠시 등장한 짧은 설명만으로는 문과 출신인 필자가 이해하기 힘들었다.

그래서 허병기의 유튜브를 보았다. 그가 쓴 책도 사서 읽었다.[6] 허병기 역시 대수의 법칙에 기반해 주장을 펼친다. 전제나 논리는 간단하다. 사전 투표와 당일 투표의 후보별 득표율은 같아야 한다. 그렇지 않으면 이상한 것이다. 그런데 개표 결과 많은 차이가 난다. 사전 투표는 민주당에, 당일 투표는 국민의힘에 유리하다. 그런데 당일 투표는 조작하기 힘들다. 따라서 믿을 수 있는 수치이다. 그렇다면 사전 투표가 조작된 것이다. 당일 투표 결과에 조작된 사전 투표 결과가 합쳐지면 전체 득표 결과가 나온다.

허병기는 이 논리를 적용해 2024년 총선 결과를 분석한다. 그는 더불어민주당과 국민의힘이 각각 얻은 의석수가 2020년 제21대 총선과 2024년 제22대 총선에서 비슷하다는 점에 착안했다. 실제로 지역구에서 양당이 얻은 의석수는 크게 차이 나지 않았다.

더불어민주당은 9개 지역에서 제21대 총선과 제22대 총선 의석수가 같았다. 국민의힘 역시 11개 지역에서 의석수가 동일했다. 그리고 전체 지역구 의석수도 민주당은 한 석이 줄었고, 국민의힘은 두 석이 늘었다. 제21대 총선과 제22대 총선에서 큰 차이가 나지 않는다. 이렇게 총선에서 비슷한 의석수가 나온 것은 미리 설계했기 때문이라는 것이 허병기의 주장이다.

	민주당 지역구 의석수			국민의힘 지역구 의석수		
	제21대	제22대	차이	제21대	제22대	차이
서울	41	37	-4	8	11	3
경기	52	53	1	7	7	0
인천	11	12	-1	2	2	0
강원	3	2	-1	5	6	1
대전	7	7	0	0	0	0
세종	2	2	0	0	0	0
충북	5	5	0	8	8	0
충남	6	8	-2	5	3	2
광주	8	8	0	0	0	0
전북	9	10	1	1	0	-1
전남	10	10	0	0	0	0
대구	0	0	0	12	12	0
경북	0	0	0	13	13	0
부산	3	1	-2	15	17	2
울산	1	2	1	5	4	-1
경남	3	3	0	13	13	0
제주	3	3	0	0	0	0
전체 의석	164	163	-1	89	91	2

표 16. 제21대 총선과 제22대 총선 지역구 의석수

허병기는 어둠의 세력의 제22대 총선의 전략적 목표가 "민주당이 제21대 총선과 비슷한 의석을 획득해 국회를 계속 장악하는 것"이었다고 추론한다. 두 정당에 갈 의석수를 제21대 총선과 비슷하게 하겠다는 목표를 정해 놓고, 그 기준에 맞추어 조작할 표의 양을 미리 정했다는 것이다.[7] 조작된 표의 양을 알아내기 위해 선관위 자료를 분석했다. 그렇게 해서 찾아낸 것이 '10퍼센트 조작 전략'이다. 전국 254개 지역구를 모두 분석해 얻어 낸 결과이다. 이 수치를 얻어 내는 과정은 상당히 복잡하다. 어려운 수학 공식이 많이 활용되었다. 이해하기 쉽지 않은 과정이다. 그러나 사실 간단한 이야기이다.

지역구별로 당일 투표에서의 후보별 득표율을 구한다. 이를 전체 유권자의 표심이라고 가정한다. 조작이 없었다면, 사전 투표에서의 득표율 역시 당일 투표 득표율과 같았을 것이다. 그런데 사전 투표와 당일 투표 득표율에서 차이가 났다. 그렇다면 그 차이만큼 조작된 것이다. 이런 논리에 기초해 제22대 총선에서의 조작 정도를 알 수 있다. 계산에 의하면 10%가 나온다. 즉 10퍼센트 조작 전략이 나온다. "당일 투표에서 국민의힘 후보가 10% 이상 앞서면 당선되고, 10% 미만으로 앞서면 떨어지게 세팅했다"라는 것이다.

허병기는 이를 활용하면 국민의힘이 도둑맞은 의석수를 계산할 수 있다고 주장한다. 국민의힘 후보가 더불어민주당 후보에게 당일 투표에서 10% 이내로 앞선 후보만 찾으면 된다.

사실 이렇게 쉬운 공식은 아니지만 이렇게 설명해도 크게 무리는 없다. 이렇게 구한 수치가 50석이다. 즉 국민의힘은 부정선거로 지역구에서만 50석을 도둑맞았다는 것이다.[8]

	당선확실	검증필요	계		당선확실	검증필요	계
서울	16	1	17	충남	4		4
경기	11	1	12	제주	1		1
인천	2	2	4	부산	1		1
강원	2		2	울산	1		1
대전	3		3	경남	1		1
충북	3		4	**합계**	**46**	**4**	**50**

표 17. 선거 조작이 없었다면 당선되었을 국민의힘 지역별 의석수

제22대 총선에서 국민의힘은 지역구에서 91석을 얻었다. 만일 부정선거가 없었다면, 50석이 늘어난 141석을 얻었을 것이다. 163석을 얻은 더불어민주당의 경우 부정선거가 없었다면, 113석에 그쳤을 것이다. 제22대 총선은 원래 국민의힘이 압승한 선거였다. 국민의힘은 부정선거에 의해 승리를 도둑맞았다는 주장이다.

결론에 따라 사후에 구성한 투표 조작 방법

허병기는 사전 투표를 조작하는 방법에는 세 가지가 있다고 설명한다. 첫 번째는 '표 더하기 조작'이다. 유권자가 투표하지

않은 유령표를 첨가하는 조작이다. 이렇게 하면 전체 투표자 수가 늘어난다. 두 번째는 '표 버리기 조작'이다. 특정 후보를 찍은 투표지를 버리는 것이다. 당연히 전체 투표자 수는 줄어든다. 세 번째는 표 바꾸기 조작이다. 특정 후보가 획득한 표의 일부를 버리고, 동일한 수의 유령표를 추가하는 방안이다. 제22대 총선에서는 이런 세 가지 사전 투표 조작 방법이 광범위하게 실행되었다는 것이 허병기의 결론이었다.

이런 설명은 결론을 먼저 정해 놓고 그에 맞추어 전개 과정을 끼워 맞추는 전형적인 '결과 중심 추론 오류'이다. 결론을 제공한 것은 대수의 법칙이다. 대수의 법칙에 따르면 사전 투표는 조작되었다. 당일 투표 결과와 다르기 때문이다. 제22대 총선 데이터를 가지고 어느 정도 조작되었는지 역산한다. 그만큼을 조작하기 위해 어떤 방식으로 어느 정도 조작했을지 사후적으로 구성한다. 즉 사전 투표가 조작되었다는 결론은 처음부터 정해져 있었고, 모든 분석과 설명은 그 결론을 '입증'하기 위해 사후적으로 구성한 것일 뿐이다.

이들은 이렇게 구성해 낸 개표 조작의 증거를 현실 세계에서 찾지 못했다. 사전 투표지와 관련된 몇 가지 의혹이 제기되기는 했다. 하지만 법원에 의해 모두 인정되지 않았다. 대표적인 것이 이른바 '배여일화'이다. 투표지 하단에 비례대표 투표지가 중복 인쇄되어 마치 배춧잎처럼 보이는 투표지, 여백이 비정상적으로 넓거나 좁은 투표지, 관리관 도장이 뭉개져 일장

기처럼 보이는 투표지, 그리고 투표지 상단에 화살표가 찍혀 있는 투표지를 합쳐 배여일화라고 부르며 부정선거의 증거로 제시되었다.

사전 투표는 투표지를 현장에서 인쇄한다. 선관위는 이런 과정에서 일부 오류가 발생할 수 있다고 해명했다. 시연회를 열어 비슷한 오류가 나타나는 것도 보여 주었다.[9] 예를 들어 화살표가 있는 투표지에서 나온 '화살표'는 투표지를 묶는 데 사용된 테이프였다. 이 테이프가 투표지에 붙은 것이다.

법원이 부정선거 음모론을 배척한 이유는?

대법원 역시 이를 사소한 실수이거나 오류라고 판단했다. 이런 투표 관리 부실을 가지고 부정선거로 인정할 수 없다는 것이다. 대법원은 이들의 주장대로 사전 투표지를 위조해서 투입한다는 것은 논리적으로만 가능할 뿐 실제로 수행하는 것은 불가능에 가깝다고 판결했다. 사전 투표를 조작하기 위해서는 많은 단계의 작업이 필요하다. 각 당에서 보낸 수많은 참관인 등이 감시하고 있는 가운데 이들에게 들키지 않고 대규모 인력과 예산이 들어가는 개표 조작을 하는 것은 불가능하다는 것이다. 하지만 이들은 '설명 불상의 특정인'이 위조한 사전 투표지를 대량으로 투입했다고 주장할 뿐 누가 어떻게 했다는 증거를 제시하지 못했다. 다음은 대법원 판결문에서 사전 투표 조작과 관련해 판시한 부분이다.

이처럼 수많은 사람들의 감시하에서 위와 같은 부정한 행위를 몰래 하기 위해서는 고도의 전산 기술과 해킹 능력뿐만 아니라 대규모의 인력과 조직, 이를 뒷받침할 수 있는 막대한 재원이 필요하다.

그러나 원고는 이 사건 소 제기일부터 변론 종결일까지 약 2년 이상 재판이 진행되었음에도, 위와 같은 선거 무효 사유에 해당하는 부정선거를 실행한 주체가 존재하였다는 점에 관하여 증명을 하지 못하였다.[10]

부정선거 음모론자들이 마지막으로 기대고 있는 것이 선관위 서버이다. 사전 투표 조작의 흔적이 선관위 서버에 남아 있을 수 있다. 그래서 이들은 계속 선관위 서버 공개를 요구한다. 선관위 서버와 실제 투표지를 비교하면, 부정선거 증거를 바로 찾을 수 있다고 주장한다. 즉 추가되었거나 사라진 투표지를 확인할 수 있다는 것이다. 그래서 극우 부정선거 음모론자들은 선관위 서버 공개에 목을 맨다.

하지만 이들의 바람과는 달리 선관위 서버 조작으로 사전 투표를 조작하는 것은 불가능하다. 선관위 서버는 우선 외부와의 접속이 차단된 폐쇄망이다. 실시간으로 발표되는 사전 투표자의 수를 부풀리기 위해서는 해당 시간에 선관위 서버에 침투해야 한다. 외부와 연결도 안 되어 있는 서버에 침투해 사전 투표자를 실시간으로 부풀리는 작업, 도저히 실현 불가능한

일이다.[11]

그런데 이런 황당한 주장을 믿고 계엄군이 처음 달려간 곳이 선관위 서버였다. 선관위 서버만 확보하면 부정선거의 증거를 찾아 제22대 총선을 무효화하고, 곧바로 국회를 해산할 수 있다고 기대했을 수 있다. 하지만 헌법기관인 선관위 서버를 강탈하는 행위는 불법이다. 국민의 민감한 투표 정보가 들어 있는 서버를 계엄군이 마음대로 열어 볼 권리는 없다. 또 서버를 확보한다고 해도 투표지와 일일이 비교해야 한다. 이런 작업이 적법한 영장 없이 가능할 리 없다. 선관위 서버를 확보하라고 명령받은 간부 역시 명령의 불법성을 인지하고 있었다.

윤석열 내란 재판에서 선관위 서버와 관련된 증언이 이어졌다. 재판에 출석한 정성우 전 국군방첩사령부 1처장은 여인형 방첩 사령관에게 3단계에 걸쳐 전산실 서버를 확보하라는 지시를 받았다고 증언했다.

첫째, 전산실 출입을 통제하고 서버를 넘긴다. 둘째, 서버를 민간 수사기관에 넘기되, 상황이 여의찮으면 복사한다. 셋째, 그것도 안 되면 서버를 떼어 온다는 식의 3단계 명령이었다.

지시를 받은 정성우 처장은 법무실로 향했다. 법적으로 문제가 없는지 자문을 받기 위해서였다. 자문 결과는 "포고령 발생 이전에 관한 내용을 압수할 수 있다는 법적 근거가 안 보인다"였다.[12] 여인형 사령관에게 보고했지만, 사령관은 "야, 비상계엄인데, 아이씨!"라고 소리를 질렀다고 정성우 처장은 증언했다.

그림 10. 계엄군 선거관리위원회 서버 촬영 장면[13]

선관위 서버에는 민감한 개인의 투표 관련 정보가 담겨 있어 아직 공개된 적은 없다. 하지만 검증이 불가능한 것은 아니다. 법원의 판결 등 적법한 절차가 있으면, 비공개를 전제로 법원 관계자와 전문가들이 현장 검증하는 것은 가능하다.

3. 득표율 차이는 나면 안 되는가?

부정선거 음모론이 제기된 이후 선거 무효 소송이 크게 늘고 있다. 2020년 총선 이후 제기된 선거 무효 소송은 모두 126건이었다. 직전 총선이었던 2016년 총선에는 10건이었다. 4년 만에 10배 넘게 늘어났다. 부정선거 음모론이 확산한 여파였다. 이 가운데 95건이 기각되었다. 각하 8건, 일부 각하·기각 2건, 소장 각하 7건, 소 취하 14건 등으로 종결되었다. 선거 부정이

확인된 것은 한 건도 없었다.[14]

대표적인 것이 민경욱이 제기한 소송이다. 본인이 사전 여론조사와 지상파 방송사 출구조사에서 1등이었고 당일 투표에서도 1등이었는데, 사전 투표 개표가 시작되면서 역전당했다는 것이 소송의 요지였다. 그러면서 사전 투표에서 광범위한 부정이 있었다고 주장했다. 대법원은 제기된 의혹을 확인하기 위해 현장 점검을 실시했다. 인천 연수을 선거구의 사전 투표지와 당일 투표지를 합친 4만 5565표를 모두 점검했다. 우선 사전 투표지의 QR코드 일련번호가 선관위 서버에 저장된 기록과 일치하는지 확인했다. 위조 투표지나 동일 일련번호가 반복된 투표지가 있는지도 일일이 확인했다.

	투표 결과	재검표 결과	차이(개표-재검표)
더불어민주당 정일영	52806	52678	-128
미래통합당 민경욱	49913	50064	+151
정의당 이정미	23231	23183	-48
국가혁명배당금당 주정국	425	424	+1

표 18. 제21대 총선 인천 연수을 선거구 재검표 이후 표 변화(단위: 개)

점검 결과, 사전 투표지 QR코드와 서버 기록은 정확하게 일치했다. 위조된 투표지도 발견되지 않았다. 일련번호가 중복된 투표지도 없었다. 사전 투표가 조작되었다는 어떤 증거도 발견되지 않았다. 재검표에서도 표수의 변화는 미미했다.

민경욱 후보가 151표 늘어났고, 정일영 후보는 128표 줄어들었다. 투표 결과에 영향을 미칠 정도가 아니었다.[15]

대법원, "사전 투표에서 후보 득표율 차이 나는 것 당연"

황교안도 전국 18곳 지역구에 대해 '선거 무효 소송'을 제기했다. 이들은 서울과 경기 모든 지역구의 사전 투표에서 더불어민주당이 우세하게 나왔다고 주장했다. 이렇게 될 확률은 "540,250,000,000,000,000,000분의 1"이라면서 부정선거가 확실하다고 주장했다. 확률적으로 있을 수 없는 결과가 나왔다는 것이다.

하지만 대법원은 소송을 기각했다. 사전 투표에서 특정 정당의 우세 현상이 나타나는 것은 이례적이지 않다는 것이다. 따라서 부정선거의 증거가 될 수 없다고 보았다.

> 전국적으로 사전 투표에 참여하는 선거인과 당일 투표에 참여하는 선거인의 정당에 대한 지지 성향 차이 또는 각 선거의 사전 투표율과 선거일 당시의 정치적 판세에 따라 전국적으로 특정 정당의 후보자에 대한 사전 투표 득표율이 당일 투표 득표율에 비하여 높거나 낮은 현상이 나타날 수 있고, 그것이 이례적이라거나 비정상적이라고 볼 수도 없다. 이는 이 사건 선거 이후에 실시된 재보궐 선거, 대통령 선거, 지방선거에서도 동일하게 관찰되는 현상이기도 하다. 또한 정당

별 후보자 간 사전 투표 득표 비율이 유사하다는 사정만으로 그와 같은 결과가 경험의 법칙에 현저히 반한다고 보기도 어렵다.[16]

그렇다면 왜 당일 투표에서는 국민의힘 계열 후보 득표율이 높게 나오고, 사전 투표에서는 더불어민주당 계열 후보 득표율이 높게 나올까? 우선 더불어민주당 지지세가 강한 연령대 유권자들이 사전 투표를 많이 한다고 생각할 수 있다. 상식적인 생각이다. 그리고 이를 뒷받침하는 조사는 차고 넘친다. 조금만 검색해 보아도 알 수 있다.

	사전 투표	당일 투표
20대	45.9	41.3
30대	49.7	44.9
40대	46.2	47.0
50대	45.1	48.9
60대	36.8	55.3
70세 이상	24.0	65.4

표 19. 제22대 총선 유권자 연령별 투표 예정일(단위: %)

우선 한국갤럽이 선관위의 의뢰로 2024년 3월 31일에 시행한 「유권자 의식조사」 결과를 보자. 이 조사에서 더불어민주당 계열 지지 성향이 강한 50대 이하는 모든 연령대에서 사전 투표 의향이 50%에 달했다. 반면 국민의힘 지지세가 높은 60대의 경우 사전 투표 의향이 36.8%에 그쳤으며, 55.3%가 당일 투표를 하겠다고 밝혔다. 70세 이상의 경우 사전 투표를 하겠다는 응답자는 24.0%에 불과했다.[17]

이런 현상은 윤석열 탄핵 이후 치러진 제21대 대선에서도 마찬가지였다. 선관위는 대선 이후 3차 「유권자 의식조사」를 실시했다. 이 조사에서 연령별로 투표를 언제 했는지 물었다. 60대와 70세 이상에서 사전 투표를 했다는 비중이 다른 연령대에 비해 낮았다.[18]

	사전 투표	당일 투표
20대	38.5	61.5
30대	44.5	55.5
40대	36.6	62.7
50대	38.0	62.0
60대	34.2	65.8
70세 이상	27.1	72.9

표 20. 제21대 대선 유권자 연령별 사전 투표 비율(단위: %)

지지 정당에 따른 사전 투표 선호도 차이

그런데 새로운 현상도 발견된다. 어느 정당을 지지하느냐가 사전 투표를 할지 당일 투표를 할지에 영향을 미친다는 것이다. 지난 제22대 총선을 앞둔 시점에서 이루어진 조사 가운데 사전 투표 의향을 물어본 조사가 4가지 있었다. 4가지 조사 모두에서 국민의힘을 지지한다고 밝힌 사람 가운데, 사전 투표를 하겠다는 사람은 30%를 넘지 않았다. 반면 더불어민주당 지지자들의 경우 최고 58.8%가 사전 투표를 하겠다고 밝혔다.

조사기관(시기)	지지 정당	사전 투표	당일 투표	사전-당일
조원씨앤아이 (2024.03.25~27)	더불어민주당	33.1	64.2	-33.1
	국민의힘	12.9	83.7	-70.8
매트릭스 (2024.03.30~31)	더불어민주당	51	48	3
	국민의힘	25	72	-47
여론조사공정 (2024.04.02)	더불어민주당	58.8	37.1	21.7
	국민의힘	29.1	68	-38.9
한국리서치 (2024.04.03)	더불어민주당	51	44	7
	국민의힘	26	69	-48

표 21. 제22대 총선 지지 정당별 사전 투표 의향(단위: %)

이 같은 현상은 최근 투표에서 일관되게 나타난다. 이런 자료들을 보면 좀 어이없다고 느끼는 사람도 있을 것이다. 더불어민주당 지지세가 높은 젊은 층의 사전 투표 의향이 높다. 더불어민주당을 지지한다고 밝힌 사람들의 사전 투표 의향도 높다. 나이가 많을수록 당일 투표를 하겠다는 비율이 높고, 국민의힘을 지지한다고 밝힌 사람들의 당일 투표 의향도 높다. 이런 상황에서 사전 투표에서 더불어민주당 후보 득표율이 높고, 당일 투표에서는 국민의힘 후보의 득표율이 높은 것은 당연한 결과이다. 오히려 사전 투표 결과와 당일 투표 결과가 비슷하게 나온다면 조작을 의심해 볼 수 있을 정도이다. 게다가 몇 년째 지속된 현상이기도 하다. 당연히 부정선거의 증거도 아니다.

하지만 극우 부정선거 음모론자들은 대수의 법칙을 외치며, 당일 투표 득표율과 사전 투표 득표율은 같아야 한다고 주장한다. 사전 투표를 하는 사람과 당일 투표를 하는 사람의 지지 정당 차이가 저렇게 많이 나는데도, 결과가 같아야 한다고 주장하는 것이다.

음모론이 만들어 낸 현상이 음모론의 증거?

그리고 더 재미있는 것은 부정선거 음모론자들의 사전 투표 조작설이 이런 현상을 더욱 부추기고 있다는 것이다. 사전 투표가 조작되었다는 부정선거 음모론이 퍼진다. 이를 믿은 보수 성향의 유권자는 사전 투표보다 당일 투표를 선호하게 된다. 사전 투표와 당일 투표에서 후보별 득표율 차이가 더 커진다. 음모론자는 다시 이를 근거로 부정선거라고 주장한다. 그 결과, 후보별 득표율 차이가 더 커지는 순환 구조가 형성되고 있다.

2025년 6월 3일 치러진 제21대 대선을 앞두고 부정선거 음모론은 더욱 확산되었다. 이 같은 음모론 확산이 사전 투표 의향에는 어떤 영향을 주었을까?

선거일 전인 2025년 5월 말 무렵, 여론조사에서 사전 투표 의향을 물은 4가지 조사 결과를 분석해 보자. 한눈에 봐도 1년 전 조사와 차이를 느낄 수 있다. 국민의힘 지지층의 사전 투표를 하겠다는 응답이 1년 전 조사보다 더 낮아졌다. 4개 기관 조사를 평균하면 사전 투표를 하겠다는 국민의힘 지지자는 16.25%에 불과했다. 국민의힘 지지자의 80.3%는 당일 투표를 하겠다고 밝혔다. 1년 전 제22대 총선 여론조사에서는 국민의힘 지지자 가운데 사전 투표를 하겠다는 사람은 23.25%였고, 당일 투표를 하겠다는 사람은 73.2%였다. 불과 1년 만에 국민의힘 지지자 가운데 사전 투표를 하겠다는 사람의 비중이 7%p 정도 더 줄어든 것이다.

사전 투표와 당일 투표 간 후보별 득표율에서도 큰 차이가 났다. 사전 투표에서 이재명 후보는 63.7%를 얻었다. 김문수 후보는 26.4% 득표에 그쳤다. 당일 투표에서는 반대로 김문수 후보가 52.6%를 차지해 과반을 넘어섰다. 이재명 후보는 사전 투표에서 당일 투표에 비해 25.4%p를 더 얻었다. 김문수 후보는 당일 투표에서 26.2%p를 더 얻었다. '민주당 사전 투표 강세, 국민의힘 후보 당일 투표 강세' 경향이 더 심해진 것이다. 사전 투표 의향에서 큰 차이를 보이는 만큼 당연한 결과이다.

조사기관(시기)	지지 정당	사전 투표	당일 투표	사전-당일
입소스 (2025.05.25~27)	더불어민주당	53	43	10
	국민의힘	16	81	-65
메타보이스 (2025.05.26~27)	더불어민주당	57	42	15
	국민의힘	13	86	-73
조원씨앤아이 (2025.05.27)	더불어민주당	62.1	35.6	26.5
	국민의힘	21	74.2	-53.2
코리아리서치 (2025.05.26~27)	더불어민주당	57	36	21
	국민의힘	15	80	-65

표 22. 제21대 대선 지지 정당별 사전 투표 의향(단위: %)

	개표 결과	
	이재명	김문수
전체 득표율	49.4	41.2
사전 투표 득표율	63.7	26.4
당일 투표 득표율	38.3	52.6
사전 투표-당일 투표	25.4	-26.2

표 23. 제21대 대선 1, 2위 후보별 개표 결과

이쯤 되면 사전 투표를 하는 사람과 당일 투표를 하는 사람 간 투표 성향이 다르다는 것을 인정할 만하다고 생각한다. 사전 투표를 할지 당일 투표를 할지 선택하는 행위는 상자

에 있는 공을 꺼내는 무작위 추출이 아니다. 유권자 각자가 자신의 상황에 맞는 투표일을 선택하는 현실적인 일이다. 무작위 추출에 근거한 대수의 법칙을 적용할 사안 자체가 아니다. 하지만 대수의 법칙을 신봉하는 사람들은 사전 투표와 당일 투표에서 후보별 득표율이 같아야 한다는 주장을 멈출 생각이 없어 보인다. 대수의 법칙에 기초한 부정선거 음모론을 포기할 생각도 없어 보인다. 중국 공산당과 더불어민주당, 그리고 선관위가 공모하고 있다는 주장도 계속하고 있다.

    제21대 대선 역시 부정선거라는 주장이 나왔다. 하지만 선거에서 진 국민의힘이나 보수 언론에서 나온 것은 아니었다. 부정선거라고 주장하기에는 1, 2위 간 지지율 차이가 컸다. 실제 득표율에서도 큰 차이가 났다. 이재명 후보를 당선시키려고 굳이 개표 조작을 할 이유가 없었다. 그럼에도 부정선거라는 주장이 나왔다. 이번에는 미국에 있는 국제단체에서 이런 주장이 주로 제기되었다.

4. 한미 극우 연대

2025년 7월 14일, 성조기와 태극기, 그리고 "Stop the Steal"이라는 구호를 든 사람들이 인천공항에 몰려들었다. 이들은 입국장을 바라보고 있었다. 기다리던 사람이 입국장을 통해 들어오자 이들은 환호했다. "USA", "Stop the Steal"을 크게 외쳤다. 그들이 기다리던 사람은 모스탄(한국명 단현명) 전 미국 국제형사사법대사였다.

한국 정부는 쿠데타 정부?

모스탄은 공항에서 마이크를 잡고 한국의 제21대 대선은 부정선거였다고 주장했다. 중국 공산당이 한국 내 고위공직자와 정부 조직에 침투해 부정선거를 조작하고 있다는 부정선거 음모론에 기초한 공격이었다. 그리고 이는 중국 공산당이 한국에 대해 사이버 공격을 한 것이며, 한미방위조약 3조에 따라 한미 양국이 공동으로 대응해야 한다고 주장했다. 그러면서 윤석열 전 대통령은 내란을 일으키지 않았으며, 오히려 야당이 윤석열 전 대통령을 향해 쿠데타를 일으킨 것이라고 주장했다.[19]

모스탄은 자신이 주한 미 대사 최종 3인 후보에 올랐다고 주장하던 사람이었다. 그런데 대사가 되면 부임해야 할 상대국 정부를 쿠데타 정부라고 칭한 것이다. 모스탄이 한국을 찾은 것은 국제선거감시단 단장 자격이었다. '국제선거감시단' International Election Monitoring Team, IEMT 은 한국 대선을 감시하기 위해 2025년 3월 만들어진 단체이다. 명칭만 보면 공식 국제기구처럼 보인다. 하지만 민간단체이다. 미국 정부의 공식 인정을 받거나 후원을 받은 것도 아니다. 감시단은 서울을 방문해 사전 투표소 등에 대한 탐문 조사를 진행했다. 중앙선관위에 선거 참관을 요청했지만 거절되었다. 이들은 2025년 6월 26일,

워싱턴 D.C.에서 기자회견을 열었다. "2025년 6월 3일 대선은 조직적이고 광범위한 부정이 있었다"라고 공식 발표했다. 국제사회에 진상조사를 요청했다. 재선거를 촉구하기도 했다.[20]

이들이 말하는 부정선거 주장의 핵심 역시 대수의 법칙이었다. 모든 개표소에서 특정 후보가 사전 투표에서는 우세하고 당일 투표에서는 열세를 보이는 패턴은 통계적으로 실현 가능성이 거의 없다고 주장했다. 국내 음모론자의 주장 그대로였다. "253개의 동전을 동시에 던져 모두 앞면이 나오는 확률"과 같다고 주장했다. 감시단은 중국 공산당의 개입설도 제기했다. 중국산 네트워크 장비 사용, SKT 해킹, 위조 신분증 활용, 중국인 관광버스 동원 등을 제시했다.

중국 공산당과 세계선거기관협의회

이 자리에서 미 국방부 출신인 존 밀스 대령은 "중국 왕후닝이 한국 선거 조작의 사상적 총감독으로 개입했을 가능성이 매우 높다"라고 주장했다. 또한 중국이 세계선거기관협의회 A-WEB를 통해 부정선거 플랫폼을 구축했을 것이라는 의혹을 제기하기도 했다. 한국을 찾은 모스탄도 한국이 전 세계 부정선거의 숙주 노릇을 하고 있다며, 세계선거기관협의회를 지목했다. 중국과 한국 선관위가 세계선거기관협의회를 통해 전 세계에 부정선거를 위한 선거 시스템을 수출하고 있다는 주장이었다. 세계선거기관협의회는 2011년 이명박 정부가 처음 제안한 국제기구이다. 그리고 2년 뒤 박근혜 정부 때 설립되었다. 사무실은 인천 송도에 있다. 이들의 주장과는 달리 중국과 미국은 회원국이 아니다. 그리고 중국과 미국의 돈이 들어온 적도 없었다.[21] 세계선거기관협의회 측은 자기 기관을 통해 한국의 선거 시스템을 수출한 적이 없다고 해명하는 자료를 내기도 했다.[22] 세계선거기관협의회가 부정선거를 전 세계에 퍼뜨리고 있다고 믿을 근거는 희박하다. 하지만 한국과 미국의 극우 세력이 연대해서 부정선거 음모론을 전 세계적 차원으로 확산시키고 있다는 점은 확실하다. 중국 공산당이 전 세계 선거를 멋대로 조작하고 있다는 음모론 말이다.

그런데 모스탄은 기자회견장에서 폭탄발언을 했다. "이재명 대통령이 청소년 시절, 한 소녀를 집단 성폭행하고 살해한 사건에 연루되어 소년원에 수감되었고, 그 때문에 중·고등학교를 다니지 못했다"라는 것이었다. 사실 이 내용은 이미 거짓으로 판정된 허위 조작 정보였다. 시작은 안동 출신이라고 주장하는 사람이 인터넷 게시판에 올린 글이었다. 내용은 "이재명이 중학교 3학년 때 안동댐에서 초등학생을 집단 성폭행하고 살해한 사건으로 수감되어 고등학교를 가지 못했다"라는 것이었다. 곧바로 사실이 아니라는 것이 밝혀졌다. 이 글을 올린 사람은 2022년 벌금형을 선고받았다. 유튜브 채널 '가로세로연구소'도 이 발언을 인용한 혐의로 재판을 받고 있다.

한국을 방문한 모스탄은 이 주장을 철회하지 않았다. 한

교회를 방문해 "이재명이 범죄에 연루된 증거를 공개할 수 있나?"라는 질문을 받자 "자료를 어떻게 수집했는지, 그 수단과 방법을 노출할 수 없다"라고 답했다. 또 "기밀 사항들에 대해서는 외부로 밝히지 않는 것이 가장 기본적인 원칙"이라면서 "이재명이 입고 있던 옷이 소년원 옷과 일치한다"라고 발언했다.[23] 공개를 못하는 것인지 증거가 없는 것인지 도통 알 수가 없다. 그런데도 극우 게시판 등에는 무언가 확실한 정보가 있을 것이라는 글들이 넘쳐 난다.

전술했듯이(2장 참조) 미국 극우 미디어 생태계는 소규모 사이트에서 시작된 허위 조작 정보가 극우 미디어에 의해 확산되고, 이를 트럼프 같은 정치 지도자가 인용하고, 폭스뉴스 등이 증폭하는 구조로 작동한다. 반면 한국의 경우, 극우 담론을 전면에 내세우는 트럼프 정도 급의 정치인이 없다. 전통 미디어도 아직은 음모론과 일정한 거리를 두고 있다. 이는 한국에서 극우 담론, 특히 부정선거 음모론이 아직까지 결정적인 힘을 얻지 못하는 이유이기도 하다.

한미 극우 연대의 위험성

그런데 한국 극우 미디어 생태계 증폭 회로의 공백을 메우는 역할을 미국 극우가 수행하고 있다. 한국 내 극우 미디어 생태계에서 생산된 음모론이 미국 극우 네트워크를 통해 증폭된다. 미국에서 증폭된 담론은 다시 한국으로 되돌아와 국내 극우 담론을 정당화하고 강화시킨다. 일종의 국제적 상호 증폭 회로가 작동하고 있다. 모스탄의 '이재명 소년원 복역설'이 대표적 사례이다. 국내 커뮤니티에서 시작해 확산되었다가 사라진 허위 정보였다. 하지만 이 허위 정보가 미국 극우 네트워크에 수용된 후 증폭되었다. 그들의 발언이 다시 한국에 전해지면서 한국 극우는 그 내용을 신뢰하게 되었다. 이러한 구조 속에서 허위 정보는 상호 증폭되며 그럴듯한 사실처럼 받아들여졌다.

한국과 미국 극우 세력의 연대는 2019년 한국보수주의연합 KCPAC 의 창립을 계기로 시작되었다. 이 단체는 미국 내 최대 보수단체인 보수정치행동회의 Conservative Political Action Conference, CPAC 의 자매 조직으로 출범했다. 한국보수주의연합을 만든 이는 미국 부동산 백만장자인 한국계 애니 챈이었다.

출범 이후 이 단체는 종전 선언과 남북 협력 사업 반대, 2020년 4·15 부정선거 담론 형성, 미 공화당 및 트럼프 지지 세력과의 네트워크 형성 등을 물밑에서 지원해 왔다. 국제선거감시단 역시 한국보수주의연합과의 연대 속에서 만들어진 단체였다.

한미 극우 연대로 국내 극우 미디어 생태계는 강화되고 있다. 부정선거 음모론 역시 사그라들지 않고 있다. 한 사회 내에 분리된 미디어 생태계가 존재한다는 것은 심리적 내전 상태가 계속된다는 말이다. 언제든지 현실 내전으로 폭발할 수 있다. 특히 내전 촉매제로서의 미디어의 문제는 매우 심각하다.

한미 극우 연대는 국제관계에서도 위험을 야기했다. 2025년 8월, 한미 정상회담에서 발생한 사건이 대표적이다. 시작은 트럼프 대통령의 트루스 소셜 게시글이었다. "한국에서 숙청 또는 혁명이 일어나는 것 같다"라는 내용이었다. "우리가 거기에서 사업을 할 수 없다"라는 글이 이어졌다. 한미 정상회담을 2시간 반 앞둔 시점이었다. 미국 극우 인사인 고든 창은 "땡큐 트럼프"에 이어 "이재명 제거"라는 답글을 달았다. 숨죽이며 한미 정상회담을 지켜보아야 했다. 많은 국민이 젤렌스키 우크라이나 대통령에 대한 망신주기식 정상회담과 전쟁 지원 중단 조치를 떠올렸다. 한미 정상회담에서 관세 협상이 타결되지 않을 경우 우리 경제는 치명적인 타격을 입을 터였다. 다행히 한미 정상회담에서 트럼프는 자신의 발언이 오해였다며 한 발 물러섰다. 회담은 화기애애한 분위기로 마무리되었다.

트럼프의 치고 빠지기식 협상 전략이었다는 분석이 나왔다. 상대가 불편해할 공격을 통해 양보를 얻어 내는 전략이라는 것이다. 이런 전략에 한미 극우 세력이 만든 허위 조작 정보가 활용되었다. 전광훈 목사는 "대한민국이 내란과 혁명 상태에 있으며, 우파 숙청과 교회 탄압이 계속되고 있다"라는 내용의 편지를 트럼프에게 보냈다고 밝혔다. 한미 정상회담 직전에 미국을 방문한 전한길은 이재명 정부의 인권 탄압을 알리겠다고 공언했다.

한국으로서는 위기 상황이었다. 한국 경제에 대한 치명

적인 타격은 물론 한미 동맹이 흔들릴 수도 있었다. 그나마 한미 정상회담이 잘 마무리되어 다행이었다. 한국 극우 세력은 한미 정상회담이 별문제 없이 끝난 것에 대해 실망하는 기색이 역력했다. 국익보다는 정파적 이익을 우선시하는 태도를 보이기도 했다. 정파적 이익보다 미국 국익을 우선시한 것으로 보이는 트럼프에 대해 장사꾼처럼 이득만 취했다며, 비난하는 댓글도 달렸다. 전한길은 한미 정상회담에 대해 "트럼프가 제시한 것을 한국이 그대로 받아들인" 회담이었다고 주장했다. 전한길의 주장대로 한국이 추가 양보를 해야 했다면, 트럼프의 전략에 재료를 제공한 극우의 책임도 크다고 할 것이다.

이어지는 제3부에서는 이런 상황을 해결할 대안을 중심으로 논의를 이어 가고자 한다. 대안을 만들어 내는 것, 참 쉽지 않은 일이다. 저널리즘의 위기, 극우 미디어 생태계의 부상 등 난제가 쌓여 있다. 고르디우스 매듭처럼 말이다. 매듭을 푸는 자가 아시아를 지배할 것이라는 전설에 따라 많은 사람이 매듭 풀기에 도전했지만, 결국 실패했다. 복잡하게 꼬여 있었기 때문이다. 그 난제를 해결한 사람이 23살의 젊은 알렉산더 대왕이었다. 그는 단칼에 내리쳐 매듭을 끊어 버렸다. 전설에 매듭을 자르면 안 된다는 말은 없었다.

하지만 현실은 그렇게 간단하지 않다. 섣불리 달려들었다가는 "소의 뿔 모양을 바로잡으려다 소를 잡는다"라는 '교각살우'의 어리석음을 범할 수도 있다. 많은 경우 꼬인 매듭을 하나하나 찾아 매듭을 풀어내는 것이 바른길이다. 하지만 매듭을 푸는 것이 불가능할 때도 있다. 어디에서부터 꼬였는지 찾기 힘든 경우도 많다. 그럴 때는 알렉산더 대왕의 칼이 필요하다. 단칼에 잘라 버리고 새로 구성하는 방식 말이다. 콜럼버스의 달걀처럼 발상의 전환이 좋은 해법을 제시할 수도 있다. 현대 민주주의의 위기와 미디어를 둘러싼 난제를 생각할 때마다 알렉산더 대왕의 한칼이 필요한 상황이라는 생각을 하게 된다. 보다 획기적이고 과감한 대책이 필요하다.

미디어 수익모델을 재구성하는 것이 뜻밖의 해법이 될 수 있다. 조회 수 중심의 수익모델을 혁파해 보자는 것이다. 근대 저널리즘이 등장한 이후, 상업적 압력과 언론의 공적인 책임은 항상 긴장 관계였다. 경영과 편집의 분리 원칙은 균형을 찾으려는 노력이었다. 하지만 디지털로의 전환 이후 상업적 압력이 공적 책임을 압도하고 있다. 조회 수 기반 수익모델은 광고보다 훨씬 상업적인 모델이다. 광고 모델에서는 신문 판매 부수나 시청률이 다소 낮더라도 신뢰할 수 있는 정보를 제공하는 미디어는 광고주를 확보할 수 있었다. 물론 '언론의 신뢰'가 바로 '광고 수익 증가'로 이어진 것은 아니지만, 적어도 '신뢰'라는 가치는 독립적인 자산으로 인정받았다. 하지만 조회 수 기반 수익모델에서는 콘텐츠의 품질이나 정보의 신뢰성은 수익에 큰 영향을 주지 않는다. 조회 수와 체류 시간만이 주요한 보상의 기준이다. 극단적으로 상업적인 모델이다. 조회 수 기반 수익모델이 지속되는 한, 어떤 대책도 효과를 발휘하기 힘들다. 근본적인 문제를 정면으로 다룰 필요가 있다.

    물론 이 방식이 즉각적으로 받아들여질 것이라고 기대하지는 않는다. 이 대안이 사태를 해결할 유일한 해결책이라고 주장하려는 의도는 더더욱 없다. 훨씬 획기적이면서 성과도 낼 수 있는 다른 방안도 있을 것이다. 필자가 하고 싶은 말은 우리가 좀 더 과감해질 필요가 있다는 것이다. 나날이 심각해지는 저널리즘의 위기와 허위 조작 정보의 확산, 그리고 극우 미디어 생태계가 만들어 내는 위험이 더 이상 방치할 수 없을 지경이 되었으니 말이다. 세심함과 과감함을 함께 갖춘 더 나은 대안이 제시되기를 기대하며 제3부 논의를 시작한다.

제3부

이 시대
저널리즘

6장
미디어의 정파성

1. 이념 불균형 심할수록 선호도 높다?

[한규섭 칼럼] 언론의 정치 마케팅, 종착역은 공멸일 수도

○○일보 업데이트 2024-07-08 23:18

선명성 강화할수록 팬덤 늘어나는 언론시장
MBC, 尹정부 출범 후 진보층의 선호도 급증
"즐겨 보는 뉴스채널 없다" 최다 응답 '적신호'

언론 평가에 진영 논리… '이념 불균형' 심할수록 '선호도' 높아 [한규섭의 데이터 정치학]

입력 2024-08-18 23:40 | 수정 2024-08-19 13:41   ㅁㅁ일보

언론 편향성과 양극화 문제

'즐겨보는 뉴스채널'에 MBC 1위
현 정부 출범 후부터 KBS에 앞서
이용자 진보·보수 차이 심할수록
특정 성향 유권자들의 몰표 현상

美도 공화·민주 불균형 채널 선호
'이용 뉴스 소스' 폭스 34%로 1위
하지만 '신뢰도'는 18개 중 12위
한국 이용자는 '선호=신뢰' 경향

그림 11. 2024년 주요 신문에 실린 칼럼

위쪽이 2024년 7월 8일 《동아일보》에 실린 칼럼이고,[1] 아래쪽이 8월 19일 《서울신문》에 실린 칼럼이다.[2] 두 칼럼을 쓴 사람은 서울대학교 언론정보학과 교수 한규섭이다. 한 달 간격을 두고 두 신문에 실렸는데, 내용은 거의 비슷하다. 한 달 뒤에 나온 《서울신문》 칼럼에 새로운 팩트 몇 가지가 추가되었다. 나머지는 대동소이하다. 칼럼의 주장은 제목에 나타난 대로 언론이 편향적일수록 선호도가 높아진다는 것이다. 대표적인 사례로 2024년 MBC 뉴스와 2016년 JTBC 뉴스의 선호도 상승을 든다. 이때 두 방송사가 편향적인 뉴스를 해서 선호도가 높아졌다는 것이다.

'데이터 정치학'이라는 《서울신문》 칼럼 제목에서 보듯이 데이터 분석에 기초한 칼럼이다. 방송기자 생활 30년을 해온 필자로서는 매우 씁쓸한 칼럼이었다. 편향적인 뉴스를 해서 뉴스의 선호도가 올라간다면, 보다 공정하고 더 신뢰받는 뉴스를 만들려는 노력은 무의미한 것이 될 것이다. 과연 뉴스 선호도가 편향적인 뉴스를 하느냐에 달렸다고 볼 수 있을까? 확인해 보고 싶었다. 그런데 데이터에 기반한 기사나 주장은 반박이 어렵다. 직접 데이터를 확인해야 한다. 잘못된 해석은 없는지, 다른 해석의 여지는 없는지 분석하지 않고서는 반론 자체가 불가능하다.

그래서 한규섭이 분석한 한국갤럽 조사 데이터를 확보하기로 했다. 한국갤럽에 원자료를 제공해 줄 수 있는지 문의

했다. 한국갤럽 측은 자체 논의를 거쳐 연구 목적으로 제공하는 것은 가능하다는 답변을 보내왔다. 한국갤럽이 보내 준 자료는 2013년 1월부터 2025년 12월까지 매달 수행하고 있는 「한국인이 선호하는 방송 뉴스」라는 조사의 원자료 Raw data 였다. 한국갤럽 조사는 가장 즐겨 보는 방송 뉴스와 함께 응답자가 스스로 생각하는 자신의 이념 성향, 지지 정당, 그리고 대통령 업무 수행 지지 여부 등을 함께 묻는다. 그리고 분기별로 정리해 한국갤럽 홈페이지에 발표한다.[3] 따라서 즐겨 보는 뉴스 채널과 다른 변수들을 교차 분석하면, 방송 뉴스별 이용자들의 특성을 분석할 수 있다. 하지만 10년이 넘는 시간 동안 대통령도 바뀌었고, 정당 이름도 바뀌었다. 따라서 이 조사를 시계열로 분석하는 일은 쉽지 않다. 그런데 다행히도 필자가 분석을 쉽게 할 수 있도록 한국갤럽 측에서 데이터를 정제해 보내 주었다. 덕분에 수월하게 분석할 수 있었다. 이 자리를 빌려 감사드린다.

방송 뉴스 이념 불균형과 선호도

우선 이 자료를 가지고 한규섭이 예를 들고 있는 2024년 2분기 조사 결과를 보자. MBC 뉴스가 선호도 21%를 기록해 9개 방송 뉴스 가운데 선호도 1위를 차지했다. 뒤를 이어 KBS 뉴스 15%, SBS 뉴스 6%였다. 이 시기의 이념 불균형 정도는 MBC 뉴스가 41.7%p, KBS 뉴스가 27.4%p, SBS 16.2%p였다.[4]

	MBC 뉴스	KBS 뉴스	SBS 뉴스
뉴스 선호도	21%	15%	6%
이념 불균형	41.7%p	27.4%p	16.2%p

표 24. 2024년 2분기 지상파 뉴스 선호도와 이념 불균형

위 도표에서 보듯이 지상파 3사 가운데 이념 불균형 정도가 가장 높은 MBC의 선호도가 가장 높았다. 이념 불균형 정도가 가장 낮은 SBS 뉴스는 선호도도 가장 낮았다.

그렇다면 이념 불균형이라는 개념을 한규섭은 어떻게 측정했을까? 칼럼을 보면 그는 이념 불균형을 특정 뉴스를 선호한다고 응답한 사람 가운데 자신을 진보라고 응답한 사람의 비율과 보수라고 응답한 사람의 비율의 차이로 정의했다. 2024년 2분기 응답자 3004명 가운데 MBC 뉴스를 가장 선호한다고 밝힌 사람은 약 21%인 635명이었다. 이 중에서 자신을 진보적이라고 생각하는 사람은 53.7%인 341명이었다. 반면 자신을 보수라고 생각한다고 응답한 사람은 12%인 76명이었다. 나머지는 중도나 모르겠다고 답한 사람이다. 이념 불균형을 구하기 위해 MBC 뉴스를 선호하는 사람 가운데 진보적인 사람의 비율인 53.7%에서 보수적인 사람의 비율인 12%를 빼니, 이념 불균형은 41.7%p가 나온다. 같은 계산 방식을 적용해 KBS 뉴스를 가장 선호한다고 밝힌 이용자들의 이념 불균형 정도를 구해 보면 -27.4%p였고, SBS는 -16.2%p였다.

		진보	보수	이념 불균형 (진보-보수)	선호도
KBS 뉴스	빈도	62	182		
	비율(%)	14.2	41.6	-27.4	15
MBC 뉴스	빈도	341	76		
	비율(%)	53.7	12.0	41.7	21
SBS 뉴스	빈도	35	64		
	비율(%)	19.4	35.6	-16.2	6

표 25. 지상파 3사 뉴스 이념 불균형과 선호도

이렇게 보면 이념 불균형이 심할수록 뉴스 선호도가 높아진다는 칼럼의 논지가 맞는 것처럼 보인다. 2024년에 MBC 뉴스 선호도가 높아진 비밀이 편향적인 뉴스를 했기 때문이라는 칼럼의 결론도 그럴듯해 보인다.

한규섭은 더 나아가 이념 불균형과 선호도 사이의 상관관계가 특정 시기만의 문제가 아니라고 주장한다.

> 한국갤럽 데이터에서 각 채널 이용자의 이념적 불균형과 해당 채널 선호도 간 상관관계를 살펴보면 약 0.75에 달했다. 이용자들의 이념 불균형이 심한 매체일수록 전체적인 선호도가 높아진 것이다.
>
> (…) 따라서 언론사 입장에서는 특정 진영의 강성 지지자들을 끌어들일 수 있다면 6개월 이내에 수치상으론 '가장 선호하는 언론사'가 될 수 있다는 교훈을 얻을 수밖에 없다. 다른

성향을 가진 유권자들에게 가장 '비선호' 언론사가 되는 것은 오히려 '훈장'이 되기도 한다.[5]

언론사가 뉴스 선호도를 높이려면, 극단적 지지자를 만족시킬 만큼 충분히 편향적인 뉴스를 하면 된다고 조언하는 듯하다.

상관계수 0.75?

가장 눈에 띄었던 부분은 상관계수가 0.75라는 부분이었다. 이념 불균형과 뉴스 선호도 사이의 상관계수가 0.75라면 강한 상관관계를 갖는다는 말이다. 한규섭은 미국에서도 지지 정당 불균형과 해당 채널의 선호도 간 상관관계는 약 0.71이라고 주장한다. 상관관계 분석에서 두 변수가 완전히 일치할 때, 상관계수는 1이 된다. 반대로 두 변수 사이에 아무런 상관관계가 없을 때, 상관계수는 0이 된다. 그리고 한 변수의 값이 증가할 때 다른 변수의 값이 오히려 내려가면, 음의 상관관계가 있다고 분석한다. 상관관계가 0.75라는 것은 두 변수 사이에 상당히 강한 상관관계가 있다는 것을 의미한다. 하나의 변수 값을 알면, 다른 변수 값도 크게 틀리지 않게 추측할 수 있다는 것이다. 가령 사람의 키와 몸무게는 대략 0.7의 상관관계를 보인다. 물론 예외도 있긴 하지만, 키가 큰 사람이 대체로 몸무게도 많이 나간다.

이렇게 강한 상관관계가 있다면, 한 방송사 뉴스의 이념 불균형 정도만 알면 뉴스의 선호도를 추측할 수 있다. 이를 확인하기 위해 한국갤럽이 제공해 준 원자료를 활용해 2024년 2분기를 분석했다. 한규섭의 분석 틀을 그대로 가지고 분석한 결과는 표 26과 같다.

	보수	중도	진보	모름/거절	이념 불균형 (진보-보수 절대값)	선호도
KBS	41.6	22.4	14.2	21.9	27.4	14.6
MBC	12.0	28.8	53.7	5.5	41.7	21.2
SBS	35.6	32.2	19.4	12.8	16.2	6.0
TV 조선	60.8	20.3	8.9	10.1	51.9	5.2
채널 A	74.0	17.8	5.5	2.7	68.5	2.4
JTBC	19.3	35.9	40.0	4.8	20.7	4.8
MBN	41.7	33.3	18.3	6.7	23.3	2.0
YTN	32.2	28.3	29.9	9.5	2.3	10.1
연합뉴스TV	27.1	30.3	30.3	12.3	3.2	5.1

표 26. 2024년 2분기 방송 뉴스 이념 불균형과 선호도(단위: %)

한국갤럽 조사 대상인 9개 방송 뉴스 가운데 이념 불균형이 가장 높은 방송사는 채널 A였다. 채널 A 뉴스를 선호하는 사람 가운데 보수적인 사람은 74%에 달했으며, 진보적인 사람은 5.5%에 불과했다. 보수와 진보의 차이를 구해 보면 68.5%p가 나온다. 상당히 높은 이념 불균형이다. 두 변수 간 상관계수가 0.75라는 주장이 사실이라면, 이념 불균형이 가장 높은 채널 A 뉴스의 선호도 역시 상당히 높은 수준일 것이라고 추측할 수 있다. 하지만 위 표에서 확인할 수 있듯이 채널 A 뉴스의 선호도는 2.4%에 머물렀다. 9개 방송 뉴스 가운데 8위이다. 이념 불균형 51.8%p를 기록해 2위를 차지한 TV 조선 역시 선호도는 5.2%로 5위에 그쳤다. 마찬가지로 이념 불균형 2.3%p로 9개 방송 뉴스 가운데 가장 낮았던 YTN 뉴스의 경우 선호도 역시 낮을 것으로 추측되어야 한다. 하지만 YTN 뉴스의 선호도는 10.1%를 기록해 MBC 뉴스, KBS 뉴스에 이어 3위를 차지했다. 이념 불균형과 선호도 사이에 0.75 정도의 강한 상관관계가 있다고는 보이지 않는 결과이다.

상관관계 없는 이념 불균형과 선호도

2024년 2분기 9개 방송사의 이념 불균형 정도와 선호도 간 상관계수를 직접 계산해 보았다. 상관계수는 -0.02로 나왔다. 거의 0에 가깝다. 이념 불균형 정도와 선호도 사이에는 아무런 상관관계가 없다는 말이다.

혹시 2024년 2분기만 특별하게 이념 불균형과 선호도 사이에 상관관계가 없었던 것일까? 분석 기간을 2016년 1분기부터 2024년 4분기까지로 넓혀서 이념 불균형과 선호도 간 상관계수를 구해 보았다. 결론은 크게 달라지지 않았다. 상관계수는 -0.06을 기록했다. 거의 상관관계가 없는 수준이다.

혹시 지상파 3사만을 대상으로 분석한 것은 아닐까? 해당 칼럼에서 JTBC 등 종편까지 언급하고 있어서 그럴 개연성은 높지 않다. 그래도 지상파 3사의 이념 불균형과 선호도 사이의 상관계수를 분석했다. 2016년 1분기부터 2024년 2분기까지 지상파 3사의 이념 불균형과 선호도의 상관계수는 0.24로 약한 상관관계가 있는 것으로 나타났지만, 한규섭이 제시한 상관계수 0.75와는 거리가 멀었다. 또한 이런 상관관계는 전체적으로 이념 불균형 정도가 낮은 SBS 뉴스의 선호도가 KBS나 MBC 뉴스의 선호도에 비해 지속적으로 낮았기 때문에 발생한 현상으로 분석된다.

방송사	상관계수	방송사	상관계수
KBS	0.08	JTBC	0.57
MBC	0.60	MBN	-0.19
SBS	0.04	YTN	-0.01
TV조선	0.07	연합뉴스 TV	-0.33
채널 A	-0.01	**합**	**-0.1**

표 27. 방송 뉴스별 이념 불균형과 선호도 상관계수

그래서 이번에는 방송사별로 이념 불균형과 선호도 사이의 상관관계를 분석했다. 즉 한 방송사의 이념 불균형이 심한 시기와 약한 시기 사이에 선호도 차이가 있는지 확인하기 위한 것이었다. 표 27은 9개 방송사별로 이념 불균형과 선호도 사이의 상관관계를 구한 것이다.

9개 방송사 뉴스 전체로 보면 이념 불균형과 선호도는 -0.1을 기록해 상관관계가 전혀 없는 것으로 나타났다. 하지만 약간 특이한 방송사가 MBC와 JTBC, 그리고 연합뉴스였다. MBC 뉴스와 JTBC 뉴스의 상관계수는 각각 0.60과 0.57을 기록해 중간 정도의 상관관계가 있는 것으로 나타났다. 연합뉴스TV의 경우 -0.33으로 오히려 낮은 강도의 음의 상관관계를 기록했다. 즉 이념 불균형 정도가 높을수록 오히려 선호도는 낮아졌다. 9개 방송사 뉴스 가운데 세 방송 뉴스를 제외하면, 6개 방송사 뉴스의 경우 이념 불균형과 선호도 사이에는 상관관계가 거의 없는 것으로 드러났다.

지금까지의 분석 결과를 종합하면, 방송 뉴스의 이념 불균형과 선호도 간 상관관계는 거의 없었다. 다만 MBC 뉴스와 JTBC 뉴스의 경우 한규섭의 지적대로 이념 불균형과 선호도 사이에 중간 정도의 상관관계를 확인할 수 있었다. 이를 어떻게 해석해야 할까?

우선 상관관계는 인과관계가 아니다. 즉 두 변수 간 상관관계가 있다고 해도 그것이 한 변수가 다른 변수의 원인이라는 것은 아니라는 것이다. 쉬운 예로 불이 났을 때 출동한 소방차의 수와 화재 피해액 간 상관계수를 구해 보면 꽤 높은 상관관계를 보일 것이다. 하지만 소방차가 많이 출동해서 화재 피해가 늘어났다고 해석할 수 없다. 인과관계로 해석하면 이상한 결론이 나올 수 있다. 이 논리대로라면 소방차를 적게 출동시키면 화재 피해가 줄어들 것이기 때문이다. 이상한 결론이다. 그래서 상관관계를 분석할 때는 제3의 변수에 대한 고려가 있어야 한다. 앞의 예에서 제3의 변수는 화재 규모일 것이다. 대형 화재일 경우 소방차도 많이 출동할 것이고, 화재 피해도 클 것이다. 작은 화재의 경우 소방차도 적게 출동할 것이고, 피해 규모도 작을 것이다. 즉 화재 규모라는 제3의 변수가 출동 소방차 수와 화재 피해라는 두 변수에 동시에 효과를 미친 것으로 해석할 수 있다.

그렇다면 MBC 뉴스와 JTBC 뉴스의 이념 불균형과 선호도라는 두 변수에 모두 영향을 미쳤을 제3의 변수를 가정할 수 있다. 그 제3의 변수는 과연 무엇일까?

2. MBC 뉴스 선호도 상승 요인이 편향성?

자료를 토대로 MBC 뉴스의 선호도가 KBS 뉴스의 선호도와 같아진 시점을 찾아보았다. 한국갤럽 조사에 의하면 2022년 9월과 10월이었다. 이때 MBC 뉴스는 두 달 연속 KBS 뉴스와 선호도가 같았다. 조사가 시작된 2013년 3월부터 2022년 8월까지 KBS 뉴스 선호도는 줄곧 MBC 뉴스 선호도보다 높았다. 그러다 2022년 9월과 10월, KBS 뉴스와 MBC 뉴스 선호도가 동률을 기록한 것이다.

이 시기는 윤석열의 이른바 "바이든" 혹은 "날리면" 발언을 MBC가 처음으로 보도하면서 정권과 MBC 간 갈등이 본격화한 시기였다. MBC 뉴스에 대한 주목도가 높아진 시기이기도 했다. 용산 대통령실의 MBC 취재진에 대한 대통령 전용기 탑승 불허 등 정권의 MBC에 대한 탄압이 계속되던 시기이기도 했다. MBC는 정권에 맞서는 모습을 보이면서 MBC 선호도는 지속적으로 높아졌다. 이후 MBC 뉴스와 KBS 뉴스는 선호도 1위를 놓고 치열한 경쟁을 벌이는 시기로 접어든다.[6]

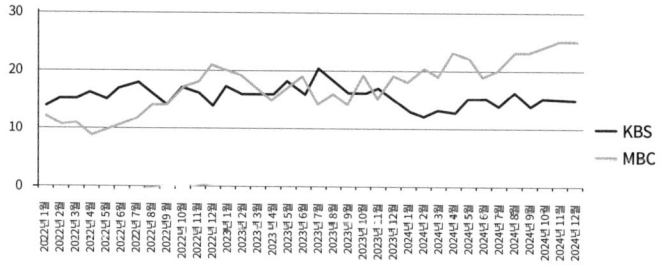

그림 12. KBS 뉴스와 MBC 뉴스 선호도 추이(단위: %)

그러다 두 방송사 뉴스의 선호도 차이가 크게 벌어지기 시작한 것은 2023년 11월이다. 이때는 윤석열이 수신료 분리징수를 무기로 김의철 KBS 사장을 해임하고 자신의 술친구로 알려진 《문화일보》 박민 씨를 KBS 사장에 앉힌 시기였다. 이후 KBS 뉴스의 친정권적 성향이 강화되면서 KBS 선호도는 크게 떨어졌다. 그런 경향에 기름을 부은 것이 이른바 파우치 발언이었다. 김건희가 받은 명품 가방을 '조그만 외국산 파우치'라며 조심스럽게 질문하던 박장범 당시 〈KBS 9시 뉴스〉 진행자의 모습과 정권에 맞서 굽히지 않던 MBC 뉴스의 모습은 극적인 대비를 이루었다. 두 회사 간 선호도 차이가 벌어지기 시작했고, 2024년 11월에는 MBC 뉴스 선호도가 25%, KBS 뉴스 선호도가 15%를 기록해 10%p나 차이가 났다.[7]

KBS 뉴스가 공정해져서 선호도 떨어졌나?

한규섭의 분석대로 MBC 뉴스의 이념 불균형이 심해져서 선호도가 높아진 것이라면, KBS 뉴스 선호도가 떨어진 것은 KBS 뉴스의 이념 불균형이 줄어들어서 그랬다고 추측할 수 있다. 즉 박민 사장 부임 이후 KBS 뉴스가 공정한 뉴스를 해서 선호도가 떨어졌을 수도 있다는 것이다.

그래서 KBS 뉴스 선호도가 MBC 뉴스와 동률을 기록했던 2022년 9월부터 2024년 12월까지 KBS 뉴스의 월별 이념 불균형과 선호도를 비교했다.

2023년 11월 박민 사장 취임 이후 KBS 뉴스의 이념 불균형은 증가했다. 이념 불균형이 심해지면 선호도가 높아진다는 한규섭의 주장과 달리, 뉴스 선호도는 급격하게 떨어졌다. 이 시기 KBS 뉴스의 이념 불균형과 선호도 사이의 상관관계는 −0.56이었다. 이념 불균형이 심해질수록 선호도가 떨어지는 음의 상관관계를 보였다. 같은 시기 MBC 뉴스의 이념 불균형도 심해졌다. 하지만 결과는 정반대였다. MBC 뉴스의 선호도는 증가했다.

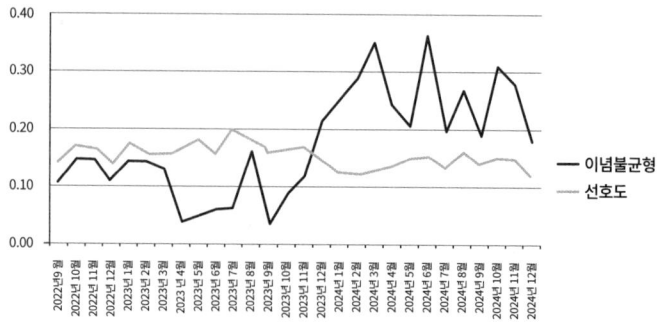

그림 13. KBS 뉴스의 이념 불균형과 선호도 추이(단위: %)

이 당시 KBS 뉴스와 MBC 뉴스의 정파성과 관련된 자료가 있다. 필자가 건국대학교 언론홍보대학원에서 석사 논문을 쓰면서 실시한 설문조사 자료이다. 논문의 제목은 「지상파 기자 수용자 간 상호 인식 차이 연구」였다.[8] 이 논문을 쓰면서 지상파 기자들에게 자사 뉴스의 정파성에 관해 묻는 설문조사를 실시했다. 조사 시기는 2024년 11월이었다. KBS 뉴스와 MBC 뉴스 간 선호도 차이가 커진 시기였다. 조사는 방송기자연합회의 협조를 얻어 지상파 기자들을 상대로 실시되었다. 방송기자는 자사 뉴스의 정파성을 가장 민감하게 느끼고 있는 집단이다. 모두 135명의 지상파 3사 기자가 응답했다.

친정권적 KBS 뉴스 선호도 떨어지고,
정권 비판적 MBC 뉴스 선호도 올랐다

KBS 기자들의 경우 응답자 76명 가운데 37명이 KBS 뉴스를 보수적인 편이라고 응답했다. 32명은 매우 보수적인 편이라고 응답다. 합치면 전체 응답자의 91%인 69명의 기자가 KBS 뉴스를 보수적이라고 평가했다.

MBC 기자들은 자신들의 방송사를 진보적인 편(24명), 또는 매우 진보적인 편(4명)이라고 응답했다. 응답자 38명 가운데 74%인 28명이 진보적인 편이라고 응답했다. MBC 뉴스가 보수적인 편이라는 응답은 한 명도 없었으며, 중도적인 편이라고 답한 응답자는 10명이었다.

	KBS	MBC	SBS	전체
매우 진보적인 편	0	4	0	4
진보적인 편	2	24	2	28
중도인 편	5	10	10	25
보수적인 편	37	0	9	46
매우 보수적인 편	32	0	0	32
합계	76	38	21	135

표 28. 지상파 방송 기자들이 평가하는 자사 뉴스 이념성(단위: 명)

SBS 기자들은 SBS가 중도적인 편(10명)이라고 주로 답했으며, 보수적인 편(9명), 진보적인 편(2명)이라는 응답이 뒤를 이었다. SBS가 매우 진보적인 편이거나 매우 보수적인 편이라고 평가한 기자는 한 명도 없었다.

KBS 기자는 자사 뉴스를 보수적이라고 평가하고, MBC 기자들은 자사 뉴스를 진보적이라고 평가하고 있었다. 보수 정권하에서 뉴스가 보수적이라는 것은 정권 친화적이라는 의미이다. 보수 정권하에서 뉴스가 진보적이라는 것은 정권과 대립각을 세우고 있다는 것이다. 즉 KBS는 친정권적 편향이 강화되었고, MBC는 정권에 비판적인 편향이 강해졌다고 해석할 수 있다. 그리고 친정권적인 KBS 뉴스에 대한 선호도는 떨어졌고, 정권에 비판적인 MBC 뉴스 선호도는 상승했다.

사실 뉴스 선호도에는 다양한 요인이 복합적으로 작용한다. '뉴스의 품질' 요인도 있고, 뉴스를 전달하는 '앵커의 선호도'도 영향을 미친다. 하지만 방송 뉴스 선호도에 가장 큰 영향을 미치는 요인은 '정권에 대한 태도'이다. KBS 뉴스가 이른바 '땡전 뉴스'를 하던 5공화국 시절, 〈KBS 9시 뉴스〉 시청률은 MBC에 비해 현저하게 낮았다. 단순히 시청률이 낮아지는 것에 그치는 것이 아니라 공영방송의 존재 이유 자체를 거부당했다. 수신료 거부 운동의 주된 이유 역시 이른바 땡전 뉴스였다. 국민들은 정권을 대변하는 듯한 뉴스를 신뢰하지 않는다.

문민정부가 출범하고, KBS 뉴스가 땡전 뉴스의 굴레에서 벗어나면서 KBS 뉴스의 시청률과 선호도가 높아지기 시작했다. 필자가 KBS에 입사했던 1994년에 〈KBS 9시 뉴스〉의 시청률이 〈MBC 뉴스데스크〉를 앞질렀다.

    그리고 30년이 지난 2024년에 MBC 뉴스가 역전에 성공했다. MBC 뉴스가 선호도와 시청률 모두를 끌어올리며, KBS 뉴스를 앞지르기 시작했다. MBC 뉴스는 윤석열 정부의 탄압에 굴하지 않고 정권 비판적인 보도를 이어 갔던 반면, KBS 뉴스는 매우 강한 친정권적 보도 태도를 보이던 시기였다. 정권에 대한 태도에서 MBC가 가장 비판적이었다면, KBS는 보수적인 채널 A나 TV 조선보다 더 심하게 친정권적인 태도를 보였다. 정권에 대한 태도, 즉 친정권적인 이른바 '어용 방송'을 하는가, 아니면 두려움 없이 권력 비판을 이어 가느냐가 뉴스 선호도를 역전시켰다고 분석하는 것이 타당할 것이다.

    그리고 이 시기 MBC 뉴스는 정권에 비판적인 진보층 수용자의 유입이 늘었고, KBS 뉴스의 경우 정권에 우호적인 보수층의 유입이 늘었다. MBC는 진보 우위 불균형, KBS는 보수 우위 불균형을 보였다. 권력 감시에 충실했던 MBC 뉴스의 선호도는 높아진 반면, 정권 우호적인 KBS 뉴스의 선호도는 떨어졌다.

3. 편향과 치우침

한규섭은 자신의 논리를 뒷받침할 이론적 근거로 매슈 겐츠코와 제시 샤피로의 연구를 소개하고 있다. 미래의 노벨 경제학상 수상자로 거론된다고 언급할 정도로 최근 미디어 경제 연구에서 주목받는 연구자들이다. 이들은 해럴드 호텔링 교수의 '최적 위치 선정 모형 이론 모델'(이하 호텔링 모델)을 미디어에 적용한 논문으로 명성을 얻었다.[9]

최적 위치와 치우침

젠츠코와 샤피로는 실증적 연구를 통해 신문사의 정치 성향에 영향을 미치는 요인이 사주의 정치적 성향보다는 신문 독자층의 구성이라는 점을 증명했다. 민주당 지지층이 다수인 지역에서는 언론이 진보 성향을, 공화당이 우세한 지역에서는 보수 성향을 보인다는 것이다. 한마디로 구독자의 정치적 성향에 최대한 근접하게 맞추는 것이 언론의 최적 위치 선정 전략의 목표가 된다. 한규섭은 한국 이용자의 편향성과 정치 양극화 현상을 반영해 언론사가 극단적인 뉴스를 할수록 선호도가 높아지는 것이 언론 현실이라고 한탄하며 이 이론을 소개한다.

그러나 한규섭이 언급한 젠츠코와 샤피로의 논문은 정확하게 반대를 말하고 있다. 저자들이 주장하고 있는 최적 위치는 극단적 지점이 아니다. 반대로 "언론사들이 평균적인 구독자의 정치적 성향에 맞추려고 한다"라는 것이다. 즉 극단이 아니라 평균 지점 근처로 모인다는 것이다.

젠츠코와 샤피로의 논문을 보면 '치우침'slant이라는 개념을 주요하게 활용하고 있다. 치우침이라는 용어는 언론의 편향을 지적할 때 사용하는 'bias'와는 다른 개념이다. '편향' 개념은 객관적 사실이나 기준값을 전제한다. 그 기준값에서 벗어난 정도를 편향이라고 정의한다. 통계학에서는 오차로, 언론에서는 편향으로 번역한다. 반면 치우침은 기준값의 존재를 가정하지 않는다. 어떤 객관적 진실값도 없다. 단지 양쪽의 극단 사이에 있는 어떤 지점일 뿐이다. 물론 정확하게 두 입장의 중간 지점이 있으며, 그 지점이 객관적 진실이라고 주장할 수도 있다. 이른바 기계적 중립이 지향하는 바이다. 하지만 대개 어느 편도 들지 않는 것이 오히려 사실을 더 왜곡하는 경우가 많다.

저자는 '치우침'을 뉴스의 형식적 구조나 보도 스타일, 언어적 선택 속에서 나타나는 체계적이고 반복적인 경향성으로 정의한다. 기존 논의에서는 'slant'를 'bias'와 구별 없이 '편향'으로 번역하거나 '이념적 기울어짐'으로 번역하는 경우가 많았다. 하지만 편향이라는 용어 대신 치우침이라는 표현이 더 적절하다고 판단해 이 책에서는 '치우침'으로 옮겼다. 호텔링 모델 자체가 공간적인 비유로 최적의 위치를 찾는다는 모델이어서 특정 지점으로 치우침이라는 번역어가 좀 더 적절한 번역어라고 판단했다.

저자들은 치우침이라는 용어로 미디어의 편향성을 설명하기 위해 미국과 이라크 전쟁 보도의 예를 들고 있다.

2003년 12월 2일, 미군은 이라크의 도시 사마라에서 전투를

벌였다. 폭스뉴스는 이 사건에 대한 보도를 다음 문장으로 시작했다.

"사담 후세인 정권이 붕괴된 이후 가장 치열했던 전투 중 하나에서, 미군은 일요일 북부 도시 사마라에서 동시에 벌어진 호송대 매복 공격을 저지하며 최소 54명의 이라크인을 사살하고 8명을 생포했다."

《뉴욕타임스》는 같은 사건에 대해 이렇게 보도했다.

"미군 지휘관들은 월요일, 중부 이라크 도시에서 최대 54명의 반군을 사살한 일이 미국에 맞서는 이들에게 교훈이 될 것이라고 밝혔지만, 이라크인들은 사망자 수에 의문을 제기하며 미국에 대한 분노만 더 커질 것이라고 말했다."

위성 방송 알자지라의 영어 웹사이트는 다음과 같이 시작했다.

"미군은 매복 공격 이후 54명의 이라크인을 사살했다며 공격적인 전술을 지속하겠다고 공언했지만, 지휘관들 스스로 이를 입증할 증거는 없다고 인정했다. 사마라 병원에 있는 시신은 모두 민간인이었고, 그중에는 이란인 노인 방문객 두 명과 어린아이도 포함되어 있었다."

세 가지 보도는 모두 동일한 사실에 근거하고 있다. 그러나 어떤 사실을 전하고 어떤 사실을 누락할지, 어떤 표현을 선택할지, 그리고 어떤 정보원을 얼마나 신뢰할지를 결정하는 과정에서 동일한 사실도 매우 다르게 보도될 수 있다. 이처럼 정보를 특정한 방향으로 치우치게 ^{slant} 전달하는 선택을 본 논문에서는 미디어 편향$^{media\,bias}$이라고 정의한다.[10]

언론이 발생한 사건을 있는 그대로 전달하는 것은 불가능하다. 기사를 쓰는 행위 자체가 계속되는 선택의 과정이다. 어떤 사실을 쓸 것인지, 어떤 사실은 언급하지 않을 것인지, 어떤 표현을 사용할 것인지, 그리고 자신이 접촉한 여러 정보원 가운데 어느 정보원을 신뢰할 것인지 등을 언론사는 선택해야 한다. 위 예에서 폭스뉴스는 미군의 입장에 치우친 선택을 했다. 반대로 알자지라는 이라크의 입장에 치우친 선택을 했다. 그리고 《뉴욕타임스》는 미군에 치우치면서도 이라크의 주장을 반영했다. 이런 예는 뉴스를 제작하거나 편집하는 과정에서 늘 마주치는 문제이다.

조국 보도와 한국 언론의 치우침

필자가 KBS 방송 주간으로 일하던 시절인 2019년 9월 28일, 서초동 검찰청사 앞에서 대규모 집회가 열렸다. 조국 전 법무부 장관에 대한 무리한 검찰 수사를 규탄하는 집회였다. 근처에서는 조국을 비판하는 사람들이 맞대응 집회를 개최하기로 되어 있었다. 예상 참석자는 몇 명 되지 않았다. 이를 어떻게 보도해야 할까? 많은 고민 끝에 〈KBS 9시 뉴스〉 톱 아이템의 이

펙트(헤드라인)를 '검찰청 앞 가득 메운 촛불, 검찰 개혁'으로 뽑았다. 다만 앵커 멘트에서 맞대응 집회를 언급하기로 했다. 앵커 멘트는 다음과 같았다.

조국 장관 일가에 대한 대대적인 검찰 수사가 한 달째 이어지고 있는 가운데, 이 같은 검찰 수사에 반발하는 시민들의 움직임도 심상치 않습니다. 오늘(2019년 9월 28일) 서울 서초동 검찰청사 앞에는 국정농단 촛불집회 이후 최대 규모의 시민들이 운집했습니다. 참가자들은 검찰이 개혁을 무산시키려고 조 장관에 대해 과잉수사를 하고 있다며 목소리를 높였습니다. 한쪽에선 반대로 조 장관 사퇴를 촉구하는 맞불집회도 열렸습니다.[11]

반면 당일 MBC 뉴스의 앵커 멘트는 다음과 같았다. 맞대응 집회에 대한 언급 없이 조국 수호 집회의 참가 규모와 취지만 전달했다.

오늘 뉴스는 서울중앙지검 앞에서 열리고 있는 검찰 개혁 촛불집회 소식으로 시작합니다. 오늘로 일곱 번째 열린 이번 집회에는 애초 예상보다 훨씬 많은 주최 측 추산 100만 명이 모였습니다. 집회 참가자들은 조국 장관에 대한 검찰 수사가 정치적인 과잉수사라고 주장했습니다. 또 검찰 개혁을 요구

하면서, 사법 적폐 청산과 공수처 설치를 촉구했습니다.[12]

다음은 채널 A의 앵커 멘트이다.

"검찰 개혁"
"조국 반대"
조국 법무부 장관 가족에 대한 수사가 진행 중인 서울 서초구 서울중앙지검 앞에선 이런 두 개의 구호가 맞섰습니다. 현재는 검찰 개혁을 촉구하는 대규모 집회가 열리고 있고 앞서 조 장관의 사퇴를 촉구하는 집회도 진행됐는데요, 취재기자 연결해 상황 알아봅니다.[13]

채널 A는 '기계적 중립' 원칙에 따라 보도했다. 논쟁적인 사안에서 양측의 입장을 동일 비중으로 보도한다는 원칙이다. 얼핏 보면 중립적으로 보인다. 하지만 두 집회는 참석자 규모나 사회적 파장 면에서 큰 차이가 난다. 이를 동일한 비중으로 보도하는 것은 오히려 왜곡일 수 있다. MBC 뉴스는 조국 비판 집회를 앵커 멘트에 포함하지 않았고, 조국 수사 비판 집회만 소개했다. KBS 뉴스는 조국 반대 집회를 앵커 멘트의 마지막 한 문장으로 짧게 소개했다. 어느 보도가 가장 공정했는지를 평가할 객관적 기준이 있을까? 겐츠코와 샤피로에 따르면 그런 객관적 기준은 존재하지 않는다. 단지 언론사가 양극단 가운데 어느 쪽에 좀 더 치우치게 보도할지에 대한 선택만 있을 뿐이다. 거듭 말하지만, 중간 지점이 객관적 진실은 아니다.

저자들은 언론사가 치우침의 정도를 선택하는 데 가장 중요한 요인은 독자층이 가지고 있는 '치우침 평균'이라고 보았다. 즉 독자들의 치우침 평균값이 언론사의 생존과 시장 경쟁력 확보를 위해 선택할 '최적 위치'라는 것이다.

미디어도 정파성이 있지만, 수용자 역시 정파성이 있다. 수용자는 자기 생각과 비슷한 뉴스를 접할 때 심리적 효용 $^{Psy\text{-}chological\ Utility}$을 얻는다. 즉 쾌감을 느낀다는 것이다. 그리고 믿음을 확인시켜 주는 뉴스는 공정하고 믿을 수 있다고 느낀다. 반면 자신의 편향과 일치하지 않는 정보를 접할 때 불편해한다. 그 차이가 클수록 불쾌감도 커진다. 심해지면 해당 미디어를 아예 기피해 버린다. 따라서 미디어가 더 많은 독자를 확보하기 위해 평균적인 수용자의 치우침 주위에 있는 것이 유리하다. 미국에서 민주당 지지세가 강한 주의 최적 위치는 일정 정도 진보 쪽에 치우친 위치가 될 것이다. 공화당이 우세한 주의 경우 반대로 다소 보수적인 지점이 최적 위치가 될 것이다. 해당 논문의 결론은 언론사의 치우침이나 편향을 만들어 내는 가장 중요한 요소는 독자의 구성이라는 것이었다. 사주의 이념은 별로 영향을 미치지 못했다.

평균적 수용자와 극단적 수용자

겐츠코와 샤피로는 언론사들이 최적 위치를 찾다 보면, 논조가 비슷해진다고 주장했다. 정당들이 평소에는 자신을 지지하는 목소리를 강하게 대변하다가도 선거 시기에 접어들면 중도층을 겨냥한 메시지를 내는 데 주력하는 것처럼 말이다. 언론도 '평균적 수용자' Average Audience 를 가정하고 이에 맞게 치우침을 조정하다 보면 논조가 비슷해진다는 것이다. 물론 겐츠코와 샤피로의 분석처럼 모든 언론이 항상 평균 주위에 머무르는 것은 아니다. 사회의 양극화가 심해지고, 수용자의 치우침이 강해질 경우 미디어가 더 뚜렷한 이념적 치우침을 선택할 수 있다. 한국 미디어 상황은 어느 쪽일까? 미디어들이 평균 주위에 몰려 비슷한 논조의 뉴스를 하고 있을까? 아니면 한 교수의 지적대로 양극화된 극단적으로 정파적인 뉴스를 하고 있을까? 이를 확인하기 위해 수용자의 이념 성향(보수·중도·진보)과 선호하는 뉴스 채널 사이의 상관관계를 분석하기로 했다.

좀 더 전문적인 분석을 위해 고려대학교 사회학과 이명진 교수에게 의뢰했다. 이명진 교수는 한국갤럽 자료를 활용해 그림 14를 만들어 보내 주었다.

그림 14는 응답자에게 자신의 이념 성향과 선호 채널을 물은 결과를 교차표로 만들어 대응분석을 적용해 시각화한 것이다. 수평축은 이념 성향을 나타낸다. 왼쪽으로 갈수록 보수적이며, 오른쪽으로 갈수록 진보적이라는 것을 나타낸다. 수직

축은 집중도이다. 위에 위치할수록 채널에 대한 특정 이념 집단의 집중이 강하며, 아래로 갈수록 다양한 집단에서 고르게 선호된다는 것을 뜻한다. 검은색으로 보수, 중도, 진보라고 표시된 지점은 응답자의 이념 성향별 평균값을 나타낸다.

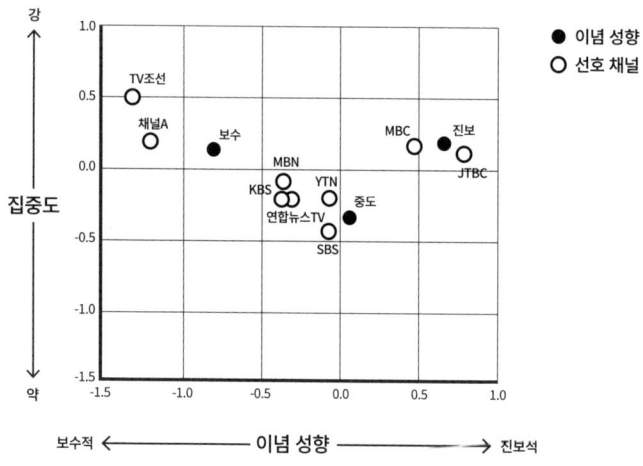

그림 14. 수용자 이념 성향과 선호 채널 간 대응 분석

평균적 보수 성향 응답자는 채널 A와 가장 가까웠다. TV 조선은 평균적인 보수 수용자보다 더 보수적이었으며, 집중도는 강했다. 진보 성향 응답자는 JTBC와 MBC와 거리가 가까웠으며, 집중도는 비슷했다. 중도 성향 응답자는 YTN과 SBS와 가까운 위치를 차지했다. KBS와 MBN, 그리고 연합뉴스TV는 중도와 보수의 중간에 위치했다. 조사 채널들은 전체적으로 가장 보수적인 TV 조선과 가장 진보적인 JTBC를 축으

로 하는 보수-진보 구도에 넓게 배치되어 있지만, 중도와 겹치는 지점에 좀 더 조밀하게 분포하고 있었다. 즉 양측에 극단적으로 치우쳐 있는 형태가 아니라 중도를 중심으로 넓게 퍼져 있는 구도를 보인다. 수용자의 이념 성향과 선호하는 방송 뉴스 간에 일정 정도 상관관계는 있었다. 수용자의 이념 성향에 따라 선호하는 방송 뉴스가 다르다는 것이다. 하지만 방송 뉴스가 특정 이념에 몰려 있거나, 보수와 중도 양쪽으로 양극화되는 현상은 발견되지 않았다.

이 분석은 전통 미디어인 9개 방송사 뉴스를 선호하는 수용자의 이념 성향과 선호하는 뉴스 간 상관관계를 분석한 것이다. 소규모 인터넷 매체나 개인 유튜버의 전략은 다를 수 있다. 전통 미디어와는 달리 '충성도 높은 소수'를 겨냥하는 전략이 효과적일 수 있다는 것이다. 따라서 호텔링 모델의 '최소 차별화' 전략이 아니라 '최대 차별화'$^{Maximal\ Differentiation}$ 전략을 채택할 수 있다.[14] 이념적으로 치우친 정도가 강한 소수의 수용자를 상대로 독자적 입지를 확보하는 전략이 효율적이라는 것이다. 극우 미디어처럼 말이다. 이 같은 전략은 평균을 지향하는 전통 언론의 전략과는 다른 경로를 취할 수 있다. 그리고 이런 현상이 유튜브 등에서 강하게 나타나고 있다.

4. 전통 미디어와 유튜브의 신뢰도는?

한국 언론의 신뢰도는 전 세계 최하위 수준이다. 허위 조작 정보가 만연하는 시기, 믿을 수 있고 검증된 뉴스에 대한 사람들의 열망은 커지지만, 기존 언론의 행태가 그 기대를 충족시키지 못하고 있기 때문이다. 그렇다면 대안 미디어로 등장한 유튜브 등 디지털 미디어의 신뢰도는 어떨까?

신뢰도 낮은 전통 미디어와 더 신뢰도 낮은 유튜브

로이터 저널리즘 연구소가 매년 발간하는 《디지털 뉴스 리포트》에서 한국 언론 신뢰도는 항상 하위권에서 벗어나지 못하고 있다. 2025년 조사에서도 한국 언론 신뢰도는 31%를 기록했다. 전체 조사 대상인 48개국 가운데 37위였다. 그나마 2023년 기록한 28%보다는 다소 올랐다. 2024년과 비교하면, 순위가 한 단계 올랐다. 한국의 유튜브를 통한 뉴스 소비율은 50%를 기록했다. 태국과 인도에 이어 세 번째로 높은 수치이다. 조사 대상국 전체 평균 30%보다 20%p나 높다. 한국에서 유튜브가 주요 뉴스 소스로 자리 잡았다는 것을 의미한다. 그렇다면 매체별 신뢰도는 어떻게 될까?

한국언론재단이 수행한 「2024 언론 수용자 조사」에서 9개 미디어별로 뉴스의 영향력과 신뢰도를 조사했다. 조사 결과, TV가 영향력과 신뢰도 모두에서 1위를 차지했다. 영향력의 경우 5점 만점에 4.08점을 기록해 상당히 높은 수준을 보였다. 신뢰도 역시 3.90점을 기록해 2위를 기록한 인터넷 포털(3.49점)에 비해 0.41점이나 높았다. 인터넷 포털이 영향력과 신뢰도 모두에서 2위를 차지했으며, 종이신문 3위, 라디오 4위를 기록했다. 반면 유튜브 등 온라인 동영상 플랫폼의 신뢰도는 2.94점에 머물렀다. 메신저 서비스 등 소셜미디어에 대한 신뢰도 역시 최하위권이었다.[15]

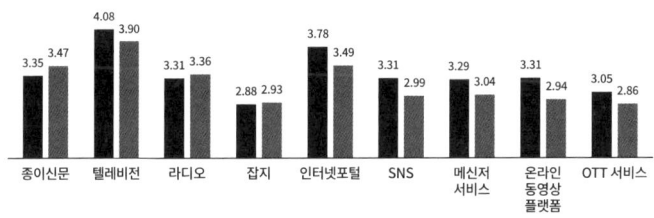

그림 15. 2024년 미디어별 영향력과 신뢰도

　　소셜미디어의 시사 정보와 뉴스의 신뢰도가 왜 낮은지는 한국언론재단이 함께 발표한 「2024 소셜미디어 이용자 조사」를 통해 확인할 수 있다. 우선 소셜미디어에서 뉴스/시사 정보를 이용한다고 응답한 사람은 35.9%였으며, 그중 '유튜브'의 비율이 60.1%로 가장 높았다.

　　소셜미디어를 통해 월 1회 이상 뉴스/시사 정보를 이용한다는 응답자들 가운데 65.1%는 소셜미디어를 언론이라고 인식하고 있었다. 하지만 언론사의 공식 계정(87.4%)이나 전현직 언론인이 운영하는 시사 정보 채널을 언론이라고 생각하는 비율은 63.5%로 높았지만, 개인 유튜버가 운영하는 시사 정보 채널을 언론이라고 생각하는 경우는 22.8%에 그쳤다.

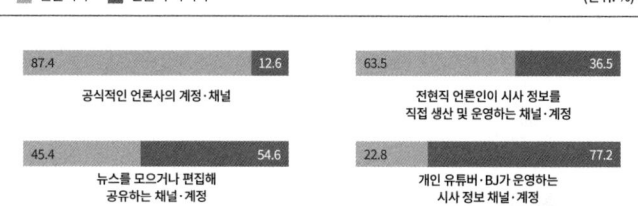

그림 16. 언론이라고 생각하는 소셜미디어 계정 및 채널

수용자들은 이들 개인 유튜버 등을 언론으로 인식하지 않을 뿐 아니라 이들이 제공하는 정보에 대한 신뢰도도 매우 낮았다. 비교를 위해 우선 미디어별 신뢰도 1위를 차지한 TV 뉴스에 대한 신뢰도 현황을 살펴보자.

TV 뉴스에 대해 전혀 신뢰하지 않는다는 응답은 0.6%에 그쳤으며, 신뢰하지 않는 편이라는 응답을 합친, 불신한다는 응답은 3.6%로 매우 낮았다. 반면 매우 신뢰한다는 응답은 17.5%에 달했으며, 신뢰하는 편이라는 응답과 합친, 신뢰한다는 응답은 76.4%로 상당히 높게 나타났다.

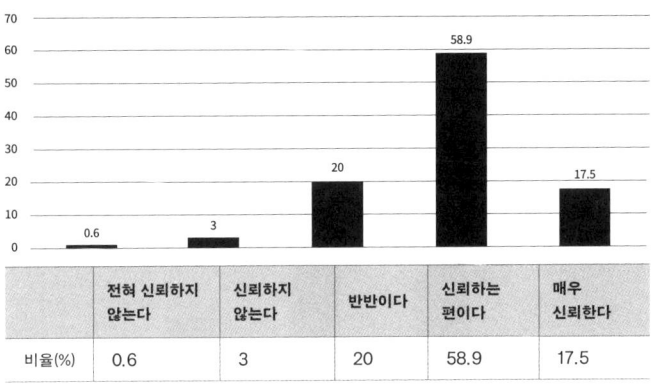

그림 17. 2024년 TV 뉴스 신뢰도

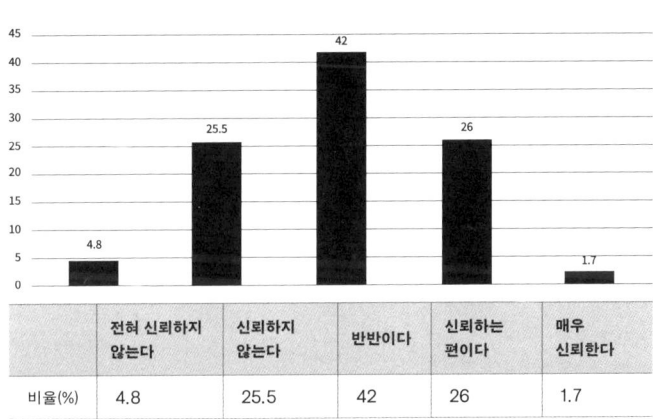

그림 18. 2024년 유튜브 뉴스 신뢰도

유튜브 뉴스의 경우 전혀 신뢰하지 않는다는 응답이 4.8%에 이르렀으며, 신뢰하지 않는 편이라는 응답과 합친, 불신한다는 응답은 30.3%에 달해 TV 뉴스를 불신한다는 응답률의 9배에 육박했다. 신뢰한다는 응답은 27.7%였다. 개인 유튜버가 제공하는 뉴스/시사 정보의 신뢰도만 따로 분석하면, 그 차이는 더 벌어진다.

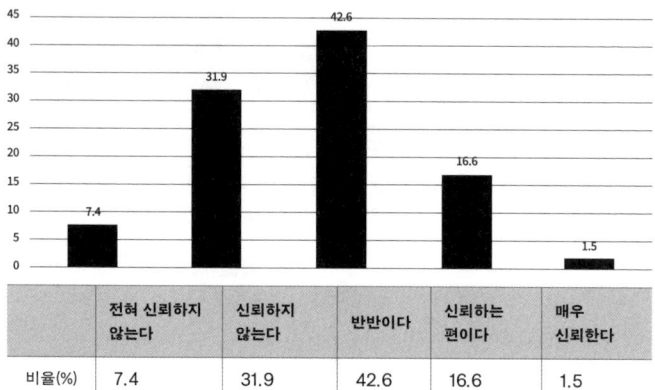

비율(%)	전혀 신뢰하지 않는다	신뢰하지 않는다	반반이다	신뢰하는 편이다	매우 신뢰한다
	7.4	31.9	42.6	16.6	1.5

그림 19. 2024년 개인 유튜브 신뢰도

개인 유튜버가 제공하는 뉴스/시사 정보를 전혀 신뢰하지 않는다는 응답이 7.4%에 달했으며, 신뢰하지 않는 편이라는 응답을 합친, 신뢰하지 않는다는 응답은 39.3%에 달해 TV 뉴스에 대한 불신(3.6%)의 10배가 넘었다. 반면 신뢰한다는 응답은 18.1%에 머물러, TV 뉴스를 신뢰한다는 응답인 76.4%에 비해 현저히 낮았다.

언론으로 인식되지 않는 1인 미디어

사람들은 독립적이고 신뢰할 수 있는 뉴스를 원한다. 그런 열망은 줄어들지 않았다. 그런데 기존 언론은 그런 요구를 만족시키기에는 많이 부족했다. 그래서 기존 언론에 대한 신뢰도는 계속 낮아지고 있다. 언론과 기자에 대해 적대적 감정을 표하는 일도 흔하게 되었다. 그런데 대안 매체로 떠오른 1인 미디어와 소셜미디어의 신뢰도는 그보다 더 낮다. 기존 언론은 저널리즘 원칙을 지키려는 노력이 부족했다. 저널리즘 원칙보다 상업적 고려가 더 큰 적도 많았다. 하지만 대안 미디어는 저널리즘 원칙을 지켜야 한다는 생각조차 희박하다. 스스로 저널리스트라고 생각하지도 않는다. 우리 사회도 언론으로 대하지 않는다.

유튜브는 뉴스와 시사 정보를 유통하는 주요한 채널 가운데 하나가 되었다. 하지만 아직은 신뢰할 수 있는 검증된 정보가 유통되는 공간으로 자리 잡지는 못하고 있다. 유튜브 정보의 신뢰도를 높이기 위해서는 뉴스와 시사 정보를 다루는 크리에이터들이 저널리즘의 원칙과 윤리 기준에 따라 활동하는 것이 중요하다. 과거에 저널리스트는 뉴스 전문 조직에 소속된 전문직 종사자를 의미했다. 디지털 시대의 저널리스트는 윤리적 기준에 따라 뉴스를 취재하고 전달하는 모든 사람을 지칭하는 개념으로 확장되고 있다. 따라서 뉴스와 시사 정보를 다루는 이들 역시 저널리즘의 기본 원칙을 준수하며 활동하도록 하는 것이 중요하다.

저널리즘 위기를 벗어나는 데 있어 가장 중요한 요소는 뉴스를 전달하는 사람이 저널리즘의 원칙을 지키려고 노력하는 것이다. 하지만 제대로 된 저널리즘이 자리 잡을 수 있는 조건을 만들어 내는 작업 역시 긴요하다. 이어지는 장에서는 거의 방치하다시피 하고 있는 디지털 미디어에 대한 규제를 주로 다룰 것이다. 그리고 그 규제의 핵심에는 '조회 수 중심 수익모델'을 바꾸도록 유도하는 정책이 들어가야 한다고 제안하고자 한다.

7장
조회 수 중심 수익모델 혁파

1. '책상 쾅' 치면 문제가 해결되나?

2024년 5월 9일, 부산지방법원 앞에서 살인 사건이 발생했다. 50대 유튜버가 흉기에 찔려 숨진 것이다. 유튜브 브이로그 방송을 하던 중이었다. 범행을 저지른 사람 역시 유튜버였다. 두 사람은 평소 사이가 좋지 않았다. 서로를 비난하는 콘텐츠를 만들어 올렸다. 그러다 고소·고발전으로 이어졌다. 범행 당일, 피해자는 관련 재판에 출석하는 길이었다. 가해자는 그것을 알고 기다리고 있다가 범행을 저질렀다.

흉기에 찔리는 순간에도 피해자는 방송을 하고 있었다. 따라서 공격당할 당시의 비명 등 잔인한 상황을 추정할 수 있는 소리 등이 그대로 전달되었다. 다시 보기 영상도 남아 있었다.[1] 경찰은 사건 발생 3시간 뒤인 오후 1시쯤, 방송통신심의위원회(이하 방심위)에 해당 영상을 삭제 조치해 달라고 요청했다. 방심위는 구글코리아 측에 즉시 이 사실을 알렸다. 하지만 4시간이 지나서야 시청 제한 조치가 취해졌다. 그것도 겨우 연령 제한 조치였다. 저녁 8시 55분쯤 되어서야 원본 라이브 영상이 삭제되었다. 8시간 가까이 범행 장면이 그대로 노출된 것이다.

'책상 쾅' 쳐서 받아 낸 약속?

며칠 뒤 류희림 방심위원장이 미국 출장을 떠났다. 갑작스럽게 잡힌 일정이었다. 2024년 5월 15일, 미국 워싱턴에서 마컴 에릭슨 구글 정부공공정책 부사장을 만나 실무협의를 진행했다. 방심위는 다음날인 5월 16일 보도자료를 냈다. 구글과의 협의에서 "최근 발생한 50대 유튜버 살인 생중계 콘텐츠를 계기로 한국 내 불법·유해 유튜브 콘텐츠에 대해 구글 측이 향후 최대한 이른 시간 내에 삭제·차단 조치가 이루어질 수 있도록 하겠다고 '약속'했다"라는 것이었다. 그러면서 "이번 협의로 구글과의 자율규제 협력에 새로운 전환점을 맞게 될 것으로 기대된다"라고 밝혔다.[2] 귀국 직후 있었던 간부회의에서 류희림 위원장은 자신이 일부러 인상 쓰고 언성을 높여 이 같은 성과를 낼 수 있었다며, 자랑하듯 무용담을 늘어놓은 것으로 전해졌다.

그런데 방심위가 보도자료를 낸 지 닷새가 지난 2024년

5월 21일, 구글코리아 측에서 방심위에 항의 방문을 왔다. 구글 측은 자신들이 '약속'이라는 단어를 사용하지 않았다고 주장했다. 방심위가 보도자료에서 약속이라는 단어를 사용한 것에 구글 본사 차원의 유감의 뜻을 전달하러 온 것이었다. 류희림은 인상 쓰고 언성만 높인 것이 아니라 "책상을 쾅 내려치며 호통을 쳤다"라는 소문이 돌기 시작했다. 구글 측이 이례적으로 공개 항의 방문을 한 것은 이런 무례한 행동 때문이었을 것이라는 해석도 나왔다. 방심위 노동조합은 국제적인 '망신'이라는 성명을 발표했다.[3]

방심위는 2024년 5월 23일, 해명 보도자료를 냈다. "상호 협의 내용과 결과는 배포한 보도자료 내용 그대로"라며 "상호 존중과 신뢰 관계 속에서 도출된 것이다. 일방에서 근거도 불명확한 내용으로 사실을 오인케 하는 주장을 펼치고, 일부에서 이를 그대로 인용하는 것은 유감스러운 일"이라고도 했다. 방심위는 미국 출장에서 만난 기관들과의 상호 존중, 신뢰 관계 때문에 일일이 대응하지 않고 있다며 "정론을 지향하는 언론은 이를 양지해 달라"라고 하며 언론을 꾸짖기까지 했다.[4]

구글이 불법 콘텐츠를 최대한 이른 시간에 삭제하겠다고 '약속'했는지를 두고 논란은 계속되었다. 추문만 남고 진실은 미궁에 빠지는 분위기였다. 그런데 양심선언이 나왔다. 처음 구글이 약속했다는 보도자료를 냈던 장경식 전 국제협력단장이 그 주인공이었다. 2025년 3월 5일, 장경식은 국회 과학기

술정보방송통신위원회(이하 과방위) 현안 질의에서 "구글 측이 '약속'promise이라는 표현을 쓰지 않았고, '확실하게 하다'make sure 등의 표현을 썼다"라고 증언했다. 최민희 과방위원장의 "약속한 건 없었던 것인가?"라는 추가 질문에 대해서도 "그렇다"라고 대답했다. 이전 진술을 뒤집은 것이다.

협의 당사자였던 마컴 에릭슨 구글 부사장 역시 국회에 편지를 보냈다. 자신은 약속한 적 없다는 내용이었다. 그러면서 자신은 구글의 정부공공정책 부사장이며, 유튜브 정책과 관련한 사항은 자신의 업무 범위가 아니라고 밝혔다.[5] 방심위는 미국까지 가서 담당 임원도 아닌 사람을 만나 의례적 수준의 말을 듣고 와서는 구글로부터 약속을 받았다고 부풀려 전달한 것이었다.

구글, 설명도 조치도 없다

이 사건은 유튜브 규제를 둘러싼 난맥상을 상징적으로 보여 준다. 유튜브와 콘텐츠 제작자는 현재 국내법상 언론에 해당하지 않는다. 최소한의 규제도 하지 못한다는 말이다. 2009년에 '인터넷 뉴스 서비스 사업자'라는 규정이 생겼다. 네이버 등 국내 포털은 뉴스 서비스 사업자로 등록했다. 따라서 언론중재법 적용을 받고 있다. 정정 보도나 반론 보도 청구도 할 수 있다. 하지만 해외 사업자인 구글은 인터넷 뉴스 서비스 사업자로 등록하지 않았다. 국내법 적용이 불가능하다. 구글 측에 협조를 요청할 수 있지만, 결정은 구글이 한다. 미국까지 가서 책상을 쳐봐야 안 해 주면 그만이다. 제재 방법도 없다.

구글코리아의 고자세는 유명하다. 국회에 출석해서도 안하무인이다. 구글코리아 김경훈 대표는 의원들의 질의에 비웃는 표정을 짓기도 하고, 모든 질문에 모른다는 답변만 반복하는 등 성의 없는 답변으로 일관하기도 한다. 2025년 3월 5일, 국회 현안 질의에 출석해서는 "'중국인 간첩 99명 체포' 등 허위 조작 콘텐츠들에 대해 조치를 취해야 하는 것 아니냐"라는 의원들의 질의에 대해 해당 콘텐츠가 "커뮤니티 가이드 위반이 아니라고 본다"라고 밝혔다. 근거를 묻자 "가짜 뉴스는 판단하기 어려운 부분이 있다"라며, "명백히 '커뮤니티 가이드' 위배일 경우에만 삭제한다"라고 밝히기도 했다.[6] 과연 부정선거 음모론 콘텐츠는 유튜브 가이드 위반이 아닐까?

김경훈이 언급한 '유튜브 커뮤니티 가이드'를 찾아보았다. 그런데 가이드에는 '부정선거'를 주장하는 콘텐츠는 허용되지 않는다고 규정되어 있었다. 가이드에는 '잘못된 정보'에 관련한 항목을 규정하고 있다. 허위 조작 정보가 게시되는 것을 막는 조치도 규정하고 있다.[7]

잘못된 정보 *misinformation*

혼동을 야기하거나 사기성 정보로 큰 피해를 입힐 심각한 위험이 있는 특정 유형의 콘텐츠는 유튜브에서 허용되지 않습니다. 여기에는 유해한 치료제나 치료법을 홍보하는 콘텐츠, 기술적으로 조작된 콘텐츠, 민주적 절차를 방해하는 콘텐츠 등 실질적인 위험을 초래할 수 있는 특정 유형의 잘못된 정보가 포함됩니다.[8]

잘못된 정보 항목 안에는 많은 항목이 예시로 제공된다. 그 가운데 하나가 '선거 공정성' 항목이다. 유튜브 커뮤니티 가이드에는 이렇게 설명되어 있다.

선거 공정성

국가 원수를 결정하는 과거 특정 선거에서 대대적인 사기, 오류 또는 결함이 발생했다는 허위 사실을 유포하는 콘텐츠. 또는 해당 선거의 인증된 결과가 거짓이라고 주장하는 콘텐츠. 이 정책은 현재 다음 선거에 적용됩니다. 2014년, 2018년, 2022년의 브라질 대통령 선거 목록은 일부에 불과하며, 모든 사례를 포함하고 있지는 않습니다.[9]

유튜브 커뮤니티 가이드에는 분명히 "선거에서 대대적인 사기, 오류 또는 결함이 발생했다"라는 내용의 콘텐츠나 "선거의 인증된 결과를 거짓"이라고 주장하는 콘텐츠는 허용되지 않는다고 되어 있다. 가이드에는 이 정책을 위반한 콘텐츠는 즉시 삭제한다고 규정되어 있다. 그리고 사용자는 경고 조치를 받을 가능성이 높으며, 경고를 세 번 받으면 채널을 해지한다고 규정하고 있다. 이 조항은 2020년, 미국 부정선거 음모론으로 의사당 폭동 사태를 겪은 뒤 만들어진 규정이다. 실제 이 조항에 기초해 유튜브 측은 미국 부정선거 음모론 콘텐츠를 삭제해 왔다. 하지만 2023년 6월, 유튜브 측은 미국 대선을 비롯해 대부분의 부정선거 음모론을 삭제 대상 목록에서 없애기로 했다고 발표했다. 2025년 8월 현재, 브라질 대통령 선거만 목록에 남아 있다. 브라질의 선거를 부정선거라고 주장하는 콘텐츠는 삭제하지만, 미국이나 한국 등 다른 나라의 부정선거 음모론 콘텐츠는 삭제하지 않겠다는 것이다. 삭제 조치의 실효성이 부족하고, 표현의 자유를 위축시킬 우려가 있어 삭제 조치를 완화했다는 것이 유튜브 측의 설명이었다. 하지만 트럼프 지지층과 공화당 정치인들의 정치적·사회적 압력에 굴복한 결과라는 평가가 많다.

선거는 내전을 제도화한 것이다. 총과 칼 대신 여론과 표로 겨루는 전쟁이 선거라는 말이다. 선거 제도의 핵심은 공정성이다. 공정성에 대한 신뢰가 사라지면, 다시 총이나 칼을 들게 될 것이기 때문이다. 그런 의미에서 부정선거 음모론은 위험하다. 선거 제도에 대한 합리적 비판은 필요하다. 선거 제도의 공정성을 높이는 데 도움이 되기 때문이다. 하지만 음모론은 그 어떤 긍정적인 효과도 주지 못한다. 분열과 갈등만 키울 뿐이다. 미국의 의사당 폭동과 한국의 서부지법 폭동이 대표적이다. 그래서 선거 공정성 항목이 만들어졌다. 그런데 구글 측은 부정선거 음모론 콘텐츠를 삭제한다는 가이드는 유지하면서도 삭제 범위를 대폭 축소했다. 실질적으로 무력화시킨 것에 다름 아니다.

또한 어떤 기준으로 삭제 대상 목록을 정하는지에 대한 설명도 없다. 왜 브라질 선거에 대한 부정선거 음모론은 삭제 대상이고 한국은 아닌지도 알 길이 없다. 한국 부정선거 음모론자들은 주로 유튜브에서 활동하고 있다. 이런 음모론을 믿은 사람들에 의해 서부지법 폭동 사태까지 발생했다. 분명 위험이 있다는 것이 확인되었다. 그런데 구글은 아무런 조치도 취하지 않고 있다. 더 심각한 것은 부정선거 음모론 콘텐츠의 삭제 조치를 대체하겠다고 발표한 대책조차 한국에서는 시행되지 않고 있다는 점이다.

구글 측은 부정선거 음모론 콘텐츠를 삭제하는 대신 다양한 위험 완화 조치를 취하겠다고 밝혔다. 대표적인 것이 신뢰할 수 있는 출처 우선 노출이다. 유튜브에서 부정선거를 검색하면, '신뢰할 수 있는 출처' 기사나 자료가 최상단에 노출되도록 하겠다는 것이다. 실제로 미국에서 '부정선거'*election fraud*나 '도둑질을 멈춰라'*stop the steal* 등의 검색어를 입력하면 전통 미디어나 정부기관의 콘텐츠가 최상단에 노출된다. 하지만 한국에서는 이 같은 조치를 적용하고 있는지 확인되지 않는다. 실제로 한국 유튜브에서 부정선거를 검색하면, '선관위 사실상 부정선거 인정했나?', '부정선거 확인, 미·러 정상회담 난리 났다' 등의 극우 유튜브 콘텐츠가 검색 상단을 차지하고 있다. 왜 한국 유튜브가 부정선거 음모론의 숙주 역할을 하고 있는지 알 수 있는 대목이다.

구글은 외국 사업자이기 때문에 우리가 규제할 수 없다고 생각할 수 있다. 하지만 유튜브는 우리 국민에게 서비스되고 있다. 당연히 국내법에 따라 규제할 수 있고, 그렇게 해야 한다. 외국에서 만든 전자제품이 국내 안전 검사를 거쳐야 유통될 수 있듯이 플랫폼 역시 서비스되는 지역 국가의 법률을 따라야 한다. 이를 잘 보여 주는 법이 유럽연합의 '디지털 서비스법'이다.

2. 디지털 서비스법

"오늘도 알 수 없는 '유튜브 알고리즘'이 나를 이 영상으로 이끌었다." 유튜브에 밈처럼 떠도는 표현이다.

"유튜브 알고리즘 2025 완전 정복! 조회 수 터지는 비밀 공개"
"유튜브 알고리즘 타는 법, 조회 수 올리기 핵심 공개"

이런 종류의 게시글도 흔하게 발견된다. 물론 들어가 보면 특별한 내용은 없다. 나름의 비법을 제시하기는 한다. 하지만 그 방법으로 대박이 터졌다는 글은 별로 없다. 대부분 추측에 근거한 내용이다. 구글이 정확한 유튜브 알고리즘을 공개하고 있지 않기 때문이다. 현재로서는 단지 추측만 가능하다. 그리고 한국 유튜브 이용자가 알고리즘을 거부할 방법도 없다. 하지만 유럽의 경우 다르다. 디지털 서비스법 Digital Services Act, DSA 시행 덕분이다.

유럽연합 디지털 서비스법의 다층 규제

유럽연합은 2024년 2월부터 모든 온라인 중개 서비스 intermediary services 에 적용하는 디지털 서비스법을 시행하고 있다.[10] 이 법의 규제 대상은 법 명칭에서 보듯이 사업자가 아니라 서비스이다. 즉 사업자의 주소지가 어디인지 아무 상관이 없다. 유럽연합의 이용자를 대상으로 하는 모든 서비스가 규제 대상이 된다.[11] 당연히 미국 기업인 구글이 제공하는 유튜브와 검색 서비스는 모두 규제 대상이 된다.

디지털 서비스법은 중개 서비스를 4개의 층으로 나누어 규제하고 있다. 가장 아래층은 단순 중개 서비스이다. 단순 인터넷 접속 서비스 같은 것을 말한다. 모든 중개 서비스에 기본적인 의무를 부과한다. 위의 층으로 갈수록 특화된 의무들이 추가된다. 두 번째 층은 호스팅 서비스이다. 이는 이용자가 제공한 정보를 저장하는 서비스를 말한다. 세 번째 층은 온라인 플랫폼으로, 호스팅 서비스의 특정한 유형이다. 즉 이용자가 제공한 정보를 사람들에게 전파하는 기능까지를 포함하는 서비스이다. 네 번째 층은 매우 규모가 큰 온라인 플랫폼이다. 유럽연합 내에서 많은 사람이 이용하는 서비스를 말한다. 기준은 월간 활성 이용자 수이다. 디지털 서비스법에서는 4500만 명을 기준으로 한다. 즉 유럽연합 인구의 10% 정도가 이용하면 매우 규모가 큰 플랫폼이 된다.

4개 층에 대한 의무는 누적해서 적용된다. 네 번째 층에 속하는 매우 규모가 큰 온라인 플랫폼은 첫 번째 층 규제부터 네 번째 층 의무까지 모든 의무가 부과된다. 첫 번째 층에 해당하는 인터넷 접속 서비스는 가장 아래층의 기본 의무만 적용받는다.

불법 콘텐츠나 서비스 악용에 대한 조치

디지털 서비스법에서는 온라인 중개 서비스를 통해 유통되는 불법 콘텐츠에 대응하기 위해 몇 가지 조치를 규정하고 있다.

우선 국가의 사법 당국이나 행정 당국은 플랫폼 사업자에게 필요한 조치를 명령할 수 있다고 규정하고 있다. 한국으로 보면 방심위나 언론중재위가 해당될 것이다. 이들 당국은 사업자에게 불법 콘텐츠에 대해 조치를 명령할 수 있다. 협조 요청이 아니라 명령이다. 또한 불법이 의심되는 이용자에 대한 정보를 요구할 수도 있다. 이 명령은 '발원국 원칙'이 적용되지 않는다. 즉 사업자 소재지가 어느 나라에 있건 상관이 없다. 국가기관은 조치를 명령할 수 있고, 사업자는 명령을 즉시 이행하고 보고해야 한다.

호스팅 서비스 제공자의 의무 조항도 명시하고 있다. 먼저 서비스 제공자는 불법 콘텐츠를 발견하거나 저작권이 침해당한 사람이 신고할 수 있는 체계를 갖추어야 한다. 사업자는 접수된 신고 내용에 대해 신속하고 성실하게, 자의적이지 않고 객관적으로 처리해야 한다. 특정 형사 범죄 혐의를 인지할 경우 관할 국가의 수사당국에 통지해야 할 의무도 부과된다.

그리고 온라인 플랫폼 사업자에는 더 강한 의무가 부여된다. 유튜브 등 온라인 플랫폼 사업자는 자사 서비스를 반복적으로 악용해 불법 콘텐츠를 게시한 이용자에 대한 서비스 제공을 정지할 의무가 있다. 정지할 수 있다가 아니라 정지시켜야 한다. 의무 조항이다. 물론 이런 조치가 지나치게 표현의 자유를 제한하지 못하도록 안전장치도 제시한다. 서비스 제공을 정지할 콘텐츠는 명백하게 불법적인 것 $^{manifestly\ illegal}$이어야 하고, 정지에 앞서 사전 경고를 해야 하며, 정지 조치는 합리적인 기간$^{reasonable\ period}$ 내로 제한되어야 한다.

위험성 평가와 개선 방안 마련

디지털 서비스법이 불법 콘텐츠만 규제하는 것은 아니다. 해당 서비스를 이용하면서 발생할 수 있는 위험성을 완화하기 위한 조항도 마련되어 있다. '시스템적 위험성 평가' 조항이다. 온라인 플랫폼 사업자는 정기적으로 자사 서비스를 이용함에 따라 발생할 수 있는 위험성을 평가해서 보고하도록 의무화하고 있다. 불법 콘텐츠는 물론 허위 조작 정보 확산, 선거 과정 및 시민 담론에 대한 위험, 차별 조장, 사용자 권리 침해 등 자사 서비스 사용으로 초래될 수 있는 모든 사회적 위험 요인을 분석해야 한다. 그리고 그 보고서를 유럽연합에 정기적으로 제출해야 한다. 보고서에는 위험성을 완화할 방안도 함께 담겨 있어야 한다.

삭제 의무가 부과되는 불법 콘텐츠와는 달리 사회적으로 유해할 가능성이 있는 콘텐츠에 대해서는 삭제 의무가 부과되지 않는다. 표현의 자유와 충돌할 우려가 있기 때문이다. 대신 디지털 서비스법은 다음과 같은 위험 완화 조치를 강제하고 있다.

- 서비스 기능의 설계 운영 일부를 조정하는 조치
- 콘텐츠 조정(모더레이션) 시스템의 개선
- 추천 알고리즘의 설계 및 작동 방식 개선
- 이용자 대상 인식 제고 및 교육 캠페인 시행
- 신뢰할 수 있는 플래그 신고자와의 협력 및 다른 플랫폼과의 공동 대응

이 같은 조치를 통해 사회적으로 유해한 콘텐츠의 확산

을 막을 의무를 플랫폼 사업자에게 부여하고 있다. 위험 확산 방지 조치를 제대로 취하지 않아 위험이 확산될 경우, 플랫폼 사업자에게 매출의 최대 6%에 달하는 과징금을 부과할 수 있다. 단순히 콘텐츠를 삭제하지 않았다는 이유로 처벌하지는 않지만, 플랫폼이 위험 완화 노력을 다하지 않아 선거의 공정성과 공공 안전 등이 훼손될 경우, 법적·경제적 제재를 가할 수 있다는 것이다. 이는 표현의 자유 보장과 민주주의 보호라는 두 가지 가치 사이에서 균형을 찾으려는 유럽식 규제 철학을 잘 보여 준다.

유럽에서는 부정선거와 관련된 검색을 하면, 공신력 있는 언론사나 선관위 자료가 우선 노출되는 것은 물론 합성·조작 영상에는 표식 *label* 을 부착하는데, 이는 위험 확산을 방지하기 위해 구글이 취한 조치에 해당한다. 시민들을 대상으로 인식 제고 캠페인도 병행하고 있다. 또한 구글은 유럽연합집행위원회에 정기적으로 위험 평가 보고서를 제출하고, 팩트 체크 단체 및 '신뢰할 수 있는 플래그 신고자' *trusted flaggers* 와 협력 체계를 운영하고 있다. 부정선거 음모론과 관련해 구글이 최소한의 조치마저 거부하고 있는 한국의 상황과는 확연하게 다르다.

알고리즘 공개와 선택권 부여

온라인 플랫폼 사업자에 대한 의무 가운데 알고리즘 관련 조항도 자세히 규정하고 있다. 여기에는 두 가지 의무가 부과된다.

첫 번째는 투명성 의무이다. 플랫폼 사업자는 약관에 알고리즘의 매개변수에 대한 정보를 공개해야 한다. 플랫폼 사업자가 어떤 기준들을 가지고 다음 시청 목록을 표시하는지를 공개하도록 한 조항이다. 더 나아가 이용자가 여러 알고리즘 기준 가운데 하나를 선택할 수 있도록 해야 한다. 조회 수 중심으로 추천하도록 할지, 시간순으로 할지, 시청하던 콘텐츠와 비슷한 정도로 할지 등을 이용자가 선택할 수 있도록 한다는 말이다.

두 번째는 개인 맞춤형 추천을 사용하지 않을 권리를 이용자에게 부여해야 한다는 것이다. 개인 검색 기록에 기초한 취향 맞춤형 추천은 필터 버블을 강화하는 요소로 지적되고 있다. 이를 거부할 권한을 이용자에게 주어야 한다는 것이다.

알고리즘 분석을 위한 데이터 접근 권한 확대도 규정하고 있다. 정부 관계자는 물론 연구자에게도 알고리즘 작동 데이터 접근 권한을 부여하고 있다. 알고리즘 기준의 공개 자체를 거부하고 있는 한국과는 완전히 다른 상황이다.

구글은 디지털 서비스법 시행 이후 유럽연합 내에서는 알고리즘 위험성 평가와 투명성 보고를 하고 있다. 시스템적 위험에 대한 연례 보고서를 제출하고 있으며, 추천 알고리즘의 기본 원리를 공개하고, 사용자가 알고리즘 추천을 활성화하지 않거나 대체 알고리즘을 선택할 수 있는 기능을 제공하고 있다. 또한 광고 투명성 센터를 통해 정치적 광고나 타깃 광고의 기준을 외부에 공개하고, 연구자에게는 알고리즘 분석을 위한 데이터 접근 권한도 확대하고 있다.

한국판 디지털 서비스법의 필요성에 대한 공감대는 커지고 있다. 관련 부처 역시 법안을 준비하고 있다. 필자는 디지털 규제 법안에 수익 모델에 대한 조치가 추가되어야 한다고 생각한다. 조회 수 중심 수익모델이 유지되는 한 문제 해결이 쉽지 않다고 보기 때문이다.

3. 조회 수를 대체할 대안은 있는가?

대형 언론사에서 일하다 유튜버가 된 지인을 만났다. 1인 미디어를 하니까 자유로워 보였다. 그래서 물었다. 조직에서 벗어나니 좋으냐고. 답변이 의외였다. 1인 미디어가 더 힘들다는 것이었다. 조회 수에 목을 맨 삶을 살고 있다고 했다. 구글 측은 정기적으로 현재 조회 수를 기반으로 예상 수익을 보내 준다. 조회 수에 계속 신경 쓸 수밖에 없다는 것이다.

그런데 지급액이 줄어들고 있다. 경쟁이 치열해지기 때문이다. 예전과 비슷한 조회 수를 기록해도 예상 수익은 줄어들었다. 숏폼의 경우 조회 수는 높지만 수익률은 매우 낮다. 원하는 수익을 얻기 위해 더 많은 조회 수를 올려야 한다. 하루라도 콘텐츠를 올리지 않으면 조회 수가 떨어진다. 쉴 틈 없이 콘텐츠를 만들어 올리고 있다고 했다. 광고도 시작했다. 스튜디오에 음료수는 기본이고 김치까지 가져다 놓았다. 광고 상품을 제대로 노출하지 않거나 제대로 언급하지 않으면 광고주로부터 항의가 들어온다. 조회 수가 적게 나와도 마찬가지이다. 심하면 바로 광고를 중단하기도 한다. 그야말로 조회 수가 족쇄가 되었다. 그 유튜버의 희망은 조회 수를 신경 쓰지 않고 자기가 하고 싶은 방송을 하는 것이다. 더 이상 돈을 벌지 않아도 되는 상황이 되어야 가능한 일이다.

근대 저널리즘이 등장한 이후 미디어들은 가장 상업적인 경쟁에 내몰리고 있다. 수용자의 주목을 끌기 위한 무한 경쟁에 돌입했다. 자극적인 콘텐츠와 궁금증을 유발하는 제목을 갖추어야 경쟁에서 살아남을 수 있다. 조회 수가 모든 것을 결정한다. 경영과 편집의 분리라는 저널리즘의 대원칙은 사치가 되어 가고 있다. 그만큼 언론의 질은 떨어지고, 신뢰 역시 하락하고 있다.

악화만 살아남는다

"악화가 양화를 구축한다"라는 말이 있다. '그리샴의 법칙'이라고 불린다. 같은 액면 가치를 갖는 두 종류의 화폐가 있다고 하자. A는 금으로 만들어진 화폐이다. B는 합금으로 된 저질 화폐이다. 당연히 B의 생산 원가는 양화인 A보다 싸다. 그런데 두 화폐의 시장 가치가 같다면 어떻게 될까? 사람들은 당연히 B를 먼저 사용하려 할 것이다. 실질적인 가치가 높은 A는 보관하려 할 것이다. 따라서 시간이 지날수록 양화인 A는 시장에서 사라지고, 악화인 B만 남는다. 즉 악화가 양화를 시장에서 쫓아낸 것이다.

두 종류의 기사가 있다고 하자. 하나는 사회가 필요로 하는 기획 기사이다. 많은 기자가 투입되어 오랜 기간 취재를 했다. 사실 검증도 충분하게 했다. 다른 하나는 디지털팀 소속 기자가 베껴서 만들어 낸 기사이다. 수용자의 관심을 끌 수 있는 자극적인 사건을 다룬 기사이다. 다른 언론사 기사의 일부만 살짝 바꾸었다. 그리고 자극적인 제목을 붙였다. 그런데 시장에서는 베껴서 만들어 낸 자극적인 기사의 조회 수가 더 높다. 당연히 보상도 더 많이 받는다. 더 많은 비용과 인력이 투입되지만, 보상은 더 적은 양질의 기사를 생산할 유인이 없다. 조회 수를 올릴 수 있는 값싼 기사를 자극적인 제목과 함께 생산하는 길이 합리적인 선택일 것이다. 결국 양질의 기사는 사라지고, 저질 기사만 살아남는다.

이것이 뉴스 포털화 이후 저널리즘 시장에서 발생한 일이다. 조회 수에 기반한 수익 구조가 정착하면서 한국 저널리즘 수준이 크게 떨어졌다. '기레기'라는 멸칭도 조회 수를 올리기 위해 자극적인 베끼기식 기사를 양산하는 기자를 조롱하기 위해 시작된 말이다. 기사에 대한 보상을 기사에 들인 시간이나 비용, 기사의 품질이나 사회에 미친 영향 등이 아닌 조회 수만을 기준으로 삼는 수익모델로 인해 발생한 문제이다.

유튜브의 등장 이후 상황은 더욱 악화하고 있다. 포털이 호기심을 자극하는 기사로 조회 수를 올린다면, 유튜브는 분노를 자극하는 콘텐츠로 조회 수를 올린다. 극단적이고 자극적인 내용을 목청 높이 전달하는 콘텐츠만 살아남는다. 진지하게 우리 사회 공동체에 필요한 정보를 전달하는 콘텐츠는 주목받지 못한다. 유발 하라리는 이용자의 동영상 시청 시간을 늘리기 위한 유튜브 측의 영업 전략이 사태를 악화시켰다고 지적한다. 알고리즘을 통해 그렇게 유도했다는 것이다.

유튜브 알고리즘은 수백만 명을 대상으로 시행착오를 거듭한 끝에 페이스북 알고리즘이 학습한 것과 동일한 패턴을 발견했다. 즉 분노를 유발하는 내용은 참여도를 높이지만, 온건한 내용은 그렇지 않은 경향이 있다는 것이었다. 이에 따라 유튜브 알고리즘은 수백만 명의 이용자들에게 터무니없는 음모론을 추천하는 동시에 온건한 콘텐츠는 무시하기 시작했다.[12]

구글의 전략은 성공했다. 하라리에 의하면 2012년에 하루 1억 시간 정도 소비되던 유튜브 동영상이 2016년에는 하루 10억 시간 이상 소비되었다. 4년 만에 10배 늘어난 것이다. 유튜버들 역시 알게 되었다. 자극적이고 분노를 유발하는 콘텐츠를 올리면, 알고리즘이 이를 추천해 주기 때문에 인기도 얻고 수익이 늘어난다는 사실을 말이다. 그렇게 유튜브는 분열과 혐오를 유포하는 극단적인 목소리만 살아남는 생태계가 되고 있다. 특히 한국 유튜브에서는 그 정도가 심하다. 전술한 대로 구글 측이 유튜브의 위험성을 약화하려는 노력을 유독 한국에서는 하고 있지 않기 때문이다.

      이 책을 쓰기 위해 유튜브를 검색할 때마다 한숨이 나왔다. 시뻘건 글씨체로 충격, 경악 등의 감탄사와 함께 자극적인 제목의 콘텐츠로 가득한 유튜브를 보는 것은 고역이었다. 참 열심히들 올린다. 하루에 한 개씩 올리는 것은 기본이다. 정기적으로 콘텐츠를 올려야 조회 수가 유지되고, 수익을 올릴 수 있다고 한다. 매일 한 건씩 콘텐츠를 올리면서 제대로 된 검증을 했을 리가 만무하다. 유튜브에서도 양화는 사라지고, 분노를 자극하고 혐오와 분열을 야기하는 악화만 살아남았다.

대안은 있다

허위 조작 콘텐츠를 유통한 언론사나 유튜버에 대해 '징벌적 손해배상'을 부과하는 방안은 이 같은 상황을 개선하는 데 일정 정도 효과가 있을 것이다. 그러나 동시에 언론 전반의 정당한 보도 활동에까지 부정적 영향을 미치는 '위축 효과' *chilling effect* 우려가 있다. 특히 권력자나 재벌이 자신들을 비판하는 탐사보도를 봉쇄할 목적으로 징벌적 손해배상 소송을 남발할 가능성이 높다. 따라서 허위 조작 정보가 더 많이 보상을 받는 조회 수 기반 수익모델을 개혁하는 것이 더 효율적이고 부작용이 적은 대안이 될 수 있다.

우선 시사 정보와 뉴스를 다루는 채널과 콘텐츠에 대해서는 다른 콘텐츠와 차별화된 수익모델을 적용하는 방안을 고려해 볼 수 있다. 좀 더 정확하게 말하자면 플랫폼 사업자와 포털 사업자가 시사와 뉴스를 다루는 채널에 대해 다른 '수익모델'을 적용하도록 의무화하는 방안이 있다. 조회 수에 기반한 수익모델이 아닌 다른 모델을 개발해 적용하자는 말이다. 지나친 규제라고 생각할 수도 있다. 하지만 신문과 디지털, 그리고 방송에서도 '뉴스'에 대해서는 엄격한 제한을 가하고 있다. 아무 채널이나 뉴스를 다루는 것을 허용하지는 않는다. 다양한 책임도 부과하고 있다. 디지털로 뉴스가 전송된다고 해서 다를 것은 없다. 시사 정보와 뉴스를 다루는 채널에 대해 별도의 규제를 가한다고 해서 크게 이상한 것은 아니다.

수용자의 주목을 얻기 위해 제작된 자극적인 뉴스와 우리 사회에 꼭 필요한 검증된 뉴스는 다르다. 조회 수 중심의 수익모델은 자극적인 뉴스와 허위 조작 정보를 조장하는 체계이다. 사회에 꼭 필요한 검증된 뉴스를 만들려면 많은 시간이 필요하다. 취재도 충실히 해야 한다. 하지만 많은 조회 수를 기대하기는 힘들다. 많은 시간과 노력이 투입된 기사에 대해 좀 더 보상해 줄 수 있는 체계가 없는 한 악화만 살아남는다.

시사 정보와 뉴스에 대한 다양한 수익모델을 구상할 수

있다. 조회 수를 대체할 모델 말이다. 우선 뉴스 콘텐츠를 생산하는 미디어에 플랫폼 사업자가 일정 수준의 비용을 지불하도록 하는 방안을 검토할 수 있다. 호주의 '뉴스 미디어 협상법' News media bargaining code 이 대표적인 사례이다. 플랫폼 사업자가 뉴스 미디어에 일정 금액을 내도록 하는 것이다. 뉴스 콘텐츠 사용료 또는 공적 기여에 대한 보상 개념이다. 뉴스 미디어 협상법은 플랫폼 사업자와 뉴스 미디어 간 협상이 실패하면, 정부가 강제 중재하도록 하고 있다. 입법 단계에서 구글과 페이스북은 이 법이 시행되면 호주 내 서비스를 중지하겠다며 강하게 반발했다. 하지만 결국 법이 통과되었고, 구글과 페이스북은 뉴스 미디어들과 보조금 합의를 마쳤다. 큰 기업은 개별적으로 구글 등과 협상했고, 작은 뉴스 미디어들은 공동 협상단을 만들어 협상을 벌였다. 협상이 타결된 이후 호주 뉴스 미디어들은 이 법을 통해 안정된 수익을 확보할 수 있었다. 더 나은 저널리즘을 위한 투자 여력이 생겼다. 조회 수에 목을 맬 필요가 없기 때문에 보다 공익적인 뉴스를 만들기 위해 노력할 가능성도 높아졌다. 호주가 2021년에 처음 뉴스 미디어 협상법을 도입한 이후 뉴질랜드와 캐나다도 비슷한 법을 도입했다. 한국에서도 이런 법을 시행한다면, 네이버 등 포털 뉴스와 유튜브의 시사 정보 및 뉴스 콘텐츠의 질을 한 단계 끌어올릴 수 있을 것이라고 생각한다.

시사 정보와 뉴스를 다루는 1인 미디어 등에 대해 '공공 저널리즘 인증제'를 시행하는 방안도 검토해 볼 수 있다. 저널리즘 인증을 받은 1인 미디어에 대해서는 공익 광고를 우선 배정하거나, 차등화된 수익 구조를 적용하게 할 수 있다. 인증을 받기 위해서는 허위 조작 정보의 유포 경력이 없고, 정정 보도 시스템을 갖추고 있으며, 공정성과 투명성을 담보할 기본 정보를 공개할 것 등을 의무화할 수 있다. 이 방안은 1인 미디어의 책임성을 강화하는 동시에 공익적 콘텐츠를 만드는 유인책이 될 수 있다.

또 '신뢰도 지표'를 개발해 그에 따라 수익 배분에 가중치를 주는 방안도 있다. 팩트 체크 통과율이나 허위 정보 경고 이력 등을 기준으로 신뢰도를 점수화해 지표를 만들어 보자는 것이다. 출처를 정확하게 인용하거나 근거를 제시하는 데 따른 점수화도 가능하다. 이렇게 만들어진 '공익성 가중치' 점수를 수익 배분에 적용할 수 있다. 한마디로 공익성이 높은 콘텐츠에 좀 더 많은 보상이 돌아가게 해 보자는 것이다. 신뢰도 등 공익적 가치에 대한 관심이 높아지는 계기가 될 수 있다. 인증제나 신뢰도 지표를 반영한 보상 체계 도입과 더불어 이들 콘텐츠에 대해 알고리즘에서 우대하는 방안이 함께 시행되면 효과가 더 높을 것이다.

사실 이런 방안은 이미 시행되고 있다. 대표적인 것이 2019년부터 시행된 유튜브의 '신뢰할 수 있는 출처' 알고리즘이다. 사회적으로 예민한 주제에 대해 신뢰할 수 있는 출처로 분류된 채널을 우선 노출하는 알고리즘 우대 정책을 말한다. 채널의 연혁, 외부기관의 평가, 과거 허위 정보 경고 이력 등을 가지고 신뢰할 수 있는 출처에 속하는지 판단하고 있다. 필자의 의견은 신뢰할 수 있는 출처 지표를 좀 더 확대하고, 세분화하고, 점수화해 보자는 것이다. 신뢰도 점수가 높은 공익적 콘텐츠에 대해 추가 보상을 하고 알고리즘 우대를 강화해서 양화가 살아남을 수 있는 기반을 만들도록 하자는 것이다. 이 같은 조치에 플랫폼 회사들이 반발할 수 있다. 하지만 플랫폼을 통해 유통되는 정보의 수준을 높이는 것이 플랫폼이 장기적으로 생존할 방안이 될 수 있다.

4. 투명하고 책임 있는 검증의 저널리즘

지난 2012년, 《뉴욕타임스》는 영국 BBC의 사장을 지낸 마크 톰슨을 사장 겸 최고경영자로 영입했다.[13] 이례적인 결정이었다. 우선 그는 미국인이 아니었다. 게다가 신문 산업 경험도 없었다. 뉴욕 타임스가 톰슨에게 기대한 바는 분명했다. 그는 BBC 사장으로 있으면서 '아이플레이어' iPlayer 라는 새로운 플랫폼을 성공적으로 안착시킨 인물이었다. 공영방송의 정체성을 유지하면서 디지털 기술과 이용자 행태의 변화에 선제적으로 대응하는 플랫폼이었다. BBC 아이플레이어는 2007년 정식 런칭되어 사용자들이 원하는 시간에 원하는 방송 콘텐츠를 소비할 수 있는 주문형 공영 서비스 모델을 제시했다. 이를 통해 그는 공적 책임과 기술 혁신이 조화를 이룰 수 있다는 점을 증명했다.

톰슨 영입 당시, 《뉴욕타임스》는 위기 상황이었다. 신문 인쇄 부수는 줄고, 광고 수익은 빠르게 감소했다. 디지털 환경에서의 수익모델은 명확하지 않았다. 구조 조정으로 많은 기자를 내보내며 경쟁력은 약화되었다. 톰슨은 이러한 위기를 디지털 혁신을 통한 체질 개선의 기회로 삼았다. 그는 《뉴욕타임스》에 합류하자마자 뉴스룸 내부에 혁신팀을 구성했다. 그 결과물이 지난 2014년 공개되어 큰 반향을 일으킨 「혁신 보고서」 The Innovation Report 였다.[14] 이 보고서는 《뉴욕타임스》 내부가 여전히 종이신문 중심의 사고방식에 갇혀 있으며, 디지털 환경에서 독자의 이용 행태에 대한 이해가 부족하고, 디지털 시대의 유통 전략에 무관심하며, 부서 간 협업이 원활하지 않다고 진단했다.

이 보고서에서 강조한 메시지는 명확했다. 고품질 저널리즘을 생산하는 것만으로는 충분하지 않으며, 그것이 독자에게 전달되고 반응을 이끌어 내며 지속 가능한 수익으로 연결될 수 있도록 유통 전략과 독자 분석, 기술 활용이 결합되어야 한다는 것이었다. 《뉴욕타임스》는 디지털 중심의 조직 재편에 박차를 가했다. 디지털 유료 독자를 확보하는 전략은 독자의 흥미에 호소하는 것이 아니라 독보적인 고품질 저널리즘을 구현

하는 것이었다. 독보적 저널리즘의 기초 위에 요리, 게임, 오디오 콘텐츠와 같은 다양한 부가 서비스를 통해 독자의 일상에 깊이 침투하는 전략도 병행했다. 그 결과,《뉴욕타임스》는 2020년 3월 기준 디지털 구독자 500만 명을 돌파했고, 2023년에는 950만 명을 넘어섰다.《뉴욕타임스》전체 수익의 절반 이상이 디지털 구독을 통해 발생하고 있다.

《뉴욕타임스》의 디지털 전략 성공은, 저널리즘의 위기는 변화하는 환경에 조응하는 더 좋은 저널리즘을 만들어 냄으로써만 극복할 수 있다는 것을 보여 준다. 그동안 저널리즘이 위기를 극복하는 과정을 보면 저널리즘이 최고 수준을 유지할 수 있을 때 살아남았다. 독립적이고, 신뢰할 수 있고, 정확하고, 포괄적인 정보 제공은 저널리즘이 사회에 제공할 수 있는 가장 의미 있는 것이기 때문이다.

현재 저널리즘이 당면한 위기는 더 심대하고 근본적이다. 저널리즘 자체가 필요한지에 대한 의문이 제기되는 존재의 위기이다. 이 위기를 더 나은 도약의 기회로 삼기 위해서는 보다 근본적인 개혁이 필요하다.

사실 검증 중심의 저널리즘

전통 미디어는 '사실 검증'을 중심으로 저널리즘 원칙과 직무 수행을 재설계할 필요가 있다. 디지털 시대에 단순한 '정보의 전달'로서의 저널리즘은 효용성을 많이 상실했다. 오히려 정보가 너무 많이 유통되어 문제가 되는 시기이다. "홍수가 났는데 먹을 물이 없다"라는 말이 있다. 허위 조작 정보와 믿을 수 없는 정보가 넘쳐 나는 시기, 저널리즘은 신뢰할 수 있는 사회의 오아시스가 되어야 한다. 그러기 위해서는 보다 철저한 '사실 검증'에 기초한 저널리즘 원칙을 철저하게 세워야 한다.

도전	BBC 미래 역할
민주주의에 대한 도전: 허위 조작 정보, 선전, 편향 보도가 공통의 현실 인식을 약화시키고, 제도와 민주적 절차에 대한 신뢰를 훼손한다.	**진실 추구:** 어떠한 선입견도 없이 진실을 추구하며, 두려움 없이 공정하게 보도한다.
창조경제에 대한 도전: 치열한 글로벌 미디어 경쟁 속에서 영국적 스토리텔링이 점차 설 자리를 잃을 위험이 커지고 있다.	**스토리텔링 지원:** 영국 내 창작자와 콘텐츠에 투자하여 영국 고유의 스토리텔링을 보호하고 강화한다.
사회에 대한 도전: 글로벌 플랫폼을 통한 미디어 소비의 분절화가 사회적 양극화와 분열을 증폭시키고 있다.	**공통 기반 형성:** 놓칠 수 없는 콘텐츠로 모두를 연결하여 사람들을 하나로 모은다.

표 29. 2024년 발표한 BBC의 새로운 도전과 미래 비전

이런 시대적 요구를 가장 잘 파악해 대응하는 미디어가 영국 BBC이다. BBC는 주기적으로 변화하는 시기에 맞추어 공영방송의 비전과 전략을 재검토하고 업데이트한다. 2024년 3월에 발표한 「미래를 위한 BBC」*A BBC FOR THE FUTURE*가 가장 최

근 버전이다.[15] 이 보고서에서 BBC는 미디어 환경 변화로 마주하게 되는 위기를 민주주의에 대한 도전, 창조경제에 대한 도전, 그리고 사회에 대한 도전 이렇게 3가지로 제시했다. 그리고 각 도전에 대응하기 위해 BBC가 어떤 공적 책무를 해야 하는지를 설명하고 있다.

BBC는 '민주주의에 대해 도전'을 지금 이 시기 우리 사회가 해결해야 할 가장 중요한 문제로 보고 있다. 허위 조작 정보와 선전, 그리고 편향 보도가 민주적 절차에 대한 신뢰를 훼손하고 있다는 것이다. 이 도전에 맞서기 위해 BBC는 진실 추구를 내세우고 있다. 진실 추구를 '두려움 없이'와 '공정하게'라는 단어와 나란히 배치한 것이 눈에 띈다. '보여 주기식 중립성'에 안주하지 않고 진실을 향해 나아가겠다는 결기가 느껴지는 대목이다.

중립성을 넘어 진실 추구로

중립을 지키는 것은 쉬운 일이다. 각 진영이 말한 것을 그대로 옮기기만 하면 된다. 이른바 '따옴표 저널리즘'이라고 불린다. "A는 이렇게 말했다. 반면 B는 반박했다. 계속 싸울 것으로 보인다." 이 구도에 따르면 모든 문제는 논란이 된다. 담배가 폐암을 일으킬 위험이 있다는 것은 많은 연구와 임상을 통해 확인된 사실이었다. 그런데 담배회사가 지원한 연구 단체가 그럴듯한 반론을 제시한다. 그러면 언론은 중립을 지키기 위해 대부분의 학계가 동의하는 사실과 제기된 반론을 같은 비중으로 취급한다. 논란을 만들어 낸 것이다. 석유회사도 같은 방식으로 화석 연료가 기후 위기를 악화시키는지, 더 나아가 기후 위기가 있는지도 논란 거리로 만들었다. 저널리즘의 보여 주기식 중립성을 악용한 전략이 성공을 거둔 것이다.

보여 주기식 중립성은 저널리즘의 미래가 될 수 없다. 저널리즘은 다시 진실을 향한 여정이 되어야 한다. 저널리즘은 믿을 수 있는 총체적 맥락을 최선을 다해 제공해야 한다. 선입견도 없어야 하지만, 두려움도 없어야 한다. 신뢰할 수 있는 정보 제공에 대한 수용자의 열망은 줄어들지 않았다. 오히려 더 커지고 있다. 허위 조작 정보와 그를 생산하는 진영의 목소리가 커지는 시기, 믿을 수 있는 정보는 더욱 필요한 것이기 때문이다. 저널리즘이 추구하는 객관성 역시 보여 주기식 중립성을 의미하는 것에 머물러서는 안 된다. 객관성은 방법의 객관성으로 자리매김해야 한다. 언론인의 보도 출처와 보도 관행의 투명성 및 책임성을 강조함으로써 객관성이 수립되어야 한다. 이른바 '책임 있는 검증 가능성'accountable verifiability이 필요한 것이다.

진실보다 진영 논리를 앞세우는 극우 미디어 생태계의 등장, 보고 싶은 것만 보고 믿고 싶은 것만 믿는 수용자의 편향적 뉴스 소비, 그런 편향을 자극하고 차별과 분열을 자극하는 콘텐츠에 수익을 몰아 주는 플랫폼 기업까지 사실 해법이 보이지 않는 시기이다. 언론에 대한 불신은 더 커지고 있다. 한국 언론에 대한 불신이 특히 크다. 기자에 대한 불신은 더 강해졌다. 그야말로 저널리즘의 존재 자체에 물음이 제기되는 근본적인 위기의 시기이다.

근본적인 위기는 근본적인 대책을 통해서만 해결할 수 있다. 그리고 그 길은 '진실 추구'라는 저널리즘의 원칙을 더 확고하게 수립하는 데서 시작해야 한다. 저널리즘은 언론사와 그 종사자만의 문제가 아니라 사회에 대해 발언하는 1인 미디어 등 모든 사람이 지켜야 할 원칙이 되어야 한다. 저널리즘을 제외하고 신뢰할 수 있는 정보를 제공할 다른 대안은 아직 나타나지 않고 있다. 여전히 저널리즘의 복원을 주장할 수밖에 없는 이유이다.

독립적이고 신뢰할 수 있는 정보 제공자로서 저널리즘이 살아남을 것인가? 진영 논리 중심의 선전 선동물이나 자극적인 콘텐츠, 허위 조작 정보에 자리를 내주고 저널리즘은 사라질 것인가? 이는 가까운 미래에 결정될 것이다.

나가는 말

필자는 고대 그리스에 관심이 많다. 그리스 철학도 즐겨 읽는다. 그리스 신화나 서사시, 비극도 좋아한다. 그리스 출신 인물 가운데 가장 관심이 가는 사람은 단연 알키비아데스이다. 그리스 역사상 가장 잘생긴 남자라는 평가를 받는 남자이다. 어릴 적에는 뭇 남성의 마음을 사로잡았고, 성년이 되어서는 그리스 여성들의 인기를 독차지했다고 한다. 소크라테스의 제자이자 연인이기도 했다. 플라톤의 『향연』이라는 책에서, 술에 취해 소크라테스를 향한 애정을 도발적으로 고백하는 장면의 주인공이기도 하다.

알키비아데스는 전쟁 지휘 능력도 뛰어났다. 소크라테스 제자답게 언변도 훌륭했다. 사교성이 넘치고 잘생기기까지 했다. 아테네에서 인기가 하늘을 찔렀다. 하지만 그의 인생은 평탄하지 않았다. 그 당시 아테네는 직접 민주주의의 전성기가 저물고 있던 시기였다. 파벌 간 다툼이 치열해졌고, 이에 편승한 데마고그(선동가)가 득세했다. 민중이 아니라 어리석은 민중이 지배한다는 '중우정치'의 시대였다. 알키비아데스의 불행의 시작은 시칠리아 원정을 떠난 후에 발생했다. '주전파'를 대표했던 알키비아데스에 반대하는 '온건파' 선동가들은 그가 원정을 떠나자마자 그를 신성모독으로 고발했다. 시민들은 알키비아데스에게 소환 명령을 내렸다. 소환되면 사형 선고가 내려질 가능성이 높았던 상황이었다. 결국 그는 망명을 선택했다. 그것도 아테네와 전쟁 중이던 스파르타로의 망명이었다.

스파르타와의 전쟁에서 패색이 짙어진 상황을 반전시키기 위해 야심 차게 시작한 시칠리아 원정이었다. 전투가 가능한 시민은 모두 징병했다. 아테네의 경제적 역량을 모두 쏟아부어 대규모 함대도 복원했다. 그렇게 시칠리아 원정대가 떠났다. 그러나 전쟁 승리보다 당파적 이익을 앞세운 선동가들에 의해 전쟁 지휘관이 사라졌다. 새로 온 지휘관은 무능했다. 지휘관 세 명의 손발도 맞지 않았다. 결국 아테네는 궤멸적 패배를 당한다. 4만 명이 넘는 병사 대부분이 살아 돌아오지 못했다. 함대는 다 불타 버리거나 빼앗겼다. 그야말로 '시칠리아 대재앙'이었다.

반면 스파르타로 망명한 알키비아데스는 최고의 인기를 구가하는 인물이 되었다. 스파르타 왕으로부터 총애도 받았다. 아테네와의 전쟁에 대해 많은 조언을 해 주기도 했다. 그의 조언 덕분인지 스파르타는 아테네를 상대로 연전연승을 거두었다. 하지만 문제가 발생했다. 스파르타 왕비가 낳은 왕자의 실제 아버지가 알키비아데스라는 소문이 돈 것이다. 여러 정황상 사실일 가능성이 높았다. 결국 그는 몰래 도망쳐 이번에는 페르시아로 망명한다.

그는 페르시아에서도 최고의 인기남이었다. 그리스 해군에 밀리던 페르시아 해군에게 그는 많은 조언을 했다. 직접 함대를 이끌고 승리를 거두기도 했다. 페르시아는 에게해의 패권을 다시 장악했다. 벼랑 끝에 몰린 아테네는 몰래 알키비아데스를 찾아가 아테네로 복귀해 달라고 청한다. 아테네로 돌아온 알키비아데스는 아테네 해군을 이끌고 스파르타와 페르시아를 상대로 두 차례 대승을 거두었다. 패색이 짙어 가던 아테네가 오랜만에 거둔 값진 승리였다. 하지만 말 그대로 그것은 마지막 불꽃에 불과했다. 선동가들이 다시 나섰다. 그들은 알키비아데스가 반역을 모의하고 있다고 비난했다. 선동에 넘어간 아테네 시민들은 그의 군대 지휘권을 박탈하고 그를 다시 추방했다. 그리고 알키비아데스는 망명지에서 자객에게 암살당한다. 아테네는 결국 기원전 431년부터 404년까지 약 27년에 걸친 펠로폰네소스 전쟁에서 스파르타에게 최종적으로 패배했다. 위대했던 아테네는 고만고만한 도시국가로 전락했다.

내전으로 치닫는 극우 미디어 생태계에 관한 책을 쓰면서 알키비아데스의 운명이 계속 떠올랐다. 민주주의의 원조로 추앙받는 아테네의 직접 민주주의는 사실 오래 지속되지 않았다. 많이 봐주어야 30년 이내이다. 데마고그들에 의해 중우정치로 변질되었다. 선동가들은 끊임없이 대중의 감정을 자극하며 분열을 조장했다. 역량 있는 정치가들은 추방되거나 목숨을 잃었다. 그 자리를 선동가와 아첨꾼이 차지했다. 소크라테스는 독배를 마셔야 했다. 알키비아데스도 굴곡진 삶을 살았다. 아테네도 몰락했다. 이를 지켜본 플라톤은 민주주의를 혐오했다. 그는 『국가』라는 책에서 우매한 민중이 지배하는 중우정치가 아니라 현명한 사람이 지배하는 철인정치를 주창했다. 그렇게 고대 그리스 민주주의는 사라졌다.

    고대 민주주의 몰락 이후 2000년이 지나서야 근대 민주주의 체제가 수립되었다. 직접 민주주의였던 고대와 달리 근대 민주주의는 간접 민주주의 체제이다. 국민이 권력을 일시적으로 위임하는 체계이다. 그만큼 권력과 시민을 매개하는 언론의 역할이 중요하다. 언론은 위임받은 권력의 행사를 감시 견제하며, 시민들의 선택을 도울 수 있는 검증된 정보를 제공한다. 합리적 토론을 위한 공론장을 제공함으로써, 민주주의가 뿌리내릴 수 있는 토양을 만들었다. 근대 민주주의는 지난 200여 년 동안 유럽을 넘어 전 세계에서 가장 유력한 정치 체제로 자리 잡았다. 민주주의를 대체할 다른 체제를 상상하기조차 힘들다는 의미에서 '역사의 종말'이라는 표현까지 등장했다.

    영원할 것 같던 민주주의에도 위기가 찾아왔다. 그것도

민주주의 전통이 가장 오래되고 강한 미국과 유럽을 중심으로 위기가 시작되었다. 안정적인 보수-진보 양당 정치 체제는 대부분의 유럽 국가에서 붕괴했다. 그 틈을 극우 정당이 차지했다. 난민과 이민자 급증에 따른 실업난, 잇따른 전쟁에 따른 안보 불안, 그리고 이 상황을 개선할 대책을 제대로 내지 못하고 있는 기존 정당에 대한 실망감 등이 겹치면서 극우가 약진하고 있다. 1930년대 파시즘과 나치즘이 등장한 상황이 재현될지 모른다는 우려까지 나오고 있다. 미국 역시 트럼프 대통령 재집권 이후 WTO 등 다자주의적 국제 질서를 무시하고 미국 이익 중심의 새로운 체제를 만들어 가고 있다. '팍스 아메리카나'는 미국의 패권을 자본주의 진영의 공동 번영과 평화를 지키는 데 활용하는 체제였다. 트럼프 이후 미국 패권은 단지 다른 나라를 윽박질러 자국 이익을 취하는 데만 쓰이고 있다.

극우의 약진과 함께 전 세계적으로 관찰되는 현상이 극우 포퓰리스트 정치인들의 등장이다. 이들은 직접 시민들을 향해 선전과 선동 활동을 벌인다. 아테네의 데마고그와 닮은꼴이다. 합리적 토론의 장이었던 아테네의 아크로폴리스와 아고라가 이들에 의해 선전 선동의 장이 되었듯, 미디어 생태계는 합리적 공론의 장이 아니라 혐오와 차별을 부추기는 선동의 장으로 변질되고 있다. 네트워크로 연결된 대중의 디지털 역동성은 각자의 버블에서만 집중적으로 작동한다. 다른 버블에 속한 사람과는 말이 통하지 않는다. 공통 기반이 없어지니 토론 자체가 불가능하다. 점심을 함께 먹는 것도 불편할 정도의 심리적 내전 상태이다. 언제든지 현실 폭동으로 발전해도 이상할 것이 없는 상황이다. 그야말로 근대 민주주의의 위기 시대이다. 고대 아테네 민주주의는 데마고그들에 의해 중우정치로 변질되며 몰락의 길을 걸었다. 진실보다 진영 논리와 혐오 및 차별에 기반한 선동가들의 목소리가 높아지는 사회, 과연 근대 민주주의는 이 상황을 견뎌 낼 수 있을까?

그나마 위안이 되는 것은, 한국의 경우 극우 미디어 생태계가 아직은 주류적 위치로까지 올라서지는 못했다는 점이다. 12.3 비상계엄 이후 극우 세력이 강해지고 있는 것은 사실이다. 극우와 일정 정도 거리를 두던 국민의힘이 극우 정당화되고 있는 것도 불안 요소 가운데 하나이다. 과연 우리나라도 극우와 극우 미디어가 보수 세력을 완전히 접수하고 국가기관까지 차지하게 될까? 필자는 그럴 가능성은 높지 않다고 본다.

첫째, 한국 극우는 대중의 분노를 자극하지만, 욕망을 자극하지는 못한다. 미국과 유럽의 극우는 분노와 욕망을 함께 자극한다. 트럼프의 반중 캠페인은 권위주의 정권에 대한 견제로 포장되어 있지만, 본질은 경제 패권을 위협하는 중국을 견제하려는 것이다. 한국 극우의 반중은 반공 정서에 기반한 '이념적인 반중'에 가깝다. 거기에 감정적 요소도 가미되었다. 경제적인 관점에서 중국을 적으로 돌리는 것이 도움이 되지 않는다. 중국은 우리의 최대 교역국 가운데 하나이니 말이다. 트럼프의 "미국을 다시 위대하게"라는 구호는 몰락하는 중산층과 백인 노동자의 욕망을 자극하기 위해 만들어진 구호이다. 트럼프가 하는 행태가 마음에 들지는 않아도, 그가 가져다줄 일자리와 부는 미국인의 욕망을 자극할 수 있다. 유럽 극우의 이주민 적대 정책 역시 자국민의 일자리를 지키고 복지 수준을 유지하는 데 도움이 될 것이라는 기대가 깔려 있다. 하지만 한국 극우에게는 욕망을 자극할 그런 전략이 없다. '반공'이라는 낡은 이념과 소수자와 외국인에 대한 '분노'만 있다. 게다가 한국은 전형적인 통상 국가이다. 신자유주의 세계화와 WTO 체제는 한국 경제 발전의 토대였다. 다자주의를 거부하고 자국 중심주의로 치닫는 극우의 전략은 우리 경제에는 치명적이다. 그런 전략으로 한국 국민의 마음을 얻을 가능성은 높지 않다. 실제로 지난 제21대 대선에서 활발하게 경제 활동을 하고 있는 40대의 경우, 김문수 후보 지지율이 22.2%에 머물렀다. 50대 역시 25.9%에 그쳤다.

둘째, 한국 국민의 민주주의에 대한 열망은 남다르다. 그 어느 나라보다 강한 편이다. 한국 국민은 군사 독재 정권의 피해를 너무나 오래 겪었다. 그리고 시민 혁명으로 독재 정권을 무너뜨리고 민주 정권을 수립한 소중한 경험을 공유하고 있다. 민주주의가 훼손될 우려가 생기면 가장 먼저 광장에 모여 민주주의를 지켜내는 것도 시민이다. 민주주의 훼손에 대한 거부감이 그만큼 강한 나라이다. 12.3 비상계엄으로 야기된 민주주의의 위기를 극복하고, 민주주의를 회복한 것도 두려움 없이 국회로 달려온 시민들의 공이 있었기 때문이었다.

하지만 극우 세력이 힘을 잃거나, 극우 미디어 생태계가 전통 미디어 생태계에 다시 통합될 것이라고 기대하기는 힘들다. 그렇지만 포기할 수는 없는 일이다. 그리고 그 길은 전통 미디어 생태계의 상대적 우위를 강화하는 것이다. 진실 추구와 사실 검증이라는 원칙이 통하는 제대로 된 미디어 생태계를 구축해야 한다는 것이다.

"모든 시대는 각자의 저널리즘을 만들어 낸다"라는 말이 있다. 각 시대는 변화하는 환경에 조응하는 더 좋은 저널리즘을 만들어 냄으로써 저널리즘의 위기를 극복해 왔다. 저널리즘에 대한 불신이 그 어느 시기보다 커지는 시기, 저널리즘 자체가 필요한지에 대한 의문이 제기되는 존재의 위기까지 거론되고 있다. 근본적인 개혁이 반드시 필요하다. 저널리즘이 다시 민주주의의 단단한 토대가 되어야 근대 민주주의도 살고, 우리 사회의 소중한 평화도 지켜 나갈 수 있다.

* * *

무언가를 쓴다는 것은 고통스러운 일이다. 30년 이상 기사를 써 왔지만, 그 고통은 조금도 줄어들지 않았다. 오히려 늘어났다. 책을 쓰는 것은 색다른 고통이었다. 쉽지 않은 도전이었다.

자신이 쓴 책을 왜 '솜씨가 서투르고 보잘것없는 책'이라는 뜻의 '졸저'라고 부르는지 이해할 수 있었다. 부족함이 많은, 말 그대로 졸저이다. 그래도 이 책을 세상에 내는 이유는 민주주의 위기의 시대에 더 나은 저널리즘이 필요하다는 인식이 확산하는 데 조금이라도 도움이 되었으면 하는 바람 때문이다.

프랑스 철학자 들뢰즈는 『천의 고원』 서문에서 자신은 이미 여럿이었으며, 자신 속에는 많은 사람이 존재했다고 썼다. 그의 말을 조금이나마 이해하게 되었다. 이 책은 '내'가 쓴 것이 아니라 내 안의 '많은 사람'이 만들어 낸 것이다. 그나마 이 책에서 불만한 부분이 있다면 그 사람들 덕이다. 그 이름을 밝히며 고마움을 표하는 것이 관습이겠지만, 그 많은 사람들을 다 알 수가 없다. 다 명시하기는 더더욱 어렵다. 누구를 거명하고 누구를 빼는 것은 필자의 취향에 맞지 않는다. 모든 분들께 감사의 말을 전하는 것으로 대신하려 한다. 부족한 필자를 언제나 이해해 주고, 또 사랑해 주는 아내 김미형과 한결, 한빈에게는 특별히 감사를 전한다.

미주

들어가는 말

1   미국 의회도서관(LOC) Prints and Photographs Division, 디지털 ID ppmsc 02832(1898년 6월 29일), https://hdl.loc.gov/loc.pnp/ppmsc.02832.

2   Chronicling America(Library of Congress), https://www.newspapers.com/article/the-world-new-york-world-headline-17-feb/21706999/?lo cale=en-US&utm_source=chatgpt.com.

3   Chronicling America(Library of Congress), https://www.loc.gov/item/sn86071545/1898-02-17/ed-1/?utm_source=chatgpt.com.

4   1898년 5월 15일자 《샌프란시스코 콜》(The San Francisco Call) 제18면에 "Remember the Maine! To Hell with Spain!"이라는 슬로건이 삽화와 함께 실렸다. Chronicling America(Library of Congress), https://chroniclingamerica.loc.gov/lccn/sn85066387/1898-05-15/ed-1/seq-18/).

5   "당신은 그림만 제공하게. 전쟁은 내가 준비하겠네"라는 말은 윌리엄 랜돌프 허스트가 1897년 쿠바에 파견한 삽화가 프레더릭 레밍턴에게 전했다고 널리 알려져 있다. 하지만 허스트가 실제로 해당 전보를 보냈다는 명확한 증거나 기록은 존재하지 않지만, 당대 황색 저널리즘을 상징적으로 보여 주는 신화적 인용으로 보는 견해가 우세하다. 허스트 전기에서 이를 다룬 데이비드 나소는 이 발언이 "널리 인용되지만 실증적 근거가 없다"라고 분명히 밝힌다. David Nasaw, *The Chief: The Life of William Randolph Hearst*, Houghton Mifflin, 2000, pp. 200~202.

6   홍성국 전 의원은 "윤 대통령의 계엄령은 알고리즘 중독이 초래한 세계 최초의 내란"이라고

평가했으며, 이 발언은 2025년 1월 5일자 미국 《뉴욕타임스》 기사 '공포와 음모론이 한국의 정치적 위기를 부추긴 방식'에서 인용되었다. https://www.nytimes.com/2025/01/04/world/asia/south-korea-yoon-conspiracy-theories.html?searchResultPosition=1.

7 바버라 F. 월터, 유강은 옮김, 『내전은 어떻게 일어나는가』, 열린책들, 2025, 143쪽.

8 리 매킨타이어, 김재경 옮김, 『포스트 트루스』, 두리반, 2024.

9 Yochai Benkler, Robert Faris, Hal Roberts, *Network Propaganda: Manipulation, Disinformation, and Radicalization in American Politics*, Oxford University Press, 2018.

1장

1 '선거연수원 체포 중국인 99명 주일미군기지 압송됐다', 《스카이데일리》, 2025.01.16, https://www.skyedaily.com/news/news_view.html?ID=260217&search=%C7%E3%B0%E2.

2 '선거연수원에서 중국인 해커 90명이 계엄군에 의해 체포되었다는 일부 언론 보도는 사실이 아닙니다', 중앙선거관리위원회 알림·소식, 2025.01.17, https://www.nec.go.kr/site/nec/ex/bbs/View.do?bcIdx=265650&cbIdx=1084&utm_source=chatgpt.com.

3 U.S. Forces Korea 공식 X 계정, 'all information is false from Sky Daily, the DOD and USFK have both stated the claim is false', X(Twitter), 2025.01.20, https://x.com/USForcesKorea/status/1881587620960227360?utm_source=chatgpt.com.

4 'Please refer to the U.S. military's statement in South Korea' & 'completely false', 《매경비즈》 외신보도, 2025.01.21.

5 '[48시간 외전_22] (추리소설) 선관위 압수수색의 비밀 (2)', 디시인사이드. 현재는 게시물이 숨김 혹은 삭제된 상태임.

6 '12·3, 선관위 연수원에서 실무자·민간인 90여 명 감금 정황', 《시사인》, 2024.12.24, https://www.sisain.co.kr/news/articleView.html?idxno=54688.

7 '48시간좌가 말했던 선관위 연수원쪽에서 뉴스터졌네', 디시인사이드 동덕여대 갤러리, 2024.12.24. 현재는 게시물이 숨김 혹은 삭제된 상태임.

8 '선관위연수원이 외국인공동주택으로 등록된건 알고있나', 디시인사이드 국민의힘 비대위 갤러리, 2025.01.18, https://gall.dcinside.com/mgallery/board/view/?id=rightpolitics&no=734065.

9 '[팩트인사이드] 선거연수원 제2생활관 "외국인 공동주택" 등록은 부정선거 사전 준비와 연관돼 있다', 《중부일보》, 2025.01.23, https://www.joongboo.com/news/articleView.html?idxno=363683246.

10 '尹 신의 한수는 이것인가/선관위 연수원 90명/네이버 이럴 수가/국민 반응 대박', 유튜브 채널 〈누리 PD-TV〉, 2025.12.26, https://www.youtube.com/watch?v=8T-JR4xrjcA.

11 '선관위연수원 중국인 해커부대 90명 누구인가', 《스카이데일리》, 2024.12.26, https://

www.skyedaily.com/news/news_view.html?ID=257926&search=%BC%B1%B0%FC%C0%A7%20%BF%AC%BC%F6%BF%F8.

12 '[황교안의 손편지] 계엄 날, 선관위 연수원 90명이 중국인 해커라고?', 《FN TODAY》, 2024.12.26, https://www.fntoday.co.kr/news/articleView.html?idxno=342035.

13 '사라진 선관위 90명 어디로 갔는지 추정된다', 유튜브 채널 〈똑돌 TV〉, 2025.01.02, https://youtu.be/X8AKAGaptrw.

14 '국가원로회 "中전산조작 요원 90명 체포 美정보요원에게 수사받는 중"', 《스카이데일리》, 2025.01.01, https://www.skyedaily.com/news/news_view.html?ID=258741&search=%B1%B9%B0%A1%20%BF% F8%B7%CE%C8%B8.

15 '선거연수원 체포 중국인 99명 주일미군기지 압송됐다', 《스카이데일리》, 2025.01.16, https://www.skyedaily.com/news/news_view.html?ID=260217&search=%C7%E3%B0%E2.

16 KBS 〈추적 60분〉, '극단주의와 그 추종자들'(2025년 3월 7일) 18분경. 전 국정원 직원이 안병희 씨와 몇 가지 이야기를 나눈 후 신분이 확실하며, 그가 이야기하는 내용이 일정의 암시를 주는 것으로 판단됐다는 인터뷰가 나온다. https://vod.kbs.co.kr/index.html?source=episode&name=vod&stype=vod&program_code=T2023-0193&program_id=PS-2025011692-01-000&broadcast_complete_yn=N&local_station_code=00 &section_code=05&section_sub_code=06.

17 같은 방송.

18 같은 방송.

19 빌 코바치·톰 로젠스틸, 이재경 옮김, 『저널리즘의 기본 원칙』, 2021.

20 '신문윤리위원회, "부정선거 中 개입" 음모론 보도 스카이데일리에 중징계', 《매일경제》, 2025.02.13, https://news.nate.com/view/20250213n39782?utm_source=chatgpt.com.

21 '선거연수원 체포 중국인 99명 주일미군기지 압송됐다 등 기사 6건에 신문윤리위, 경고', 《스카이데일리》, 2025.04.07, https://www.skyedaily.com/news/news_view.html?ID=268937&search=%C0%B1%B8%AE%C0%A7.

22 '"중국 간첩 99명 체포" 스카이데일리 기자 구속영장 신청', 〈MBC 뉴스〉, 2025. 05. 20, https://imnews.imbc.com/news/2025/society/article/6717703_36718.html?utm_source=chatgpt.com.

23 '[미디어 프리즘] "어젠다 세팅"과 언론의 자유', 《스카이데일리》, 2025.05.22, https://www.skyedaily.com/news/news_view.html?ID=273645&search=%C7%E3%B0%E2.

24 '스카이데일리 기자, 구속 면해… 법원 "증거 상당부분 수집"', 《오마이뉴스》, 2025.05.21, https://omn.kr/2dp4x.

25 '[社告] 간첩단 보도 사과드립니다', 《스카이데일리》, 2025.08.13, https://www.skyedaily.com/news/news_view.html?ID=282281.

26 허겸-안병희 간 통화(2025.01.17) 녹취.

27 허겸-안병희 간 통화(2025.01.18) 녹취.

28   같은 녹취.

29   '내란선동죄 혐의 입건된 전광훈 "난 체포돼도 괜찮다"',《오마이뉴스》, 2024.01.23, https://www.ohmynews.com/NWS_Web/View/at_pg.aspx?CNTN_CD=A0003099127.

30   '"오동운 죽이자" 공수처 차 부순 尹지지자들, 민간 차량까지 공격',《중앙일보》, 2025.01.18, https://v.daum.net/v/20250118213203774?f=p&utm_source=chatgpt.com.

31   '尹 구속부터 시위대 진압까지 "법원 난동" 3시간 재구성',《조선일보》, 2025.01.19, https://www.chosun.com/national/incident/2025/01/19/KYDUYEAIBNEE3PGHFTYZMVJWL4/?utm_source=chatgpt.com.

32   '[서부지법 폭동 지켜본 외신기자의 말] 경찰 부상 55명(11명 전치 3주 이상), 민간인(언론인 포함) 부상 41명',《시사인》, 2025.02.05, https://www.sisain.co.kr/news/articleView.html?idxno=54940&utm_source=chatgpt.com.

33   '"락TV" 운영자도 시위대 따라 건물 내부 진입… 특수건조물침입 혐의 현행범 체포',《국민일보》, 2025.01.20, https://www.kmib.co.kr/article/view.asp?arcid=1737365526&utm_source=chatgpt.com.

34   '서부지법 폭동 개입 사랑제일교회 특임전도사 체포… "녹색점퍼남" 구속 기로',〈MBC 뉴스〉, 2025.02.04, https://imnews.imbc.com/news/2025/society/article/6683058_36718.html?utm_source=chatgpt.com.

35   바버라 F. 월터, 유강은 옮김,『내전은 어떻게 일어나는가』, 열린책들, 2025.

36   '정치 성향 다르면 밥도 같이 먹기 싫다… 국민 40% "불편하다" 응답',《조선일보》, 2023.01.03, https://www.chosun.com/politics/politics_general/2023/01/03/J5KSD6Y6GVDPLMMWQJAJKJNQFM/.

37   'Trump's Brief Speech from the White House Made America's Troubles Worse',《The New Yorker》, 2020.11.04, https://www.newyorker.com/news/daily-comment/trumps-brief-remarks-from-the-white-house-made-americas-troubles-worse.

38   'Official Vote Count Continues Nationwide as Donald Trump Falsely Claims a Win From The White House',《TIME》, 2020.11.04, https://time.com/5906949/donald-trump-vote-count.

39   U.S. House of Representatives, *Final Report of the Select Committee to Investigate the January 6th Attack on the United States Capitol*, December 2022, p. 12, https://www.govinfo.gov/content/pkg/GPO-J6-REPORT/pdf/GPO-J6-REPORT.pdf.

40   Edward B. Foley and Charles Stewart III, 'Explaining the Blue Shift in Election Canvassing', *MIT Political Science Department Research Paper*, No. 2015-21(August 28, 2015), https://ssrn.com/abstract=2653456.

41   U.S. House of Representatives, *Final Report of the Select Committee to Investigate the January 6th Attack on the United States Capitol, Final Report*, December 2022, Chapter 1 참조.

42   같은 보고서, Chapter 1, 스티브 배넌 발언 인용 부분 참조.

43 'Stop the Steal', InfluenceWatch, https://www.influencewatch.org/organization/stop-the-steal/.

44 'Stop the Steal's massive disinformation campaign connected to Roger Stone', CNN, November 14, 2020, https://www.cnn.com/2020/11/13/business/stop-the-steal-disinformation-campaign-invs/index.html.

45 'The Prophecies of Q: American conspiracy theories are entering a dangerous new phase', 《The Atlantic》, June 2020, https://www.theatlantic.com/magazine/archive/2020/06/qanon-nothing-can-stop-what-is-co ming/610567/.

46 'Statement on Isolated Software Configuration Error in Antrim County', AP, November 6, 2020, https://apnews.com/article/joe-biden-donald-trump-technology-voting-michigan-6beeef230376e75252d6eaa91db3f88f?utm_source=chatgpt.com.

47 'Fact check: Incorrect reporting of Antrim county election results due to human error', Reuters, November 13, 2020, https://www.reuters.com/article/idUSKBN27S2FI.

48 '美대선 부정선거, 중국산 소프트웨어 "도미니언"(Dominion) 개입', 《FN TODAY》, 2020.11.09, "https://www.fntoday.co.kr/news/articleView.html?idxno=239160.

49 'Trump Tweets Conspiracy Theory About Delected Votes', FactCheck.org, November 13, 2020, https://www.factcheck.org/2020/11/trump-tweets-conspiracy-theory-about-deleted-votes/?ut m_source=chatgpt.com.

50 'Fact-checking the craziest news conference of the Trump presidency', 《The Washington Post》, November 19, 2020, https://www.washingtonpost.com/politics/2020/11/19/fact-checking-craziest-news-conferenc e-trump-presidency/.

51 'AP FACT CHECK: Trump legal team's batch of false vote claims', AP, November 20, 2020, https://apnews.com/article/fact-check-trump-legal-team-false-claims-5abd64917ef8be9e9e207 8180973e8b3.

52 'Trump Won Two-Thirds of Elec', PolitiFact, February 7, 2021, https://www.politifact.com/factchecks/2021/feb/09/blog-posting/trump-did-not-win-two-thirds-election-lawsuits-whe/.

53 미국 각 주는 2020년 12월 14일 선거인단 투표 후 'Certificate of Vote'를 포함한 공식 문서를 연방 상원의장과 국가기록보관청(NARA) 등에 송부했다. 이는 미국 연방법(3 U.S.C. § 11-13)에 따른 절차로, 상·하원 합동회의에서 이를 개봉해 대통령을 공식 인증하게 된다. National Archives and Records Administration, 'Instructions for State Officials – Electoral College 2020', https://www.archives.gov/electoral-college/state-officials/so-instructions.

54 'Trump pressed, threatened Pence to overturn election, panel hears', Reuters, June 17, 2022, https://www.reuters.com/world/us/us-capitol-jan-6-panel-turns-attention-pence-thursdays-h earing-2022-06-16/.

55 'Leader of Proud Boys and Four Other Members Indicred in Federal Court For Seditious Conspiracy and Other Offenses Related to U.S. Capitol Breach', U.S. Department of

JUSTICE, June 6, 2022, https://www.justice.gov/opa/pr/leader-proud-boys-and-four-other-members-indicted-federal-court-seditious-conspiracy-and.

56   U.S. House of Representatives, *Final Report of the Select Committee to Investigate the January 6th Attack on the United States Capitol*, December 22, 2022, p. 643.

57   같은 보고서, p. 646.

58   'Read Trump's Jan. 6 Speech, A Key Part Of Impeachment Trial', NPR, February 10, 2021, https://www.npr.org/2021/02/10/966396848/read-trumps-jan-6-speech-a-key-part-of-impeachment-trial?utm_source=chatgpt.com.

59   U.S. House of Representatives, *Final Report of the Select Committee to Investigate the January 6th Attack on the United States Capitol*, December 22, 2022, p. 653.

60   〈Don Lemon Tonight〉, 2021년 7월 27일 방송, 마이클 파노네 인터뷰.

61   같은 날 방송, 해리 던 인터뷰.

62   'At least 17 police officers remain out of work with injuries from the capitol attack', CBS NEWS, June 4, 2021, https://www.cbsnews.com/news/capitol-police-injuries-riot/?utm_source=chatgpt.com.

63   U.S. House of Representatives, *Final Report of the Select Committee to Investigate the January 6th Attack on the United States Capitol*, December 22, 2022, p. 612.

64   같은 보고서, p. 669.

65   에이피 통신(AP)은 "우고 차베스의 가족은 도미니언 투표 시스템에 대한 지분을 갖고 있지 않다"라고 하면서 총수 지분 중 스테이블 스트리트 캐피털(Staple Street Capital)이 75.2%, 폴로스 개인이 12% 보유하고 있다고 밝혔다. 차베스 일가나 다른 외국 정부와의 권력 관계는 전혀 없다고 밝혔다. https://apnews.com/article/fact-checking-9809670730?utm_source=chatgpt.com.

66   'Dominion files $1.6 billion defamation lawsuit against Fox News', AXIOS, March 26, 2021, https://www.axios.com/2021/03/26/dominion-lawsuit-fox-news-defamation?utm_source=chatg pt.com.

67   'Sidney Powell tells court "no reasonable person" would take her voter fraud claims as fact', CBS News, March 23, 2021, https://www.cbsnews.com/news/sidney-powell-dominion-defamation-lawsuit-voter-fraud/?utm_source=chatgpt.com.

68   'Off the air, Fox News stars blasted the election fraud claims they peddled', NPR, February 16, 2023, https://www.npr.org/2023/02/16/1157558299/fox-news-stars-false-claims-trump-election-2020?utm_source=chatgpt.com.

69   Delaware Superior Court, 'Dominion Voting Systems v. Fox News Network, LLC, Memorandum Opinion', February 17, 2023, p. 25, https://www.courts.delaware.gov/Opinions/Download.aspx?id=344170.

70   'Fox News hosts thought Trump's election fraud claims were "total BS," court filings

show', 《The Guardian》, February 17, 2023, https://www.theguardian.com/media/2023/feb/17/fox-news-hosts-dominion-lawsuit-trump-ele ction-fraud-tucker-carlson-sean-hannity-laura-ingraham?utm_source=chatgpt.com.

71 'Producer claims Fox coerced testimony in Dominion libel case', CPR News, March 21, 2023, https://www.cpr.org/2023/03/21/producer-claims-fox-coerced-testimony-in-dominion-libel-case/?utm_source=chatgpt.com.

72 'We're Not Calling Election for Biden', 《NEWSMAX》, September 24, 2025, https://www.newsmax.com/newsfront/election-2020-newsmax-trump/2020/11/07/id/995928/?u tm_source=chatgpt.com.

73 'Dominion voting case exposes post-election fear at Fox News', AP, February 24, 2023, https://apnews.com/article/politics-television-donald-trump-business-1a4337a89c8abd952a814 c60fa269b3c.

74 Delaware Superior Court, 'Dominion Voting Systems v. Fox News Network, LLC, Memorandum Opinion', February 17, 2023, p. 56, https://www.courts.delaware.gov/Opinions/Download.aspx?id=344170.

75 김원근·정주명,『명예훼손』, 박영사, 2022.

76 'Dominion lawyer says "lies have consequences" as Fox settles defamation suit for $787.5m–as it happened', 《The Guardian》, April 18, 2023, https://www.theguardian.com/us-news/live/2023/apr/18/fox-news-dominion-defamation-trial- live-updates-us-politics?utm_source=chatgpt.com.

77 'Delaware judge rules Newsmax coverage of Dominion Voting Systems was false, defamatory', Reuters, April 10, 2025, https://www.reuters.com/business/media-telecom/delaware-judge-rules-newsmax-defamed-do minion-voting-systems-2025-04-09/?utm_source=chatgpt.com.

78 'Trump co-defendant Sidney Powell pleads guilty in Georgia election interference case', 《The Washington Post》, October 19, 2023, https://www.washingtonpost.com/national-security/2023/10/19/pro-trump-lawyer-sidney-pow ell-pleads-guilty-georgia-election-interference-case/?utm_source=chatgpt.com.

79 Brendan Nyhan and Jason Reifler, 'When Corrections Fail: The Persistence of Political Misperceptions', *Political Behavior* 32, no. 2, 2010, pp. 303~330.

80 '[김정하의 시시각각] 정권 망친 尹 대통령의 3중 중독', 《중앙일보》, 2024년 12월 13일, https://www.joongang.co.kr/article/25299610.

81 '"여러분, 계엄은 범죄가 아닙니다"…尹 자필 편지 공개 [전문]', 《한국경제》, 2025년 1월 15일, https://www.hankyung.com/article/2025011579697?utm_source=chatgpt.com.

82 '총선 출구조사에 격노한 尹 "그럴 리 없어, 당장 방송 막아"', 《중앙일보》, 2025년 4월 7일, https://www.joongang.co.kr/article/25326575.

2장

1 리 매킨타이어, 김재경 옮김, 『포스트 트루스』, 두리반, 2024.

2 같은 책, p. 28.

3 데이비드 로버트 그라임스, 김보은 옮김, 『페이크와 팩트: 왜 합리적 인류는 때때로 멍청해지는가』, 디플롯, 2024.

4 Herbert A. Simon, 'Designing Organizations for an Information-Rich World', in *Computers, Communications, and the Public Interest*, ed. Martin Greenberger, Baltimore: Johns Hopkins University Press, 1971, pp. 40~41.

5 박권일, 「탈진실 시대 한국의 민주주의」, 언론개혁정책집단 <세움> 설립 세미나 발제문, 2025.

6 Paul F. Lazarsfeld, Bernard Berelson, and Hazel Gaudet, *The People's Choice: How the Voter Makes Up His Mind in a Presidential Campaign*, New York: Columbia University Press, 1944; Leon Festinger, *A Theory of Cognitive Dissonance*, Stanford: Stanford University Press, 1957.

7 김영주·오세욱·이은주·정영주·정재민, 「뉴스 이용 행태 변화와 뉴스 회피」, 한국언론진흥재단, 2024년 11월 30일.

8 최진호·박영흠, 「디지털 뉴스 리포트 2022」, 한국언론진흥재단, 2022년 10월 31일.

9 Eli Pariser, *The Filter Bubble: What the Internet Is Hiding from You*, New York: Penguin Press, 2011.

10 Cass R. Sunstein, *#Republic: Divided Democracy in the Age of Social Media*, Princeton: Princeton University Press, 2017, chapter 4.

11 Deborah G. Johnson and Kent Wayland, 'Information Silos and Social Fragmentation', *Ethics and Information Technology* 14, no. 2, 2012, pp. 79~88.

12 Raymond S. Nickerson, 'Confirmation Bias: A Ubiquitous Phenomenon in Many Guises', *Review of General Psychology* 2, no. 2, 1998, pp. 175~220.

13 Benkler, Y. et al., *Network propaganda: Manipulation, disinformation, and radicalization in American Politics*, Oxford: Oxford University Press. 2018.

14 같은 책, p. 60.

15 'Rape Allegations Refiled Against Trump', Courthouse News Service, September 30, 2016, https://www.courthousenews.com/rape-allegations-refiled-against-trump/?utm_source=chatgpt.com.

16 'Why The New Child Rape Case Filed Against Donald Trump Should Not Be Ignored, 《HUFFPOST》, Jun 29, 2016, https://www.huffpost.com/entry/why-the-new-child-rape-ca_b_10619944.

17 'Rape lawsuits against Donald Trump linked to former TV producer', 《The Guardian》,

July 7, 2016, https://www.theguardian.com/us-news/2016/jul/07/donald-trump-sexual-assault-lawsuits-norm-lubow.

18   'Alleged gunman tells police he wanted to rescue children at D.C. pizza shop after hearing fictional Internet accounts', 《The Washington Post》, December 5, 2016, https://www.washingtonpost.com/local/public-safety/alleged-gunman-tells-police-he-wanted-to-rescue-children-at-dc-pizza-shop-after-hearing-fictional-internet-accounts/2016/12/05/cb5ebabc-bae8-11e6-ac85-094a21c44abc_story.html?utm_source=chatgpt.com.

19   '성창경TV, MBC "극우 유튜버" 보도에 반론 승리…언론중재위 조정 합의", 《프리덤조선》, 2025년 5월 17일, http://fcs.news/View.aspx?No=3649040.

20   '언론은 어디까지를 "극우"라 쓸 수 있을까', 《미디어 오늘》, 2025년 5월 29일, https://www.mediatoday.co.kr/news/articleView.html?idxno=326541.

21   신진욱·이재정·양승훈·이승윤, 『광장 이후』, 문학동네, 2025, 14쪽.

22   Cynthia Miller-Idriss, *Hate in the Homeland: The New Global Far Right*, Princeton University Press, 2020. 특히 20~42쪽에서 극우를 단일한 이데올로기가 아닌 다양한 흐름으로 설명하고, 이념적 공통 요소들을 제시하고 있다.

23   「[여론 속의 여론] 수면 위로 떠오른 극우-한국 사회 극우의 현주소」, 한국리서치, 2025년 5월 28일, https://hrcopinion.co.kr/archives/32972.

24   김춘효, 「가짜뉴스의 동역학, 중국 혐오담론을 중심으로」, 언론개혁정책집단 <세움> 창립 세미나 발제문, 2025.

25   '[사설] 근거 없이 중국발 부정선거 의혹 제기, 국익 저해', 《조선일보》, 2025년 2월 13일, https://www.chosun.com/opinion/editorial/2025/02/13/23JPK2HTL5ABFLNZ3KOX7A457M/.

26   '방준오 조선일보 사장 "극단적 유튜버들 여론 지형 흔들어"', 《미디어 오늘》, 2025년 3월 8일, https://www.mediatoday.co.kr/news/articleView.html?idxno=324775.

27   '탄핵 국면서 허위사실 온상 된 유튜브, 수익 몰두한 기성언론', 《한국기자협회보》, 2025년 7월 23일, https://journalist.or.kr/news/article.html?no=58992.

28   '전광훈 유니버스', 《한국일보》, 2025년 2월 19일부터 4월 15일까지 총 16부작 연재 기사, https://www.hankookilbo.com/Collect/9733?Page=2.

29   '한국일보 "전광훈 유니버스" 이달의 기자상', 《한국일보》, 2025년 3월 20일, https://www.hankookilbo.com/News/Read/A2025032015290000880.

30   세계일보 기획팀(이현미·국윤진·구윤모·이종민 기자)은 2025년 4월 10일부터 14일까지 부정선거 음모론의 문제를 파헤치는 '끝나지 않은 논란 "부정 선거"' 시리즈를 내보냈다. https://www.segye.com/newsView/20250409519365.

31   KBS 〈추적 60분〉 1401회, '계엄의 기원1-선거를 믿지 않는 사람들', 2025년 2월 21일, https://program.kbs.co.kr/2tv/culture/chu60/pc/list.html?smenu=c2cc5a&scroll_top=2016&prev_page=3&search_year=year&search_month=month.

32 KBS 〈추적 60분〉 1402회, '극단주의와 그 추종자들', 2025년 3월 7일, https://program.kbs.co.kr/2tv/culture/chu60/pc/list.html?smenu=c2cc5a&scroll_top=2016&prev_page=3&search_year=year&search_month=month.

33 한국언론진흥재단, 「'디지털 뉴스 리포트 2025'로 본 한국의 디지털 뉴스 지형」, 《미디어서베이》, 11권 3호, 2025, https://www.kpf.or.kr/front/board/boardContentsView.do?board_id=246&contents_id=db4e05b6877a4194b5325a0a2e6226d5.

3장

1 'KBS "족집게 출구조사"', 《중앙일보》, 2002년 12월 21일, https://www.joongang.co.kr/article/4398739.

2 '노무현 장인 좌익 활동 죄로 18년 복역', 《조선일보》, 2002년 4월 3일, https://www.chosun.com/site/data/html_dir/2002/04/03/2002040370408.html?utm_source=chatgpt.com.

3 '노무현의 반격, "이런 아내를 제가 버려야 합니까!" 연설의 전말', 《동아일보》, 2021년 3월 12일, https://www.donga.com/news/Politics/article/all/20210312/105851293/2?utm_source=chatgpt.com.

4 '단일후보 노무현 확정', 《중앙일보》, 2002년 11월 25일, https://www.joongang.co.kr/article/4384269.

5 '정몽준 "노무현 지지 철회" 배경과 파장', 《한국일보》, 2002년 12월 18일, http://www.koreatimes.com/article/20021218/105849.

6 '정몽준, 盧 지지 철회 선언, 盧후보 鄭대표 설득차 자택 방문', 《프레시안》, 2002년 12월 19일, https://www.pressian.com/pages/articles/70738.

7 미디어리서치, 「제16대 대통령 선거 예측조사 백서」, 『2002 대선 선거방송 자료집』에 수록, 2003, KBS 도서관 소장.

8 한국갤럽은 2003년 1월 KBS에 제출한 「16대 대통령 선거의 흐름과 선거 예측」이라는 보고서에서 예측 실패의 원인으로 이전 조사 결과를 정몽준의 지지 철회로 활용하지 못한 점과 선거 당일 투표자의 성향이 급변한 것을 반영할 수 없는 한계가 있었다는 점을 들었다. 『2002 대선 선거방송 자료집』 161쪽.

9 '"언론권력" 교체되다. 인터넷과 네티즌이 "조중동" 이겼다', 《오마이뉴스》, 2002년 12월 19일, https://www.ohmynews.com/NWS_Web/View/at_pg.aspx?CNTN_CD=A0000099528&CMPT_CD=SEARCH.

10 '국정원 직원의 양심고백', 《재외동포신문》, 2025년 12월 25일, https://www.dongponews.net/news/articleView.html?idxno=164.

11 '[대선 전자개표 조작설 논란] 득표 집계시스템 해킹조작 가능', 《동아일보》, 2002년 12월 23일, https://www.donga.com/news/article/all/20021223/7895128/1.

12 '국정원 직원의 양심고백', 《재외동포신문》, 2025년 12월 25일, 댓글 인용, https://www.dongponews.net/news/articleView.html?idxno=164.

13 '한나라, 당선 무효 소송 제기키로', 〈KBS 뉴스〉, 2002년 12월 24일, https://news.kbs.co.kr/news/pc/view/view.do?ncd=390413&ref=DA.

14 '李후보 135표 늘고 盧후보 785표 줄어…최종집계…격차 1100여표 그쳐', 《국민일보》, 2003년 1월 29일, https://n.news.naver.com/mnews/article/005/0000135590?sid=100.

15 '서청원대표 사의 표명/선장 사라진 한나라號', 《서울신문》, 2003년 1월 30일, https://www.seoul.co.kr/news/newsView.php?id=20030130004005.

16 '대선 개표조작설 인터넷 유포 특수학교 교사 긴급체포', 《서울신문》, 2003년 2월 3일, https://www.seoul.co.kr/news/newsView.php?id=20030203027002.

4장

1 '"문재인 비방 댓글 의혹" 국정원 직원 오피스텔 문 앞 북새통', 《한국일보》, 2012년 12월 12일, https://www.bigkinds.or.kr/v2/news/newsDetailView.do?newsId=01101101.20121212100000029.

2 '경찰, 국정원 여직원 압수수색영장 보류', 《경향신문》, 2012년 12월 12일, https://www.bigkinds.or.kr/v2/news/newsDetailView.do?newsId=01100101.20121212100098252226.

3 '"국정원 선거 개입 의혹" 고발전으로 비화', 《세계일보》, 2012년 12월 12일, https://www.segye.com/newsView/20121212024987.

4 '[대선 D-5] 文 비방 댓글 의혹 국정원 여직원 오피스텔 빠져나가', 《국민일보》, 2012년 12월 14일, https://www.kmib.co.kr/article/view.asp?arcid=0006718869&code=11121900.

5 '<난장판 된 온라인> 朴측도…불법조직 비용부담 의혹', 2012년 12월 14일, 《문화일보》, https://www.bigkinds.or.kr/v2/news/newsDetailView.do?newsId=01100501.20121214100000029.

6 갤럽 리포트, 「한국갤럽 데일리정치지표 제49호(12/13~19) ● 예상 득표율 포함」, 2012년 12월 19일, https://www.gallup.co.kr/gallupdb/reportContent.asp?seqNo=372&utm_source=chatgpt.com.

7 '댓글 달기 의혹 국정원 여직원, 피의자 맞나', 《오마이뉴스》, 2012년 12월 17일, https://www.ohmynews.com/NWS_Web/View/at_pg.aspx?CNTN_CD=A0001815317.

8 'TV토론 직후 경찰 "국정원 댓글 흔적 없다" 발표로 의혹 자초', 《경향신문》, 2013년 4월 21일, https://www.khan.co.kr/article/201304212214585?utm_source=chatgpt.com.

9 '다시 보는 "국정원 여직원 감금" 사건…오피스텔서 파일 삭제', 《경향신문》, 2015년 10월 27일, https://www.khan.co.kr/article/201510271925341?utm_source=chatgpt.com.

10 〈KBS 7시 뉴스〉, '"국정원 댓글" 원세훈, 징역 4년 확정…선거 개입 혐의 유죄', 2018년 4월 19일, https://news.kbs.co.kr/news/pc/view/view.do?ncd=3637270&utm_source=chatgpt.com.

11 Cass R. Sunstein & Adrian Vermeule, 'Conspiracy Theories', *The Journal of Political Philosophy*, Vol. 17, No. 2, 2009, pp. 202-227, p. 205.

12 '김어준도 했었다…선거 때마다 등장했던 "부정선거" 논란', 《아시아경제》, 2025년 1월 26일, https://www.asiae.co.kr/visual-news/article/2025012607504454467?utm_source=chatgpt.com.

13 김어준 기획, 최진성 감독, 〈더 플랜〉(The Plan), 다큐멘터리 영화, 2017년 4월 13일 개봉.

14 같은 영화. 영화에서 37분경 버클리대학교 통계학과 필립 스타크 교수가 오류율 3.3%는 매우 높은 수치이며, 해명이 필요하다고 말한다.

15 같은 영화, 48분경. 미국 아이오와대학교 통계학과 교수로 있던 김재광 교수가 인터뷰에서 이런 사건은 자연적으로 일어나기 어려운 사건이라고 설명한다.

16 'What's a Residual Vote, and What's It Doing in the Elections Performance Index?', MIT Election Lab, 2018년 8월 29일, https://medium.com/mit-election-lab/whats-a-residual-vote-and-what-s-it-doing-in-the-elect ions-performance-index-e455289acb30.

17 같은 영화, 1시간 12분경. 시민단체 참관인으로 활동했던 활동가가 자기가 안 보는 데서 프로그램되어 개표 조작될 수 있다면, 지금까지 자신의 활동은 아무 의미가 없었던 것 아니냐며 울먹이는 장면이 나온다.

18 칼 피어슨의 동전 던지기 실험은 OpenStax, *Introductory Statistics*, 2nd ed., Ch. 4, § 4.2에서 언급되었다. https://openstax.org/books/introductory-statistics-2e/pages/4-2-mean-or-expected-value-and-standard-deviation?utm_source=chatgpt.com.

19 뉴스타파, '더플랜인가 노플랜인가…개표부정 의혹 집중 해부, 2017년 7월 7일 방송, https://www.youtube.com/watch?v=zn8L0pMw4go&t=132s.

20 중앙선거 관리위원회 보도자료, '제18대 대통령선거 개표부정 의혹 영화에 대한 입장', 2017년 4월 19일, https://www.nec.go.kr/site/nec/ex/bbs/View.do?cbIdx=1090&bcIdx=136425.

21 뉴스타파, 같은 방송, 25분경. 〈더 플랜〉에 출연했던 교수들의 현재 입장을 정리해 전달하는 대목이 나온다.

5장

1 〈KBS 뉴스〉, '21대 총선 개표 완료…민주당 180석 압승·통합 103석 참패', 2020년 4월 16일, https://news.kbs.co.kr/news/pc/view/view.do?ncd=4426235&utm_source=chatgpt.com.

2 '두 번 살아났던 민경욱, 결국 본선에서 심판받다', 《오마이뉴스》, 2020년 4월 16일, https://www.ohmynews.com/NWS_Web/View/at_pg.aspx?CNTN_CD=A0002633555&utm_sour ce=chatgpt.com.

3 〈YTN 뉴스특보〉, '극우주장에도 반박…사전득표율 63대36 사실은?', 2024년 12월 19일, https://youtu.be/2QhNrN0PYZs?si=2vuvv8GpA90GZ3W-.

4 〈이영돈 TV〉, '긴급취재: 부정선거, 그 실체를 밝힌다', 2025년 3월 2일, https://www.youtube.com/watch?v=3whDQxnCIRU&t=1090s.

5 같은 유튜브 방송, 35분경. 허병기 교수가 선거에서 조작한 표의 수를 구하기 위한 수식을 만들었다며 이를 설명하는 장면이 나온다.

6 허병기·도경구·민경욱, 『부정선거 해부학』, 글마당앤아이디어북스, 2025.

7 같은 책, p. 135.

8 같은 책, p. 224.

9 '선관위, 대선 투·개표 절차 시연회 열어… "부정선거 의혹" 거듭 해명', 《부산일보》, 2025년 4월 10일, https://www.busan.com/view/busan/view.php?code=20250410201833 03327.

10 판례 정보, 대법원 2022년 7월 28일 판결, '인천 계양 선거 관련', https://law.go.kr/LSW/precInfoP.do?mode=0&precSeq=232913&utm_source=chatgpt.com.

11 '개표 조작, 사전투표 조작 모두 음모일 뿐…부정선거 주장 뜯어봤더니', 《한국일보》, 2025년 1월 25일, https://www.hankookilbo.com/News/Read/A2025012314350003031?did=NA.

12 〈KBS 뉴스〉, '[심층취재] "부정선거" 언급하던 사령관…계엄날 "서버 떼와" 지시', 2025년 7월 13일, https://news.kbs.co.kr/news/pc/view/view.do?ncd=8302661.

13 국회 행정안전위원회 위원들은 2024년 12월 8일, 선관위 CCTV 영상을 공개했다. 공개된 영상에는 선관위에 진입한 계엄군 일부가 선관위 2층 전산실로 들어가, 통합명부시스템 등 3곳의 서버를 촬영하고 누군가와 통화하는 모습 등이 담겼다.

14 '21대 총선 선거소송 마무리…"부정선거 증거 없다" 종결', 《동아일보》, 2023년 9월 4일, https://www.donga.com/news/article/all/20230904/121012603/1.

15 '민경욱이 낸 소송으로 연수을 재검표…대법원 "투표지 이상 없어"', 《한겨레》, 2012년 6월 30일, https://www.hani.co.kr/arti/society/society_general/1001589.html?utm_source=chatgpt.com.

16 판례 정보, 대법원 2022년 8월 31일 판결, '경기도 성남 선거 관련', https://law.go.kr/LSW/precInfoP.do?mode=0&precSeq=232893&utm_source=chatgpt.com.

17 중앙선거관리위원회 보도자료, '제1차 유권자 의식조사 결과 "반드시 투표하겠다" 76.5%', 2024년 3월 28일, https://www.nec.go.kr/site/nec/ex/bbs/View.do?cbIdx=1090&bcIdx=230079.

18 중앙선거관리위원회 보도자료, '제21대 대통령 선거 3차 유권자 의식조사 결과', 2025년 7월 23일, https://www.nec.go.kr/site/nec/ex/bbs/View.do?cbIdx=1090&bcIdx=294234.

19 '모스탄 전대사 "내란은 윤석열이 아니라 민주당이 저지르고 있다" 발언 파장 예상', 《미디어워치》, 2025년 7월 14일, https://www.mediawatch.kr/news/article.html?no=257856.

20 〈MBC 뉴스〉, '워싱턴에 나타난 "한국은 부정선거…트럼프 도와줘"', 2025년 6월 27일,

https://imnews.imbc.com/replay/2025/nwdesk/article/6730056_36799.html.

21 〈MBC 뉴스〉, '[알고보니] "한국이 세계 부정선거의 본거지" 모스탄 만났더니⋯', 2025년 7월 22일, https://imnews.imbc.com/replay/2025/nwdesk/article/6738416_36799.html.

22 A-WEB 보도자료, 'A-WEB, 무분별한 부정선거 의혹 제기에 대한 입장', 2025년 2월 11일, https://aweb.org/eng/bbs/B0000013/view.do?nttId=16438&gubun=3&menuNo=300043.

23 '"부정선거론" 모스탄 "李대통령 소년원? 증거 있지만 비밀"', 《뉴시스》, 2025년 7월 18일, https://www.newsis.com/view/NISX20250718_0003256748.

6장

1 '[한규섭 칼럼] 언론의 정치 마케팅, 종착역은 공멸일 수도', 《동아일보》, 2024년 7월 8일, https://www.donga.com/news/article/all/20240708/125833789/1.

2 '『한규섭의 데이터 정치학』, 언론 평가에 진영 논리⋯"이념 불균형" 심할수록 "선호도" 높아', 《서울신문》, 2024년 8월 18일, https://www.seoul.co.kr/news/editOpinion/opinion/politics-hgs/2024/08/19/20240819029001.

3 한국갤럽, 「즐겨보는 뉴스채널 2013-2024(12년간 분기별 추이, 주요채널 선호 집단별 프로파일 포함)」, 2014년 12월 19일, https://www.gallup.co.kr/gallupdb/reportContent.asp?seqNo=1533.

4 한국갤럽, 「즐겨보는 뉴스채널-2024년 2분기(주요 채널 선호 집단별 프로파일 포함)」, 2024년 6월 27일, https://www.gallup.co.kr/gallupdb/reportContent.asp?seqNo=1494.

5 '『한규섭의 데이터 정치학』, 언론 평가에 진영 논리⋯"이념 불균형" 심할수록 "선호도" 높아', 《서울신문》, 2024년 8월 18일, https://www.seoul.co.kr/news/editOpinion/opinion/politics-hgs/2024/08/19/20240819029001.

6 '즐겨보는 뉴스채널은 MBC, KBS, YTN, TV조선 순', 《한국미래일보》, 2023년 12월 22일, https://koreafuture.co.kr/m/view.php?idx=6417&utm_source=chatgpt.com.

7 「[여론조사on] 2024년 한국인이 즐겨보는 뉴스 채널(12년간 추세)」, 《ISSUE ON》, 2024년 12월 26일, https://www.issueon.co.kr/news/articleView.html?idxno=1128&utm_source=chatgpt.com.

8 김현석, 「지상파 기자 수용자 간 상호 인식 차이 연구」, 건국대학교 언론홍보대학원 석사학위논문, 2025.

9 Matthew Gentzkow and Jesse M. Shapiro, 'What Drives Media Slant? Evidence From U.S. Daily Newspapers', *ECONOMETRICA*, vol. 78, 2010, https://doi.org/10.3982/ECTA7195.

10 Matthew Gentzkow and Jesse M. Shapiro, 'Media Bias and Reputation', *National Bureau of Economic Research*, 2005, http://www.nber.org/papers/w11664.

11 〈KBS 뉴스〉, '"검찰 개혁" 대규모 집회', 2019년 9월 28일, https://news.kbs.co.kr/news/pc/view/view.do?ncd=4292397.

12 〈MBC 뉴스데스크〉, '공수처 설치·특수부 폐지…검찰개혁 이뤄내야', 2019년 9월 28일, https://imnews.imbc.com/replay/2019/nwdesk/article/5519332_28802.html.

13 〈채널A 뉴스〉, '"검찰 개혁" vs "조국 사퇴"…맞불 집회에 "긴장감"', 2019년 9월 28일, https://ichannela.com/news/main/news_detailPage.do?publishId=000000168338.

14 d'Aspremont, J. Jaskold Gabszewicz, 'On Hotelling's "Stability in Competition"', ECONOMETRICA, vol. 47, No. 5, 1979, http://www.jstor.org/stable/1911955.

15 한국언론진흥재단, 「2024 언론수용자 조사」, 2024년 12월 31일, https://www.kpf.or.kr/front/research/consumerListPage.do.

7장

1 '부산지법 앞에서 50대 남성 흉기 피습 "사망"…범인, 도주 후 검거', 《경향신문》, 2024년 5월 9일, https://www.khan.co.kr/article/202405091123001?utm_source=chatgpt.com.

2 방송통신심의위원회 보도자료, '구글, "유튜브 불법·유해콘텐츠 최대한 신속 삭제·차단 협조"', 2024년 5월 16일, https://www.kocsc.or.kr/cop/bbs/selectBoardArticle.do.

3 〈MBC 뉴스데스크〉, '류희림, 미국서 구글과 면담 중 책상 "쾅"…구글코리아, 방심위 항의 방문', 2024년 5월 22일, https://imnews.imbc.com/replay/2024/nwdesk/article/6600785_36515.html.

4 방송통신심의위원회, 보도자료, '방송통신심의위원장의 국외 출장과 관련해 사실관계를 오인케 하는 일부 주장이 있어, 아래와 같이 알려드립니다', 2024년 5월 23일, https://www.kocsc.or.kr/cop/bbs/selectBoardArticle.do.

5 '구글에 불법·유해 유튜브 삭제 약속 받아낸 류희림? 거짓말이었다', 《미디어 오늘》, 2025년 3월 5일, https://www.mediatoday.co.kr/news/articleView.html?idxno=324726.

6 '극우 유튜브 규정 위반 아니다? 구글코리아 대표가 "숨긴" 사실', 《미디어 오늘》, 2025년 3월 18일, https://www.mediatoday.co.kr/news/articleView.html?idxno=324992.

7 구글은 유튜브 고객센터 내에 유튜브 커뮤니티 가이드를 제시하고 있다. 여기에는 스팸 및 기만행위, 민감한 콘텐츠, 폭력적이거나 위험한 콘텐츠, 규제 상품, 잘못된 정보를 담은 교육, 다큐멘터리, 과학, 예술, 콘텐츠 등에 대한 가이드를 제시하고 있다. https://support.google.com/youtube/answer/9288567?hl=ko.

8 유튜브 고객센터, 유튜브 커뮤니티 가이드, https://support.google.com/youtube/answer/9288567?hl=ko.

9 유튜브 커뮤니티 가이드 중 '잘못된 정보 항목' 참조.

10 European Commission, The Digital Ssrvices Act, https://commission.europa.eu/strategy-and-policy/priorities-2019-2024/europe-fit-digital-age/digital-services-act_en.

11 최요섭, 「유럽연합의 디지털 입헌주의에 관한 연구: 디지털 서비스법과 한국에 주는 시사점」, 《EU 연구》, 64권, pp. 415~447, 2022.

12 유발 하라리, 김명주 옮김, 『넥서스』, 김영사, 2024, p. 372.

13 'From BBC to the NYT: Mark Thompson named CEO of Times Co', Reuters, 2012년 8월 15일, https://www.reuters.com/article/lifestyle/from-bbc-to-the-nyt-mark-thompson-named-ceo-of-times-co-idUSBRE87D10I/?utm_source=chatgpt.com.

14 뉴욕 타임스 2020 그룹, 「독보적인 저널리즘: 뉴욕타임스 혁신 보고서」, 스리체어스, 2017.

15 BBC, *A BBC FOR THE FUTURE*, 2004, https://www.bbc.co.uk/aboutthebbc/documents/a-bbc-for-the-future.pdf.

표·그림 출처

표

표 1. 최진호, 「극우 유튜브 채널과 언론의 의제 비교 분석」, 한국언론학회 기획세미나 발제문, 2025.

표 2. 『2002 대선 선거방송 자료집』, KBS 도서관 소장.

표 3. 같은 자료집.

표 4. 미디어리서치, 「제16대 대통령 선거 예측조사 백서」, 2003년 1월, 『2002 대선 선거방송 자료집』에 수록, KBS 도서관 소장.

표 5. 같은 자료집.

표 6. 「18대 대선 대통령 선거 예측조사 결과 보고서」, KBS 도서관 소장.

표 7. 영화 〈더 플랜〉 자료 재구성.

표 8. 영화 〈더 플랜〉, 약 51분경 화면 재구성.

표 9. 뉴스타파, 〈더 플랜인가 노 플랜인가…개표부정 의혹 집중 해부〉, 약 21분경 화면 재구성.

표 10. 「18대 대선 대통령 선거 예측조사 결과 보고서」, KBS 도서관 소장.

표 11. 「19대 대선 대통령 선거 예측조사 결과 보고서」, KBS 도서관 소장.
표 12. 출구조사 보고서와 뉴스타파 K값 자료 재구성.
표 13. 중앙선거관리위원회 자료 재구성.
표 14. 『2022 대통령 선거 방송 백서』, KBS 도서관 소장, 287쪽.
표 15. 같은 책.
표 16. 허병기·도경구·민경욱, 『부정선거 해부학』, 글마당앤아이디어북스, 2025, 137쪽.
표 17. 같은 책, 224쪽.
표 18. 대법원, 「민경욱 총선 무효 소송 '부정선거' 기각 판결문」 재구성.
표 19. 한국갤럽, 「제22대 국회의원 선거 유권자 의식조사」 자료.
표 20. 중앙선거관리위원회, 「제21대 대선 3차 유권자 의식조사」 자료.
표 21. 중앙선거여론조사 심의위원회 등록 자료 재구성.
표 22. 위와 동일.
표 23. 「21대 대선 대통령 선거 예측조사 결과 보고서」, KBS 도서관 소장.
표 24. 한국갤럽, 「한국인이 선호하는 방송 뉴스 조사」 자료 재구성.
표 25. 위와 동일.
표 26. 위와 동일.
표 27. 위와 동일.
표 28. 저자 직접 구성.
표 29. BBC, *A BBC FOR THE FUTURE*, 2004, 요약.

그림

그림 1. Leon Barritt, 'The big type war of the yellow kids', 《VIM》 삽화, 미국 의회도서관(LOC) Prints and Photographs Division, 디지털 ID ppmsc 02832(1898년 6월 29일), https://hdl.loc.gov/loc.pnp/ppmsc.02832(2025년 5월 19일 접속).

그림 2. 한국언론진흥재단, 「2024 소셜미디어 이용자 조사」, 2024.

그림 3. Benkler, Y. et. al., *Network propaganda: Manipulation, disinformation, and radicalization in American Politics*. Oxford: Oxford University Press, 2018, p. 49 재가공.

그림 4. 같은 책, p. 55 재가공.

그림 5. 한국리서치, 「[여론 속의 여론] 수면 위로 떠오른 극우 – 한국 사회 극우의 현주소」, 2025년 5월 28일, https://hrcopinion.co.kr/archives/32972.

그림 6. 같은 보고서.

그림 7. 『KBS 2012년 대선 선거 방송 백서』, KBS 도서관 소장.

그림 8. 영화 〈더 플랜〉, 약 40분경 화면 재구성.

그림 9. 중앙선거관리위원회 사이트 참조.

그림 10. 국회 행정안전위원회 제공.

그림 11. 저자 직접 구성.

그림 12. 한국갤럽, 「한국인이 선호하는 방송 뉴스 조사」 자료 재구성.

그림 13. 위와 동일.

그림 14. 고려대학교 사회학과 이명진 교수 구성.

그림 15. 한국언론진흥재단, 「2024 언론 수용자 조사」 자료.

그림 16. 같은 자료.

그림 17. 같은 자료 재구성.

그림 18. 위와 동일.

그림 19. 위와 동일.

극우 미디어의 습격 — 탈진실과 선동, 그리고 민주주의의 위기

초판1쇄 펴냄 2025년 10월 31일

지은이 김현석
펴낸이 유재건
펴낸곳 (주)그린비출판사
주소 서울시 서대문구 이화여대2길 10, 1층
대표전화 02-702-2717 | **팩스** 02-703-0272
홈페이지 www.greenbee.co.kr
원고투고 및 문의 editor@greenbee.co.kr

책임편집 문혜림
편집 이진희, 민승환, 전혜빈 | **디자인** 심민경, 조예빈
독자사업 류경희 | **경영관리** 장혜숙

저작권법에 의하여 한국 내에서 보호를 받는 저작물이므로 무단전재와 무단복제를 금합니다.
책값은 뒤표지에 있습니다. 잘못 만들어진 책은 구입처에서 바꿔 드립니다.
ISBN 979-11-94513-41-4 03330

독자의 학문사변행學問思辨行을 돕는 든든한 가이드 _(주)그린비출판사